高等院校人力资源管理专业规划教材

Performance Management

绩效管理

◇ 主　编 刘秀英
◇ 副主编 苏志霞 吴智育

P e r f o r m a n c e
M a n a g e m e n t

ZHEJIANG UNIVERSITY PRESS
浙江大学出版社

图书在版编目(CIP)数据

绩效管理/刘秀英主编. —杭州：浙江大学出版社，2011.3(2015.6重印)
ISBN 978-7-308-08449-9

Ⅰ.①绩… Ⅱ.①刘… Ⅲ.①企业管理:人事管理 Ⅳ.①F272.92

中国版本图书馆CIP数据核字(2011)第026580号

绩效管理
主　编 刘秀英
副主编 苏志霞　吴智育

丛书策划 朱　玲　樊晓燕
责任编辑 朱　玲
文字编辑 魏文娟
封面设计 联合视务
出版发行 浙江大学出版社
(杭州市天目山路148号　邮政编码310007)
(网址:http://www.zjupress.com)
排　　版 杭州中大图文设计有限公司
印　　刷 杭州丰源印刷有限公司
开　　本 787mm×1092mm　1/16
印　　张 11.5
字　　数 290千
版 印 次 2011年3月第1版　2015年6月第2次印刷
书　　号 ISBN 978-7-308-08449-9
定　　价 24.00元

前 言

在企业管理实践中,几乎没有哪个企业对自己的绩效管理体系感到满意,他们不清楚、不明白为什么要进行绩效考核?为什么绩效管理要与战略挂钩?为什么绩效实施过程中管理人员和其他员工要进行充分的沟通?为什么绩效考核中充满了矛盾和冲突?为什么绩效反馈是绩效管理不可缺少的一部分?为什么企业实施严格的绩效考核反而使员工更加不积极工作?凡此种种,绩效管理的问题几乎困扰着每个企业。

当前国内虽然有关绩效管理方面的书籍种类繁多,却不能很好地解决企业的实际问题,绩效管理的教材也很多,但既有系统的理论,又能突出实际操作技能的却很难寻觅。鉴于此,为了获取适应人力资源管理专业本科生的专用教材,我们考虑编写这本教材。这本书不但能帮助企业解决绩效管理方面的问题,同时还能为人力资源管理专业本科生以及企业管理人员提供系统性的绩效管理知识,在理论体系上不仅注意了系统性、完整性,还注意了易于接受性,并且突出了实际操作技能的训练,引入了操作性的实用案例。

本书以绩效管理的流程设计和技术方法介绍为主线,为读者呈现出绩效管理的全貌。第一章绩效管理概述,以绩效、绩效考核、绩效管理为中轴,层次清晰地展示了绩效管理的基本概念和基本问题。第二章至第五章从绩效计划、绩效实施、绩效考核、绩效反馈与结果应用等四个方面讲述了绩效管理的基本过程,绩效反馈与绩效改进这些绩效管理的新理念贯穿其中。为了突出绩效管理的操作性技术,把绩效指标与标准独立设计为第六章,从而突出了重点和难点。第七章从实际操作的角度出发,站在企业战略的高度,分别介绍了基于目标管理的绩效考核、基于关键绩效指标的绩效考核、基于平衡计分卡的绩效考核,与第六章从工作岗位出发设计的绩效指标与标准相呼应、相补充,使得知识体系更加清楚、完整,更具实际应用性。最后,第八章就绩效管理中存在的问题与对策进行了有益的阐述。

作为人力资源管理系列的一本基础性专业教材,本书具有如下的特点:

(1)内容全面,模块清晰,结构科学。

(2)引入操作性示例,突出其操作性,重点、难点突出。

(3)章前的引导案例、章末的案例分析,以及行文间的案例分享、知识拓展作补充,使本书内容更丰富、可读性更强。

(4)每章开头有学习目标、章后有思考题，有配套的课件等，使本书更适用于本科生及一般人力资源管理者。

本书的出版凝聚了许多人的心血，感谢为本书出版作出贡献的同事和朋友们。本书由河北师范大学商学院刘秀英主编，河北师范大学商学院苏志霞、河北师范大学公共管理学院吴智育副主编。本书在编写过程中，参阅了国内外大量的著作和文章，在此也谨向有关作者表示深深的感谢；感谢浙江大学出版社为本书出版所付出的辛勤劳动；感谢河北师范大学商学院的同事们。正是大家的共同努力，才保证了本书的顺利出版。

因为时间关系，也由于知识水平和阅历所限，本书中可能还存在这样或那样的问题，请读者不吝赐教。

编　者

2010 年 12 月

目 录

第一章　绩效管理概述

学习目标

通过本章的学习，应当掌握以下内容：

1. 绩效管理发展的阶段；
2. 绩效管理发展的趋势；
3. 绩效、绩效考评、绩效管理的含义；
4. 绩效与绩效考评、绩效管理的关系；
5. 绩效管理的特点；
6. 绩效管理在人力资源管理中的定位。

引导案例

员工与绩效管理①

傍晚，某重型机械工程设备有限公司的会议室仍然灯火通明，这个从民营经济崛起，在市场化浪潮中崭露头角的企业迎来了几位特别的客人——来自上海某著名管理公司的资深顾问李先生和他的几位同事。

"张总，在您心中，公司在追求着一个什么样的绩效目标呢？"李先生直截了当地问道。"为了成为中国的卡特比勒（全球最大的重型工程机械设备制造商），因此，迅速增长的市场占有率、领先对手的成本优势和突出的服务质量是最重要的。"张总自信地回答。"那在过去一年里，为了达到这样的企业目标，你们强调的是怎样的投入呢？""重点在于设备的投入和服务网点的增加，可以说我们在设备改进、采购成本控制和服务渠道的建设上已经走到了前列，只是资金投入没能带来理想的产出效应。"张总说着，眉头皱了皱。

"据我们了解，与企业高速发展相应的高资本投入形成鲜明对比的，是人工费用率的缓慢增长。您是否考虑过，实际上真正影响目标实现的是您的员工，而不是单纯的物质投入呢？"李先生笑着问道。

"当然，公司一直非常重视员工的作用，毕竟企业目标的实现要依靠他们呢。"张总对李先生的提问有些不以为然。

---

① 杜映梅：《绩效管理》，中国发展出版社 2009 年版，第 1 页。

“但是，很多员工对‘卡特比勒’是什么都不清楚。他们对企业目标的认识比较模糊，而且他们似乎对企业更快的增长没有太多的关心。我想向您汇报一下这几天来对企业的一些调研的结论……”

随着李先生的调研叙述的展开，张总也开始回忆企业最近发生的问题。实际上，他一直在为提高员工的积极性而努力，为此他每年年底设立奖金制度，然而还是不断听到员工的抱怨。他们认为很难说清谁干得比别人更好，结果干好干坏最后拿的奖金还是差不多。公司为此也曾设计过评估体系，但张总和他的得力助手努力建立的评估制度，却在实施过程中遇到了很大的困难。员工满意度不高，人才流失率也一直困扰着企业。相应地，尽管企业对营销服务渠道投入了大量的资源，客户的抱怨还是没有得到很好的处理。公司的营销总监就曾经指出，由于维修服务反应慢，维修质量不尽如人意，客户回头购买的意愿不高，在行业内有不良影响。

“从资格和经验方面考察，公司的员工具有工程机械设备领域所必要的技能、技术，企业业务发展也为他们提供了很好的发展机会。但是企业的激励制度与绩效之间的脱钩已经造成了内部的不满，而且工作环境也不尽如人意。这都直接影响了绩效目标的实现。”张总聚精会神地听着李先生和他的同事们对企业问题的分析，不断点头，他觉得这样的分析涵盖了问题的很多方面。但是张总还是很想知道，过去他带领设计的绩效考评制度，问题出在哪里。

“你们的分析很有见地，我们也曾试图在目标上整合员工的力量，并通过评估制度的设计来强化对员工的具体要求标准，但效果都不好。问题出在哪里呢？”说话的是主管人事的副总，他提出的问题正是张总在思考的问题。

“刚才我已经提到，员工似乎对卡特比勒是什么都不清楚。”李先生又一次强调。“你是说我们的目标并没有与员工进行很好的沟通吗？”副总若有所思地问。“在我们与员工的访谈中，企业中存在着民营企业的一些常见现象。由于外来劳动者比较多，他们认为他们并不能够在企业中有着太长的职业生命，老板不过是用指标监督他们。所有的评估由上面决定，做得好和做得不好并不说明什么问题，这使得员工并不太多地关心企业的发展。”李先生补充道。

“我想你们做了非常细致和深入的工作，你们对公司的问题分析得很深入。那么，我们应该从什么地方入手来建立绩效管理制度呢？”张总显得有点迫不及待。

“或许我们应该首先来想想，到底该如何确定员工在绩效管理中的角色？公司又是如何评估员工价值的？就这些问题我们来共同探讨，共同研究吧。”听到李先生这样的建议，张总站起来，有力地握了握他的手，说：“祝我们合作愉快！”几个副总也上来握手，他们终于理解了张总重金聘请咨询师的原因。他们知道是该好好与咨询师们一道，共同设计公司的绩效管理方案了。

从引导案例中不难看出，企业目标的实现是由许多因素相互作用的结果，除了环境、组织的影响因素外，还要考虑如何通过调动员工的积极性和创造能力来改进员工的工作绩效，从而提高组织绩效。本章在重点介绍有关绩效的基本概念之前，首先对绩效的历史发展作一简单的介绍。

第一节　绩效管理思想的历史沿革

一、绩效管理的产生、发展

绩效考评思想产生于16、17世纪的资本主义工业时期，比如，根据劳动贡献付酬的思想就产生于这个时期。19世纪工业中开始运用绩效考评。20世纪40年代，工作分析、关键事件记录得以发展，比如，主管记录有效的关键事件和无效的关键事件。第二次世界大战后，目标管理应运而生，提出了员工的目标与组织的目标一致的观点。20世纪90年代以来，绩效管理研究的重点是人格因素对绩效的影响和绩效的分类等。美国正式的绩效考评可能开始于1813年。绩效管理在20世纪70年代才成为组织心理学家研究的重要内容。如何改变组织成员的行为，以提高组织的绩效，成为组织行为研究的一个重要课题。

尽管工作绩效的评测在20世纪70年代才成为组织心理学家研究的内容，但评估绩效的实践已存在很多世纪。早在公元3世纪，中国的哲学家虞歆就曾批评魏朝官员总是根据个人的好恶来评价别人，而很少通过功绩进行评价。19世纪早期的欧洲，苏格兰的罗伯特·欧文(Robert Owens)在工业中首次应用了绩效评估。在他的棉纺厂，他用不同颜色的木头块标志不同程度的功绩。当一个雇员的绩效改变了，挂在工作间的木块也随之改变，这样使员工的绩效一目了然。1842年，在美国联邦政府开始通过法律修正案，要求政府部门对办事员进行每年一度的考核。真正形成组织政策与系统的评估制度则是从1911年泰勒的科学管理开始。法约尔曾经将管理者的职责描述为：安排工作、统治员工和协调绩效。在第二次世界大战后，绩效评估的重点转向了组织的生产力和雇员的有效性，目标管理应运而生。到了20世纪80年代，研究的注意力已转向伴随评估决策的认知过程和绩效评估发生的政治、社会环境。绩效管理作为一个管理系统逐渐成为人力资源管理部门的职能范畴。

纵观绩效管理的发展，可以粗略地划分为三个阶段。

第一阶段，成本绩效管理时期(19世纪至20世纪初)。

早期的成本思想是一种很简单的按本求利思想，成本计算是一种简单以盈利为目的计算，这一阶段的绩效管理指标就是成本，诸如每码成本、每磅成本、每公里成本等，这种绩效管理有统计的性质。资本主义手工工场的出现使原有的在一般商品货币经济条件下仅仅以盈利为目的的按本求利思想逐渐被如何提高生产率，以便尽可能多地获取利润的思想所取代。简单的成本思想无法满足工场的管理需要，于是，出现了较为复杂的成本计算和绩效管理。

19世纪末，随着资本主义市场经济的进一步发展和竞争意识的加强，这种较复杂的成本会计核算与管理制度已经不能满足资本家最大限度地提高生产率以获取利润的目的。这是因为已有的成本核算是事后的分析计算，反应迟钝，不便于成本控制。于是，1911年美国会计工作者哈瑞设计了标准成本制度，将被动的事后系统反应分析转变为积极、主动的事前预算和事中控制。标准成本的执行情况和差异分析结果成为该时期企业绩效管理的主要指标。

第二阶段,财务绩效管理时期(20 世纪初至 20 世纪 90 年代)。

20 世纪初,资本主义市场经济进入垄断竞争,出现多种经营的综合性企业,为企业绩效管理体系进一步创新提供了机会。1903 年,由多个各自独立的单一经营公司合并创办了联合公司。面对需要协调的垂直式综合性企业的多种经营、市场组合以及如何将资本投向利润最大的经济活动等问题。

20 世纪 70 年代,麦尔尼斯对 30 家美国跨国公司 1971 年的绩效进行评估分析后,强调最常用的绩效管理指标为投资报酬率和净资产回报率,其次为预算比较和历史比较。帕森和莱西格在对 400 家跨国公司 1979 年经营状况所作的问卷调查分析后,指出绩效管理的财务指标还有销售利润率、每股收益、现金流量和内部报酬率等。20 世纪 80 年代后,企业绩效管理形成了以财务指标为主、非财务指标为补充的管理体系。美国的许多公司已经意识到过分强调短期财务绩效不利于美国公司与欧洲、日本企业的竞争,于是他们把着眼点更多地转向企业长期竞争优势的形成和保持。对管理者的奖励以是否实现股东财富最大化为依据,而不是短期的财务绩效状况。由此,非财务指标在绩效管理中的作用越来越重要。像摩托罗拉和 IBM 公司都非常重视产品生产周期时间、顾客的满意程度、保修成本等指标。然而,他们的注意力基本上还是集中在如何解决生产问题而不是顾客的要求以及顾客的忠诚度上,更为重要的是,对管理者的奖励主要还是依据财务绩效。因此,这是一个以财务指标为主、非财务指标为补充的绩效管理时期。

第三阶段,绩效管理创新时期(20 世纪 80 年代至今)。

自 20 世纪 80 年代以来,欧美的一些大公司发现现有的主要依赖于财务指标的绩效管理体系不能解决企业在新经济时期的种种问题,非常有必要建立一套新的绩效管理体系。

新体系的核心是在确定公司战略中更为重视质量、市场份额和其他非财务性指标。如美国学者克里斯托弗·梅尔在他发表的《正确的绩效测评如何有助于团队的成功》一文中指出,必须对目前以结果为中心的传统测评体系按照下述四个原则进行改进以使团队效率最大化:第一,测评体系的目的应该是帮助团队而不是由高级经理评价所取得的成绩;第二,得到授权的团队在设计自己的测评体系时必须发挥主导作用;第三,测评体系必须能够跟踪多个职能部门的价值实现程序(如产品的研发、订单的履行或为顾客服务等)的执行情况;第四,团队应采用有限数量的测评指标。新经济时期的到来,实现企业的战略目标在很大程度上取决于企业对环境的适应能力、顾客的满意度、生产产品过程及管理创新、内部经营效率的提高、人力资源的开发和利用等。

回顾绩效管理的产生过程不难看出:绩效及对绩效的管理是企业管理的出发点,同时也是企业管理的落脚点,绩效及对绩效管理不是哪一个部门的工作,而是企业的核心工作。绩效及对绩效的管理原本属于企业成本管理、财务管理等,并不属于人事管理的范畴。从考评指标来看,绩效管理经历了由简单指标向综合指标发展,由注重财务指标转向财务与非财务指标相结合,由侧重绩效评价转为侧重全面绩效管理,由关注企业内部转为内外兼顾的发展过程。

二、国内对企业绩效管理的研究

20 世纪 80 年代,我国科研人员和高校教师开始将国外人力资源管理的概念引入国内。

1984年,中国人力资源开发研究会的前身——中国人力资源开发研究中心成立,但是我国系统地研究人力资源管理理论实际上是从20世纪90年代开始的,由于是舶来品,在企业界试图将国外的人力资源管理应用于我们的日常管理的同时,我国的学者开始了对外国人力资源管理系统的评价,这也一直是我国人力资源管理研究的一个重要方面。在此研究的基础上,我国一些学者又对人力资源管理的内容作了进一步的分析与研究。一些学者认为,人力资源管理就是要实现求才、用才、育才、激才和留才的管理模式。也有学者认为,人力资源管理的核心就是研究人与工作的匹配问题。也有学者将人力资源管理体系概括为五项基本工作(5P模型):识人(Perception)、选人(Pick)、用人(Placement)、育人(Profession)和留人(Preservation)。还有学者提倡的是"人力资源管理的4P环节"岗位设置(Position)、人员测评(People)、绩效考核(Performance Appraisal)和薪酬管理(Payment),或者"5P职能"(加上积极态度 Positive attitude)。

由此可见,中国本土企业(不含外商投资企业)开始引入绩效管理始于20世纪末。

绩效管理作为一种管理手段,许多企业已经充分认识到它的重要性和先进性,企业的管理者们也耳濡目染地掌握了绩效管理的一些基本概念和原理,也有一部分管理比较完善的企业率先行动起来,初步建立了绩效管理体系并不断更新完善,已经取得了初步的成效。但是,总体来说,绩效管理在我国企业尚属管理的新领域,绝大多数企业仍停留在绩效考核的阶段。我国绩效管理的发展可以简单地划分为四个阶段。

第一阶段,奖勤罚懒(20世纪六七十年代)。

在这个特定的时代,由于历史的原因,几乎没有正式的绩效管理系统,企业基本上实行平均主义。对于作出特殊贡献的员工实行以精神奖励为主、物质奖励为辅的特别奖励,对犯了重大过失的员工则予以行政惩罚,通过这种有限的奖罚作为平均主义政策的调剂。

第二阶段,主观评价(20世纪70年代末至80年代中期)。

改革开放以来,平均主义被逐渐抛弃,企业开始根据员工的能力与贡献来确定报酬,逐步拉开了分配收入的差距,但是人情化管理的色彩依然浓重,考核仅仅凭借领导的主观感觉,缺乏客观标准,考核标准与收入分配之间没有建立科学的对应关系。

第三阶段,德能勤绩(20世纪80年代至90年代初)。

企业开始制定综合的考核体系,综合考察多个方面,包括工作成绩、能力、态度、出勤率等各项指标,但存在着考核指标过于庞杂,缺乏针对性,没有明确设定的标准,重点不突出等问题,而且不能真正反映员工的绩效。一般来说,往往"老好人"、"庸人"考核分数反而最高,真正有能力并且做出优秀成绩的员工却得不到重用与提升。

自2006年1月1日起,我国开始施行的《中华人民共和国公务员法》第五章"考核"规定:"对公务员的考核,按照管理权限,全面考核公务员的德、能、勤、绩、廉,重点考核工作实绩。"这标志着公务员考核有了法律的依据。

于此同时,国有企业也借鉴公务员的德、能、勤、绩、廉等五项指标来考核其管理人员,重点考核工作实绩。

第四阶段,目标管理(20世纪90年代中期开始)。

企业引入目标管理体系,强调客观、量化的考核,用实现承诺的标准来考核员工实际完成工作的绩效,以达到最终改善绩效的目的,但是由于目标设定不合理,造成员工绩效和组织绩效不同步的脱节现象。

由此可以把我国企业绩效管理工作状况分为三类：

第一类：企业已经和国际接轨，已建立了绩效管理体系，他们已经将绩效管理的作用发挥出来。绩效管理通常包括4个步骤：与员工沟通企业的战略方向，达成共识；帮助企业各部门、员工明确业绩目标；通过绩效考核与资质考核，向员工提供绩效反馈与业绩结果；以薪酬激励手段强化员工的绩效行为，同时运用开发手段提高员工素质。遗憾的是这类企业目前很少，像海尔这样的国际化企业可以归结到此类型。

第二类：企业正处于从实施绩效考核转向建立绩效管理系统的过程中。我国多数企业已经认识到绩效考核的重要性，力求引入绩效考核制度来提高企业绩效，完善企业管理。但在绩效考核的过程中，还存在许多问题需要解决，包括目标不明确，标准不科学，考核方法不当，没有沟通和反馈，结果利用不当等。此种情况在我国大多数企业中普遍存在。

第三类：企业的绩效考核流于形式。这类企业的绩效考核有可能是过程不规范，缺少必要的步骤，或某些步骤存在严重的失误。有些企业在绩效考核中根本没有绩效标准，有些企业没有利用结果，将考核的结果束之高阁。在市场经济的今天，这种类型的绩效考核工作正在减少，在某些国有企业和一些制度不健全的家族企业还存在着此种情况。

三、绩效管理发展趋势

近几年来，绩效管理在理论和实务方面都得到了快速发展，其发展趋势呈现以下特征：

（一）“能力开发取向型”取代“记分查核型”

过去的评估考核在内容设计上，具有“由现在断定过去”以进行考评的色彩，今后的主流则是“由现状看将来”的前瞻性做法。考评不仅成为对员工进行的考查记分，更重要的是成了开发技能的辅助手段。许多绩优的企业大都采用了“职能开发考核”和“业绩考核”双管齐下的制度。在“职能开发计划表”中引入“面谈指导制度”和“绩效改进制度”，从而有系统地进行人力资源的发掘和开发工作。这一发展趋势是传统的绩效考评与现代绩效管理的标识性区别。

（二）“双向沟通型”取代“主管中心型”

以往的评估考核，员工并不清楚上司对自己的期望是什么，上司究竟用什么尺度来考核自己的工作表现和能力，对考评“只知其然，不知其所以然”，这是一种以主管为中心的单向考核。如今绩优的企业不仅更注重考核结果的反馈，而且让员工参与考核中来，自我考核，自我陈述。针对各项考核要素，在“考核表”中的专栏里，将“自我评价”和“主管评价”相对应地排在一起作比较，从而体现一种双向沟通。而双向沟通型的评估考核最具体的模式是“面谈指导”。负责考核的主管必须掌握“面谈指导”的技巧。通过有效的双向沟通才能更好地促进员工绩效的改进，从而提高组织的绩效。

（三）“工作绩效基准”取代“综合抽象基准”

过去的评估考核往往以“人”为中心，从而演变为总括性的、抽象性的考评结果而备受指责。今后的评估考核应根据工作表现和绩效为中心的具体评定基准来做才有意义。这体现了就事论事的务实原则，从而激励被评估者在做事过程中不断发展自己，并不断开发自己的潜能，这更能体现现代人力资源管理以人为本的理念，因此，企业进行工作分析是非常重要的，应该设定基本目标和工作要项的基准。

(四)"重视软体型"取代"硬体中心型"

人力资源绩效管理制度不仅包括评估考核的规定、考评基准、考核表等有利的书面作业,即评估考核的"硬体",而且包括考核方法、技术(面谈技术)、专门知识、考评的内容统一等无形的一面,即评估考核的"软体"。以往,只要公司的人力制度齐全,则认为该公司考核制度不错。但人力资源管理的真谛却取决于主管运用本公司考评制度到何种程度,以及考评人员眼光是否一致,能否达到公平公正,才是关键。因此,绩效管理的相关培训将呈增加的趋势。

(五)"全方位评价"取代"主管评价"

以往大多数评估考核,始终都将考评者与被考评者的关系,局限在上司对部属的关系之上,是建立在"最了解自己的大概莫过于上司"的假设前提之上。但是上级主管与下级之间太过于亲近,容易受感情左右,或有"见树不见林"的毛病。所以,全方位评价开始出现,它是跨越部门或所属限制而采用的一种客观考评方式。尽管费时费力,绩优的企业却乐此不疲地采用。

第二节　绩效管理的内涵

绩效、绩效考评、绩效管理是经常挂在嘴边的词,然而,究竟什么是绩效、绩效考评、绩效管理呢？只有清楚地认识绩效的含义,才能更好地进行绩效考评和绩效管理。

一、有关绩效

(一)绩效的含义

关于绩效众说纷纭,没有一个统一的定义。在不同的情景之下有不同的理解。有人认为:"绩效指的是完成工作的效率与效能。"有人认为:"绩效是员工的工作结果,是对企业的目标达成具有效益、具有贡献的部分。"有人认为:"绩效是个人知识、技能、能力等一切综合素质通过工作而转化为可量化的贡献,包括有形、无形两部分。"还有人认为:"所谓绩效,简单地讲就是指业务运作过程中所表现出的状态或结果,它包含质和量两方面的规定,可以通过定性和定量两种方式进行描述和反映,最终通过客观的评估和主观的评估等评估方式表现出来。"更有人认为:"绩效首先是一种结果,即做了什么;其次是过程,即是用什么样的行为做的;再次是员工潜能与绩效的关系,绩效不仅仅是员工过去历史的反映,更应该将员工的个人潜力和素质一并纳入绩效考评的范畴,关注员工素质(能力、价值观)。"……这些定义都有其合理之处。表1-1中对这几种绩效的主要定义及适用情况进行了说明。

表1-1　绩效定义适用情况对照

绩效的含义	适用的对象	适用的企业或阶段
1.完成了工作任务	体力劳动者 事务性或例行性工作的人员	小型企业

续表

绩效的含义	适用的对象	适用的企业或阶段
2. 结果或产出	高层管理者 销售、售后服务等可量化工作性质的人员	高速发展的成长型企业强调快速反应，注重灵活、创新的企业
3. 行为	基层员工	发展相对缓慢的成熟型企业，强调流程、规范，注重规则的企业
4. 结果＋过程(行为/素质)	普遍适用各类人员	简单的操作为主的企业
5. 做了什么(实际收益)＋能做什么(预期收益)	知识工作者，如研发人员	科研单位、脑力劳动为主的企业

“世上最困难的事莫过于下定义了”，这是古代思想家亚里士多德的名言。更何况，绩效是一个多义的概念，人们对绩效的认识是不断发展的，在管理实践的历程中不断地丰富其内涵，从单纯地强调数量到强调质量再到强调满足顾客需要；从强调“即期绩效”发展到强调“未来绩效”。

事实上，绩效的含义是非常广泛的，不同的时期、不同的发展阶段、不同的对象，甚至不同工作、不同学科，都有不同的含义。但是我们认为，简言之，绩效是结果，是贡献，是员工带来的价值。行为不是绩效，而是衡量绩效的指标。行为是员工所作所为，而绩效是员工的所作所为带来的价值。衡量或评价绩效与绩效本身是两个概念，要区分开来。评价绩效可以从结果、行为、综合素质等方面设计指标以衡量绩效，见图 1-1 绩效的含义。但行为、能力、价值观等并不等于绩效本身。例如，有适当的行为和较高的能力未必就一定有高绩效。

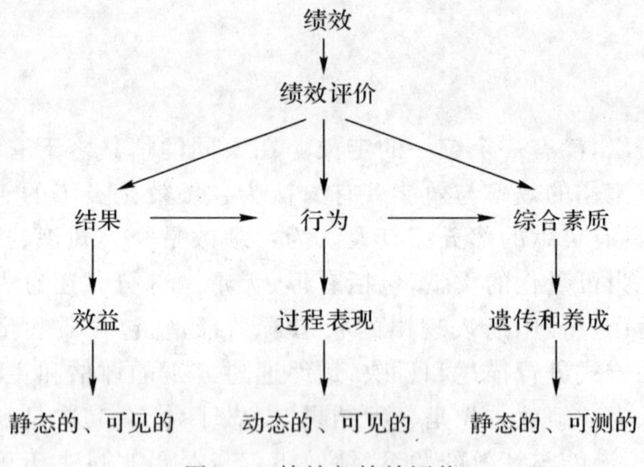

图 1-1　绩效与绩效评价

(二)绩效的性质

绩效的含义决定了绩效的性质，下面以发展观为导向概括性地总结绩效的性质。

1. 多因性

绩效的多因性是指一个员工绩效的优劣不是由单一因素决定的，而是受制于主、客观多种因素。它既受到环境因素的影响，又受到工作特征因素影响，也与组织的制度和机制有关，同时更受到员工的工作动机、价值观的影响。

2. 多维性

绩效的多维性是指需要从多个维度或方面去分析与评估绩效。比如,考察一个销售部门经理的绩效时,我们不仅要看他的销售量完成情况,还要综合考虑其他的管理指标,比如对销售员的监控和指导、他所管理的团队是否有创造性等,通过综合评估各种主、客观指标得出最终的评估结论。通常,我们在进行绩效评估时应综合考虑员工的工作能力、工作态度和工作业绩三个方面的情况,而这三个维度分别包括许多具体的评估指标,构成了一个多维的、立体的评估体系。

3. 动态性

绩效的动态性是指绩效不是一成不变的。绩效不仅会随着员工的激励状态、技能水平和环境因素的变化而变化,还会随着时间的推移而发生变化。人的职业生涯是一个发展变化的过程,其绩效必然是一个曲线,原来较差的绩效有可能好转,而原来较好的绩效也有可能变差。这就要求我们在评估一个人的绩效表现时充分注意绩效的动态性,用发展的观点而不能用一成不变的固定的思维来看待有关绩效的问题。

4. 权变性

权变性是指根据组织和企业的现实需要,确定最合适、最容易操作、最具有效益的绩效的内容,以取得组织效益的最大化和个人潜能最大限度的开发。绩效不仅仅是一个哲学范畴,更重要的是,不同的管理者和员工对人性的认识不同,反应在对工作的评价产生不同的价值取向,以激励员工潜能的发挥。

(三)影响绩效的因素

绩效可以分为个体员工绩效和组织绩效。个体员工绩效是指员工在某一时期内的工作结果、工作行为和工作态度等对组织产生的效益。组织绩效是指组织在某一时期内组织任务完成的数量、质量、效率及赢利状况。个体员工和组织在总体上的目标是一致的,即共生共赢关系。但实际上,个体员工绩效和组织绩效不一定总是呈正相关关系,因而,它们的影响因素各有不同。

1. 影响个体员工绩效的主要因素

在职场生涯中,每个人都希望自己获得成功,至少获得应有的尊重和认可,获得高绩效是人固有的本性,但并不是所有人都能成功,因为影响个体绩效的主要因素有很多。现代科学技术与心理学的研究表明,员工的绩效主要由以下几个因素构成(见图 1-2)。

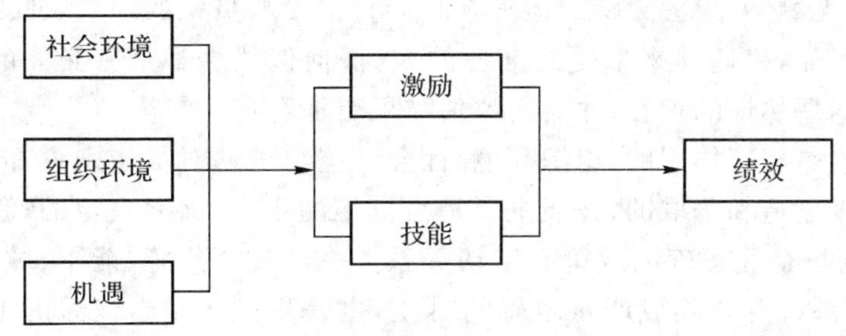

图 1-2 影响个体员工绩效的因素

(1)技能

技能是指员工的工作技巧和能力水平。人的能力是有差异的,一个人的技能必然影响工作绩效,而影响员工技能的因素有先天的和后天的,具体包括:天赋、智力、经历、教育、培训等。在绩效评估时,必须考虑这些技能,否则就会失去公正。员工技能等级的评定在绩效管理中普遍应用,从现实操作角度客观地证明了技能的重要性。

(2)激励

激励是通过改变员工的工作积极性来发挥作用。激励的理论基础是马斯洛的需求理论。马斯洛认为,人的需求具有不同层次,而需求层次与员工个人的个性、感知、学习过程与价值观等特点是分不开的。从个体而言,管理者需要根据员工需求的不同层次,有针对性地采取激励措施,才能调动员工的工作积极性。从员工群体来看,要想取得激励的效果,则应首先分析群体的需求结构、个性结构、价值观结构、文化层次结构等,然后针对多数人的倾向,提出激励措施。个体与群体的激励都是必要的。对个别人的激励,只有在不影响群体积极性的前提下,其效果才是积极有效的。评估的时候,要考虑组织实施了哪些激励措施,对员工积极性有什么影响等。

(3)组织环境

组织环境是指组织的内部环境,包括工作环境、劳动条件、规章制度、组织结构、企业文化等。其中,工作环境包括室温、湿度、通风、照明、噪声、粉尘等;劳动条件包括劳动工具、机器设备等;规章制度包括组织基本制度、管理制度、技术制度、业务规范、行为规范等。任何组织都有其固有的组织结构和企业文化。企业的工作性质不同,对内部环境的要求也不同。相同工作性质的企业,其内部环境也不相同,"同行不同利"充分体现了内部环境对绩效的影响。

(4)社会环境

社会环境是指组织的外部环境,是企业所处的外部生存空间,包括本行业的发展走势、国内外的经济形势、政治制度、社会生活文化等。例如,金融危机必然影响到企业的发展,必然影响员工的绩效。在瞬息万变的时代,战略管理理念已经深入人心,洞悉外部环境的变化和作用是不容忽视的。

(5)机遇

机遇也称机会。机遇带有偶然性,有时苦苦寻觅,却无缘相见;有时擦肩而过,却没有抓住;有时没有刻意追求,又不请自来。在信息时代,社会经济文化飞速发展,许多事情不是一个人主观能控制的,但是这些不确定的因素,确实影响着企业的发展。也有人把机遇称为"运气",这虚无缥缈、来去无踪的运气有时会直接影响员工的绩效,使工作绩效的评估变得神秘莫测。然而,机遇向来偏爱有准备的人,任何偶然性都带有必然的因素。但绩效管理只有正视机遇偶然性的存在,才会使评估结果更加客观。

上述这些因素是相互作用的,组织环境、社会环境与机遇对员工来说都是客观的,但对企业来说却是可以创造和争取的;技能主要是由员工的主、客因素决定的;激励主要取决于主观因素,同时也与企业正确的政策有密切关系。一个技巧熟练、能干、敏捷、知识渊博的员工,当他的工作系统有缺陷或严重阻碍的时候,也是不可能做出优秀的绩效的。在这种情况下,仅仅关注员工个人并不能改善绩效。如果我们能从广义的角度来看待绩效,认识到绩效是由员工个人特质和外部系统特质以及这两者间的相互作用决定的,这样才能使得绩效评估与管理过程更加公平。

2. 影响组织绩效的主要因素

组织绩效问题是衡量一个组织运营是否良好的重要标志之一。一般而言，根据平衡计分法理论，组织的绩效指标包含如下四个方面：组织财务状况、客户对组织的满意度、组织核心业务流程、组织学习成长和创新能力。而影响这些组织绩效指标的因素有很多，主要包括以下方面。

(1)人力成本

在知识经济时代，人力成本是影响组织绩效中财务指标的重要因素之一。从经济学意义上讲，降低组织的人力成本，也就提高了组织的绩效。人力成本包括三个方面：第一是人力资本获取成本，包括直接成本和间接成本。前者是用于招募和培训等各种直接货币或可货币化的有形费用，以及用于招募和培训过程中所付出的、不可完全用货币衡量的无形成本；后者则是指由于用于招募和培训而放弃的机会成本。第二是人工使用成本，包括员工的工资、支出的各种福利费用及其他费用等。第三是雇员流动成本，是由于雇员终止与企业的雇用关系，企业为替换该雇员过程中所发生的一系列直接和间接的费用。由于人力成本发生于组织的整个业务流程中，因此，它不仅是财务指标的直接影响因素，也还间接地影响着组织的创新能力、核心业务流程的开展以及满足顾客要求的实现。

(2)组织知识创造力

组织知识创造力是组织创造新知识的能力，是员工交换、组合知识和从他人那里学习到的能力的共同结果。组织知识创造力之所以被认为对组织绩效很重要，是因为它可使组织创造新的优势，适应市场和技术的变化，帮助组织保持和发展战略优势。同时，组织的知识创造力也必然直接影响组织的核心业务流程，前者是后者的基础，后者是前者的载体，组织创造力将通过核心业务过程服务于顾客，提高顾客的满意度。此外，组织知识创造力通过不断创新，提高组织的竞争优势，会对组织的财务状况产生积极的影响。

(3)市场导向

市场导向研究是20世纪90年代初开始发展的，被认为是现代营销理论的支柱。市场导向是顾客导向、竞争导向与企业部门协作的有机组合。企业获取竞争优势的来源在于为顾客提供优越价值，而只有不断提供优越价值才能建立和保持竞争优势，这就要求组织能够很好地理解市场需求。而组织的市场导向程度决定了组织对市场把握的准确程度，准确地把握市场直接影响组织创新的方向、途径和对顾客需求的满足，决定组织的核心业务流程的服务取向，影响组织财务状况。因此，可以认为市场导向直接影响顾客满意度和组织创新，同时也对组织的核心流程与财务状况产生一定的影响。

二、有关绩效考评

(一)什么是绩效考评

绩效考评是绩效考核和评估的总称。绩效考核是为评价提供事实的依据，考核是用一定的方法对员工绩效进行客观的描述过程；绩效评价是通过确定的标准比照员工的行为，并对员工的行为给予评价。这种评价的标准是以员工对组织目标实现的贡献程度为依据的，通过这种反复的评价、修正过程，最终促进员工的行为能够得以改善，以更好地为实现组织目标服务。

绩效考评按内容可分为两大类：一类是指对员工现有职务状况和工作业绩进行有组织的、定期的并且是尽可能客观的评价。人力资源考核是人力资源管理系统的重要组成部分，由被考核者的直接上级对被考核者的日常职务行为进行观察、记录，并在事实的基础上按照一定的标准和目的进行评价，达到培养、开发和利用组织成员能力以实现组织目标的目的。另一类是对于人事异动者来说，对其能否担任更高一级职务的潜能进行有组织的、定期的并且尽可能客观的评价。这类考评更倾向于对被考评者潜能的预测。

考评很重要，但考评本身不是目的，而是手段，考核的外延和内涵随着经营管理的需要而不断变化。从内涵上说，就是对人与事的评价。它包括两层含义：一是对人及其工作状况进行评价；二是对人的工作结果，即人在组织中的相对价值或贡献程度进行评价。从外延上说，就是有目的、有组织地对日常工作中的人进行观察、记录、分析和评价。它有三层含义：一是从企业经营目标出发进行评价，并使评价以及评价之后的人事待遇管理有助于企业经营目标的实现；二是为人事管理系统的组成部分，运用一套系统连贯的制度性规范、程序和方法进行评价；三是对员工日常工作中显示出来的工作能力、工作态度和工作成绩，进行以事实为依据的评价。

（二）绩效考评的过程

绩效考评过程是绩效管理主要业务环节的总称。进行绩效评价，首先要培训考评人员。培训考评人员的工作一般由人力资源部门负责实施。主要工作内容有：阐述组织人力资源制度和传授考评工作的基本知识和技巧以及考评的纪律等。其次进行考核，把实际工作表现和工作结果与事先确定的考核标准进行对照，看哪些没有达到，哪些达到了，哪些超过标准了，即考核过程。再次，在对考核结果汇总的基础上，做出实事求是的判断，给出考评结论和意见，即对绩效的评价。

（三）员工绩效考核的内容

考什么，即考核内容，这是绩效考核首先须明白的问题。一般来说，业务活动行为的结果是我们考核的主要对象，然而，影响业务活动的因素也是需要考核的内容，从员工个体角度看，这涉及工作态度、工作能力问题。所以，员工的绩效考核在排除外界影响外，在本质上是对行为的结果以及影响行为结果的因素进行考核。而行为的结果，有时是有效的，有时是无效的，这取决于是否符合企业目标。符合企业目标的行为结果，才称为绩效、成果，才称得上对组织是一种贡献或价值。所以，人事考核的最基本的目的是考核组织成员对组织的贡献，或对组织成员的价值进行评价。

绩效内涵的丰富，决定了绩效考核的内容也极其丰富，但可以用发展的维度，把绩效考核的内容分为工作考核和潜能开发，图 1-3 所示的是绩效考核内容体系。

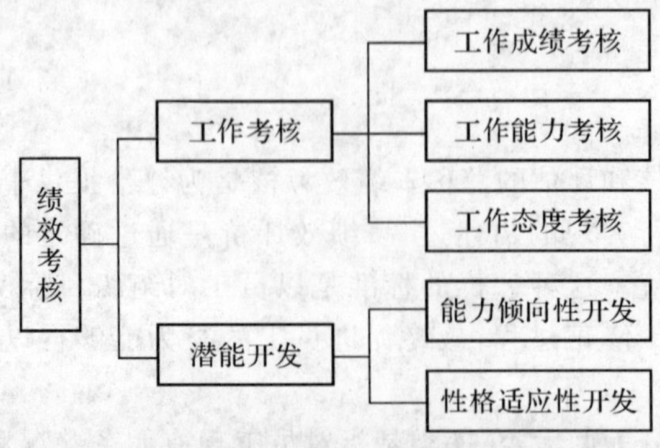

图 1-3　绩效考核内容体系

1. 工作考核

(1)工作成绩

绩效考核的出发点是员工的工作岗位，是对员工担当工作的结果或履行职务的工作结果的评价。只有对员工的工作完成情况，即工作成绩（业绩）的评价是公平的，才具有可比性。所以，工作成绩（业绩）是考核的重点所在，也是考核的中心。

考核工作成绩的项目或指标可从完成工作的数量、质量、及时性、花费的成本等方面去衡量。它解决的问题是工作完成得怎样，是对完成工作的状态的评价。

(2)工作能力

工作能力在本质上是指一个人顺利完成某项活动所必备的、并影响活动效率的、稳定的个性特征，是指员工担当工作须具备的知识、经验与技能。能力与业绩有显著的差异。业绩是外在的，能力是内在的。一般来说，能力包括必备的知识、专业技能、一般能力等。考核工作能力与员工能力测评不同。考核工作能力是考核员工在工作中发挥出来的能力和员工在工作过程中显示出来的能力。根据标准或要求，确定员工能力发挥得如何，对应其所担任的工作、职务，对其能力是大还是小，是强还是弱作出评定。

(3)工作态度

工作态度是在完成工作时所表现出来的心理倾向性，它对工作业绩影响很大。任何组织都不能容忍缺乏干劲和热情的员工，更不能容忍懒汉的存在。工作能力强的人，如果工作不努力、态度不端正，工作业绩也不可能高。工作态度是工作能力向工作业绩转换的"中介"。

当然，员工的工作态度、工作努力程度也并不一定与业绩完全呈正比关系，其中一个关键的中介变量是努力方向与企业目标是否一致。

2. 潜能开发

潜能开发之所以被列入绩效考核内容之中，原因是越来越多的业绩优秀的组织认为绩效考核是一个开发员工潜能的手段，目的是持续地改进员工的绩效，实现组织的战略意图。同时对于员工来说，也有助于员工工作自信心的提高，职业生涯的完善。所以，在员工考核中，对管理者而言，不仅有考评业绩的任务，更有开发员工潜能的职责。

潜能开发是针对于未来、将来的工作岗位而言须具有什么样的能力倾向与性格特征。所以需要回答的问题是：他们还能干些什么，能否干得更好。具体来说，通过设计"潜能开发卡"，上司与员工的双向沟通来确定未来的工作目标所需要的能力因素与性格特征。

(四)绩效考评的新理念

传统的人事绩效考核只停留在获取与员工的工作绩效有关的信息这一层次上，只注重个人评价和奖励的分配过程，是"立足现在看过去"的一种考核方法。而现代人力资源管理中，绩效考核中的工作信息收集只是评估过程的一个步骤，关键在于信息如何以组织需求为衡量标准来及时反馈给员工。不断改进绩效才是最重要的。所以现代人力资源管理的绩效考核是"立足于现在看将来"的一种考评方法。它在注重数量的同时更注重工作的质量，在注重个人成就的同时更注重团队合作，在注重工作结果的同时更注重工作过程，此外，为激发员工最大限度地为组织目标服务，还重视员工本人对潜能发挥的满意度。

(五)绩效考评的基本原则

在建立考核制度及实施人力资源考核时，必须遵循一些基本原则，这些原则既是人力资源考核制度建立的重要理论依据，同时又是行之有效的人力资源考核体系应满足的基本条件。绩效考评的基本原则一般包括如下方面。

1. 公平与客观

公平是确立和推行员工考绩制度的前提。不公平，就不可能发挥考绩应有的作用。客观是指在考绩中各级领导和人事部门要排除一切干扰，本着实事求是的精神，客观、全面、真实地考察和评价工作人员，要摒弃个人的恩怨与好恶，防止用偏见和感情来代替政策和制度。

公司的人事考评标准、考评程序和考评责任都应当有明确的规定，而且在考评中应当严格遵守这些规定。同时，考评标准、程序和对考评责任者的规定在公司内都应当对全体员工公开。这样才能使员工对人事考评工作产生信任感，对考评结果抱以理解、接受的态度。

此外，尽可能地进行科学评价，使之具有可靠性、客观性、公平性。

2. 公开与开放

人事考核制度首先是公开的和开放的，借此而取得上下认同，以便推行考核；其次是考核标准必须十分正确，上下级之间可以直接对话，面对面地沟通进行考核工作，使考评标准和考评程序科学化、明确化和公开化。人事考核的过程不是秘密工作，考核结果不是秘密文件。越坚持考核的公开性和开放性，被考核人员就越容易配合考核人员的工作，就越容易认同考核结果，而考核工作才能够顺利进行。

3. 反馈与修改

考评的结果或评语一定要反馈给被考评者本人，否则就起不到考评的最终目的，不能促进员工绩效的改进。把考核后的结果及时反馈给员工，使员工好的东西坚持下来并发扬光大，不足之处加以纠正和弥补。

在现代人力资源管理系统中，缺少反馈的人事考核是没有多少意义的，因为它既不能发挥能力开发功能，也没有必要作为人事管理系统的一部分独立出来。为了顺应人事管理系统变革的需要，现代的绩效考核必须构建起反馈系统。

4. 定期化与制度化

人力资源考核是一种连续性的管理过程，因而必须定期化、制度化。人事考核既是对员工工作成绩、工作能力、工作态度的评价，也是对他们未来行为表现的一种预测，因此只有程序化、制度化地进行人事考核，才能真正了解员工的潜能，才能发现组织中的问题，从而有利于组织的有效管理。

5. 可靠性与准确性

可靠性又称信度，是指某项测评的一致性和稳定性。人事考核的信度是指人事考核方法保证收集到的工作成绩、工作能力、工作态度等信息的稳定性和一致性，它强调不同评价者之间对同一个人或一组人评价的一致性。这就要求考核因素和考核尺度是明确的，测评者就会用相同的尺度评价员工，从而有助于提高信度。

准确性一般用效度来表示。效度是指某测量有效地反映其所测量内容的程度。人事考核的效度是指人事考核方法测量人的能力与绩效内容的准确性程度，它强调的是内容效度，即测评反映特定工作内容（行为、结果和责任）的程度。

可靠性与准确性是保证人事考核有效性的充分必要条件，两者不可或缺。所以一种人力资源考核体系要想获得成功,就必须具备良好的信度和效度。

6. 可行性与适用性

所谓可行性,就是指任何一次考核方案所需时间、物力、财力要为使用者的客观环境条件所允许的。因此,它要求在制订考核方案时,应根据考核目标合理设计方案,并对其进行可行性分析。

适用性包括两个方面的含义:一是指考核工具和方法应适合不同测评目的的要求;二是指所设计的考核方案应适应不同行业、不同部门、不同岗位的人员素质的特点和要求。

7. 严格性与差别化

考绩不严格,就会流于形式,形同虚设。考绩不严,不仅不能全面地反映员工的真实情况,而且还会产生消极的后果。考绩的严格性包括:要有明确的考核标准;要有严肃认真的考核态度;要有严格的考核制度与科学的程序反映真实情况。间接上级(上级的上级)对直接上级作出的考评评语,不应当擅自修改。这并不排除间接上级对考评结果有调整修正的功能。此外,考评等级之间应当产生较鲜明的差别界限,才会有激励作用。

三、绩效管理

绩效管理在现代企业管理体系中是不可缺少的,有效的绩效管理会给日常管理带来巨大的效益,如果绩效管理运用得当,企业的基层员工、各级管理人员乃至整个企业都会受益无穷。而与绩效一样,绩效管理的内涵也是非常丰富的,从操作角度,绩效管理可分为微观绩效管理与宏观绩效管理。宏观绩效管理更强调绩效管理是企业战略传导的重要手段;绩效管理是企业重要的监控系统;绩效管理是企业人力资源管理与企业运作管理的重要接口。这里我们重点是讲授微观绩效管理。

(一)什么是绩效管理

国内外专家学者对绩效管理有不同认识,可谓仁者见仁,智者见智。下面列举一些主要观点:绩效管理是指管理者用来确保员工的工作活动和工作产出与组织的目标保持一致的手段及过程。绩效管理是一种提高组织员工的绩效和开发团队、个体的潜能,使组织不断获得成功的管理思想和具有战略意义的、整合的管理方法。绩效管理是指通过对企业战略的建立,目标分解,绩效评价,并将绩效成绩用于企业日常管理活动中,以激励员工业绩持续改进并最终实现组织战略及目标的一种管理活动。绩效管理是对绩效实现过程中各要素的管理,是基于企业战略基础之上的一种管理活动。绩效管理是指对一个组织或员工所具有的价值进行评价,并给予奖惩,促进系统自身价值的实现,是对员工行为和产出的管理,它是一个由绩效计划、绩效追踪、绩效考核与绩效反馈面谈构成的循环往复的过程。

从系统论看,绩效管理被作为一个系统来认识。在这个系统中,对绩效的考评不仅包含应用某种方法考评员工工作绩效这一核心过程,而且将企业文化、企业战略以及人力资源政策对绩效考评的影响作用纳入其中,同时把考核结果反馈这一环节与员工培训甚至人力资源开发紧密联系起来。绩效管理系统的模型如图 1-4 所示。

从模型可以看出,一个良好的绩效管理系统一般由四个部分组成。

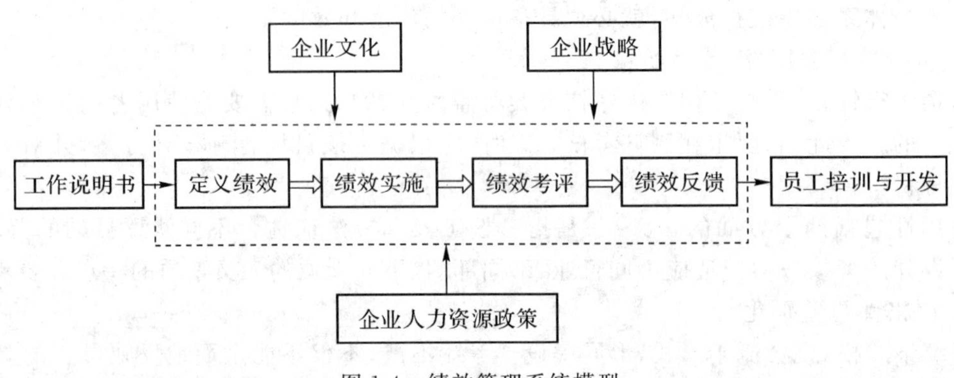

图 1-4 绩效管理系统模型

1. 定义绩效

定义绩效即界定绩效的具体维度及各维度的内容和权重，也就是让各层次的员工都明白自己努力的目标。这是进行绩效考评的基础，也是绩效管理的关键。在这个部分中，工作说明书为定义绩效的内容提供一般意义上的支持，企业文化、企业战略为定义绩效确定明确的方向。这种方向性（通过加大某一维度的权重实现）要求定义的绩效保证员工努力的行为和方式与企业战略和企业文化相一致。例如，本年度企业的中心任务是通过导入全面质量管理提高产品质量，并实行团队管理来加强合作。那么，在定义绩效时，员工的质量意识、产品质量的实现状况以及合作意识应该成为考核的重点内容。同时还要考虑对实行团队管理的绩效定义为小组的绩效。

另外，企业的人力资源政策也影响定义绩效。比如当一个企业有从内部提升的惯例或政策时，对于各层次管理者而言，工作绩效考评中必然有一项重要的内容是培养开发下属的能力。

2. 绩效实施

绩效实施是管理者和员工共同完成绩效目标的过程。管理者要对员工的工作进行辅导和监督，发现问题及时解决。管理者还要根据实际运行情况对绩效计划进行滚动调整。在整个绩效期间，管理者都要对员工进行不断地指导和反馈。

3. 绩效考评

绩效考评是绩效管理系统的主体部分，表现为在定义绩效的基础上制订出一个健全合理的考评方案并实施绩效考评。考评方案主要包括考评的内容、考评的方法、考评程序、考评的组织者、考评人与被考评人以及考评结果的统计处理等。其中，设计出可行的考评表格，选择合适的考评方法是最关键、也是最困难的技术。

绩效管理系统使绩效考评的内涵更加丰富，使实施过程更加系统、更加全面，并与其他人力资源管理职能衔接得更紧密，从而使绩效考评在现代人力资源管理中发挥出更强大的功能。

4. 绩效反馈

向员工本人反馈对其工作绩效的考评结果，是为了让员工了解自己的工作情况。但在绩效管理系统中，反馈的意义并不仅限于此。客观、合理的考评结果可以真实地说明员工达到组织所期望的标准的程度，而不足之处经过分析，即可以成为有针对性的培训需求。同样，员工绩效的考评结果可以使上级了解该员工的优缺点和个人特长等，管理者根据考绩中获得的信息与员工进行面谈，并对员工进行适当、明确的指导，可以使员工的个人发展与实现组织目标结合起来,从而达到提高绩效的目的。另外,一个企业的企业文化对反馈绩效的方式、重视程度都有很大影响。

以上四个环节,形成了一个绩效管理的循环。在这个循环中所得到的绩效评估结果具有多种用途。首先,绩效评估的结果适用于员工工作绩效和工作技能的提升,通过发现员工在完成工作过程中遇到的困难和工作技能上的差距,制订有针对性的员工发展计划和培训计划。其次,绩效评估的结果可以比较公平地显示出对企业所作贡献的大小,据此可以决定对员工的奖励和报酬的调整。此外,通过员工的绩效状况,也可以发现员工对现有职位是否适应,根据员工绩效高于或低于绩效标准和程度,决定相应的人事变动,使得员工能够从事更适合自己的职位。

综上所述,绩效管理是指管理者用来确保员工的工作活动和工作产出与组织的目标保持一致的手段及过程;是防止员工绩效不佳和提高工作绩效的有力工具;特别强调沟通辅导及员工能力的提高;不仅强调绩效的结果,而且重视达成绩效目标的过程。

(二)绩效管理的系统

绩效管理不仅是贯穿于工作过程中的一个环环相扣的系统,还是周而复始的循环过程,涉及企业的全体员工,渗透到各个管理环节。绩效管理从战略层面、管理层面、工作层面形成不同的系统。

1. 战略层面的绩效管理系统模型

战略层面的绩效管理系统是从宏观到微观的思路阐述绩效管理的运作的。它从企业的战略出发,设定企业的各级部门业务重点和关键绩效,并分解到具体员工的工作。把战略意图通过绩效管理贯穿管理的各个环节,明确企业高层管理者在绩效管理中的作用。图1-5 显示了基于企业战略的绩效管理系统流程。

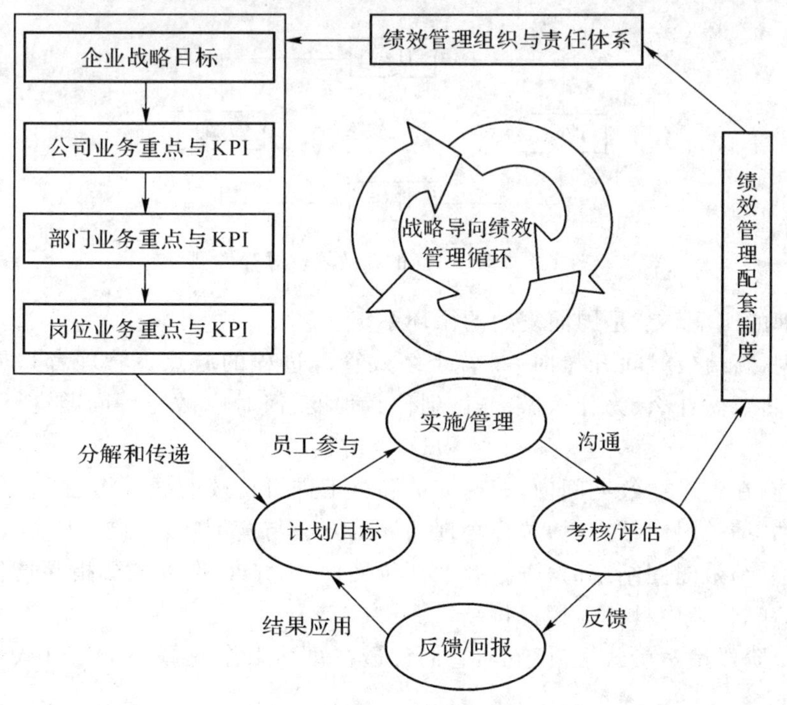

图 1-5　战略绩效管理系统

2. 管理者层面的绩效管理系统

管理层面的绩效管理系统以各级管理人员为出发点,具体阐述管理者在绩效管理中的作用和绩效管理的流程。图 1-6 显示了基于管理者层面的绩效管理系统。

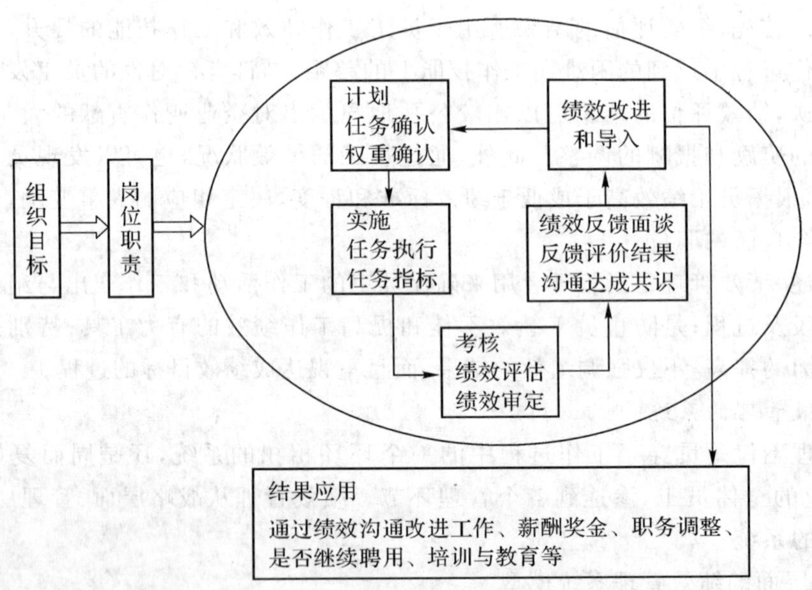

图 1-6 管理者层面的绩效管理系统

3. 绩效管理过程模型

从时间的维度看,绩效管理是一个四个环节的周期,图 1-7 显示了基于时间的绩效管理过程模型。

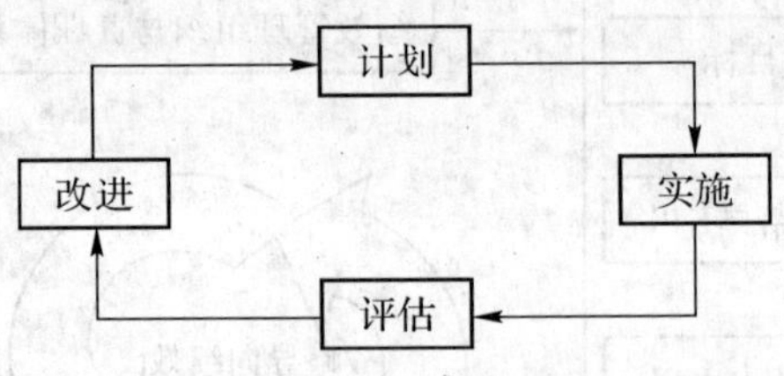

图 1-7 基于时间的绩效管理过程模型

绩效管理的四个环节是周而复始的循环系统。

绩效计划(新绩效时间开始时)是整个绩效管理过程的起点。管理者和员工经过一起讨论,就员工将要做什么、为什么做、需做到什么程度、何时应做完等问题进行识别、理解并达成协议。

绩效实施(在整个绩效期间内)管理人员和员工进行持续的绩效沟通。

绩效评估(绩效时间结束时)选择合理的评价方法与衡量技术,进行评价。

绩效反馈(绩效时间结束时)进行绩效评价面谈,对绩效改进进行指导,实现反馈,并在人员配置和薪酬管理中具体运用评价结果。

以上四个阶段呈螺旋式上升趋势,它们渗透在每项工作或每一个项目从开始到完成的过程中。

(三)绩效管理的新理念

随着人力资源管理理论与实践的不断深入,人们对绩效管理有许多新的认识。其中有代表性的新理念包括:

(1)就目标及如何达成目标,需要达成共识。绩效管理是企业战略落实的载体,是员工就工作目标和如何达成工作目标进行协调并达成共识的过程。

(2)绩效管理不是简单的任务管理,它特别强调沟通、辅导和员工能力的提高。绩效管理是构建并强化企业文化的工具,是一个持续沟通的过程,不仅注重工作结果,更重视达成的目标。

(3)绩效管理不仅强调结果导向,而且重视达成目标的过程。绩效管理是提升企业管理水平的有效手段,其程序包括计划、辅导、考核、反馈。通过这四个步骤的往复循环,最终实现组织和员工的绩效改进。

(4)绩效管理的思想精髓是以人为本,让员工充分参与组织的管理过程,重视员工的发展,在完成组织目标的同时,实现员工个人价值和职业生涯计划。

在绩效管理系统中最重要的几个核心理念包括:绩效管理系统是人力资源管理系统的中枢和关键;绩效管理系统的核心思想是绩效改进;绩效管理系统非常关注绩效沟通;绩效管理系统既注重结果,也注重过程;绩效管理系统强调各级管理者的参与。

(四)绩效管理所要解决的问题

绩效管理不是万能的,随着人们对绩效管理认识的深入,人们逐渐对绩效管理所要解决的问题加以明确:如何确定有效的目标?如何使目标在管理者与员工之间达成共识?如何引导员工朝着正确的目标发展?如何对目标的过程进行监控?如何对实现的业绩进行评价?如何对目标业绩进行改进?

案例分析

案例一:他为什么辞职

某大学生毕业后被一家中日合资企业招聘为销售员。工作的头两年,他的销售业绩确实不敢让人恭维。但是,随着对业务的逐渐熟悉以及与客户关系的不断建立,他的销售业绩开始逐渐上升。到了第三年,他根据与同事的接触,估计自己当属全公司的销售冠军。不过公司的政策是不公开每个人的销售额,也不鼓励互相比较,所以他不能肯定。

又过了一年,这名大学生干得非常出色,该年9月份就完成了全年的销售任务定额,但是经理对此却没有任何反应。尽管工作上非常顺利,但是他总觉得自己的心情不舒畅。令他烦恼的是公司从不告诉大家干的好与坏,也从来没有人关注销售员的销售额。而别的公司都在搞销售竞赛和奖励活动,这让他十分恼火。他主动找日方经理谈了他的想法,不料日方经理说这是既定政策,而且是本公司的文化特色,从而拒绝了他的建议。

几天以后,令公司领导吃惊的是,这名大学生辞职了并去了一家竞争对手的企业。辞职的原因很简单:自己的贡献没有被给予充分的重视,没有得到相应的回报。

案例二:“标准”员工打官司

一个有16年工龄的员工在公司裁员时被解雇了,因为自加入公司以来,在15年的时间里，每一年的业绩考核都显示他的工作是符合“标准”水平的，所以这位员工很不明白，为什么会由于“工作不合格”而被开除。于是，他向法庭提出了诉讼。

法庭进行了详细的调查，证明这个员工在很长一段时间，工作一直处于未能达到标准水平。然而，因为每个经理都急于摆脱他，想把他转到其他部门，为了使不知底细的其他部门经理愿意接受他，就给他一个“达到标准”的工作评级。

在法官面前，这位员工陈述说：因为经理没有如实地指出他的缺点，也就等于没有给他改正自己错误的机会。法官非常同意他的说法。这个员工打赢了这场官司。

案例三：高薪为什么没有高效益

F公司是一家生产电信产品的公司。在创业初期，依靠一批志同道合的朋友，他们不怕苦不怕累，从早到晚拼命工作，公司得以迅速发展。几年之后，员工由原来的十几人发展到几百人，业务收入由原来的每月十多万元发展到每月上千万元。企业大了，人也多了，但公司领导却明显感觉到，大家的工作积极性越来越低，也越来越计较。

F公司的老总一贯注重思考和学习，为此特别到书店买了一些有关成功企业经营管理方面的书籍来研究，他在介绍松下幸之助的用人之道一文中看到这样一段话：“经营的原则自然是希望能做到‘高效率、高薪资’。效率提高了，公司才可能支付高薪资。但松下先生提倡‘高薪资、高效率’，他不把高效率摆在第一个努力的目标，而是借着提高薪资来提高员工的工作意愿，然后再达到高效率。”他想，公司发展了，确实应该考虑提高员工的待遇，一方面是对老员工为公司辛勤工作的回报，另一方面是吸引高素质人才加盟公司的需要。为此，F公司重新制定了报酬制度，大幅度提高了员工的工资，并且对办公环境进行了重新装修。

高薪的效果立竿见影，F公司很快就聚集了一大批有才华有能力的人。所有的员工都很满意，大家的热情高涨，工作十分卖力，公司的精神面貌也焕然一新。但这种好势头不到两个月，大家又慢慢回复到懒洋洋、慢吞吞的状态。这是怎么啦？

F公司的高工资没有换来员工持续的工作高效率，公司领导陷入两难的困惑境地，既苦恼又彷徨，不知所措。那么症结究竟在哪儿呢？高薪为什么没有带来高效益呢？

（五）绩效管理的作用

绩效管理的作用主要在于两个方面：评价和开发。评价的目的在于正确估价员工的行为和绩效，以便适时给予奖励，如提薪、发奖金、晋升等。开发的目的在于提高员工的素质，如更新员工知识结构与技能，激发其创造力等，最终提高员工的绩效。具体来说，表现在以下10个方面：①促进职业发展。②改善人际沟通。③做好用人决策。④完善激励机制。⑤体现组织政策。⑥形成人力资源管理体系。⑦增进员工满意度。⑧引导员工行为。⑨保证依法行事。⑩实现组织战略。

（六）绩效管理的意义

松下幸之助说过：“不管有无制度，经营上总是要经常对人进行考核；如果缺少对业绩、能力的制度性考核，我们只能依赖一线监督者的意见做出人事安排，稍有疏忽，稍有不注意，就会出现不平、不公，导致不满，损害士气和效率等。”因此，组织需要绩效管理，管理者需要绩效管理，员工同样需要绩效管理。

1. 组织为什么需要绩效管理

从整个组织的角度来看，组织的目标是被分解到了各个业务以及各个职位上的每个工作者的目标，而个人目标的达成构成了业务单元目标的达成，组织的整个目标是由各个业务单元的绩效来支持的，即由每个员工的绩效来支持的。既然这样，那么组织就不可避免地关心以下问题：

（1）组织需要将目标有效地分解给各个业务单元和各个员工，并使各个业务单元和员工都积极向着共同的目标努力。

（2）组织需要监控目标达成过程中各个环节上的工作情况，了解各个环节上的工作产出，及时发现阻碍目标有效达成的问题并予以解决。

（3）组织需要得到最有效的人力资源，以便高效地完成目标。一方面，通过人员的合理调配使人员充分发挥作用；另一方面，加强对现有人员的培训和发展，增强组织的整体实力。

绩效管理恰恰是解决上述问题的有效途径。通过绩效目标的设定与绩效计划的过程，组织的目标被有效地分解到各个业务单元和个人。通过对团队和个人的绩效目标的监控过程以及对绩效结果的考核，组织可以有效地了解到目标的达成情况，可以发现阻碍目标达成的原因。绩效考核的结果可以为人员的培训和发展提供有效的信息。因此，绩效管理是组织需要的一项活动。

2. 管理者为什么需要绩效管理

管理者承担着组织赋予自己的目标，而每个管理者都是通过自己主管的业务单元或者领导的团队来实现自己的管理目标的。管理者都渴望在管理上取得成功，因此：

（1）管理者需要有机会将组织的目标传递给团队中的员工，并取得他们对目标的认同，以便团队成员能够共同朝着目标努力。

（2）管理者需要把组织赋予的目标分解到每个员工的头上，因为他们知道这些目标不是通过自己一个人的努力就可以实现的，而必须通过团队中的员工共同努力才能实现。

（3）管理者也需要有机会告诉员工自己对他们的工作期望，使员工了解哪些工作最重要，哪些工作员工可以自己作出决策，管理者也需要让员工知道各项工作的衡量标准是什么。

（4）管理者还常常希望能够掌握一些必要的信息。这些信息既有关于工作计划和项目的执行情况，也有关于每个员工的状况。

这些问题也是在绩效管理过程中需要解决的。绩效管理提供给管理者一个将组织目标分解给员工的机会，并且使管理者能够向员工说明自己对工作的期望和工作的衡量标准。绩效管理也使管理者能够对绩效计划的实施情况进行监控。

3. 员工为什么需要绩效管理

员工在绩效管理中通常是以被管理者和被考核者的角色出现的，考核对他们来说是一件有压力的事情，是与不愉快的情感联系在一起的。只有当员工理解了自己对工作的内在需要后，才会发现绩效考核与管理对于员工来说也是他们成长过程中所必需的。

根据马斯洛的需要层次理论，我们知道员工在基本的生理需要满足之后，会有更多的高级需要有待于满足。每个员工在内心都希望能够了解自己的绩效，了解自己的工作业绩，了解别人对自己的评价。这首先是出于安全和稳定的需要，避免由于不了解自己的绩效而带来的焦虑。其次，员工也希望自己的工作绩效能够得到他人的认可与尊重。再次，员工也需要了解自己目前需要提高的地方，使自己的技能更加完善，潜能得到开发。因此，员工特别需要通过绩效管理来了解和提高自己的绩效，了解自己在哪些方面还有待发展，以提高自己的胜任能力。

总之，绩效管理的意义表现在很多方面：第一，绩效管理有效推进了战略实施与企业变革，是一种企业的执行力体系，在贯彻企业战略意图、实现战略目标方面发挥着核心的作用。第二，绩效管理是一个好的预警系统。第三，绩效管理促进有效的沟通、辅导与授权。第四，绩效管理能塑造契约化管理的高绩效企业文化。第五，绩效管理是价值分配的基础，是人力资源管理决策的依据。第六，绩效管理还符合了劳动法律的强制要求，其核心目的是提升企业绩效、实现企业目标。

案例分析

从"绩效考核"到绩效管理系统

一、案例背景

B公司是一家通信器材公司，成立于20世纪70年代末，由国家投资发起，成立之初属电子工业部。B公司为国内通讯行业提供中间产品，经过20多年的发展，下属有8家分公司，员工1万人，年销售额约30亿元人民币，利润为4亿元人民币。在20世纪90年代中期之前，由于国内通讯需求持续旺盛，作为为通讯行业提供部件的上游企业，其产品亦一直供不应求，尽管只抓生产，不抓销售，日子仍过得红红火火。2001年后通讯市场供求关系发生逆转，B公司的各项经济指标发生不同程度的恶化，经济效益持续下降，利税总额从1996年的超过5亿元人民币跌至2002年的约1.5亿元人民币。公司的经营业绩从顶峰跌入谷底，日子开始不好过了。公司高层管理者认识到外部环境变了，公司却保持着惯性，在原来的轨道上行进。如何恢复企业过去的生机和活力，公司领导希望"堡垒能从内部突破"。2003年初，B公司与某咨询公司首次合作，对市场经营部门的组织结构进行优化，并进行了工作分析、岗位调整等人力资源管理的基础工作。在这个基础上，2003年7月，双方再次合作，重点针对公司的绩效考核体系进行再设计。

二、发现的问题

咨询公司顾问入驻B公司，通过对中高层管理人员和业务骨干的访谈、问卷调查以及资料分析，对B公司进行人力资源状况的全面诊断，发现B公司在绩效考核方面存在很多问题。B公司将绩效考核分为年度绩效考核和月度绩效考核。年度绩效考核的结果与年底奖金挂钩，月度绩效考核与月度工资联系。但事实并不是这样，公司的绩效考核对工资、奖金影响很小，工资分配有大锅饭倾向，级别相同，工资收入基本一样。另外，由于公司的计划管理不完善，普通员工了解不到公司整体计划的信息，只是接受任务、执行任务，所以缺少对任务的认识，工作中存在偏离公司整体目标的行为，不利于公司目标的实现。由于绩效考核指标权重中，业绩只占40%，而且所有人都一样，最终的结果是大家都是遵守纪律的好员工，但不能推动公司目标的圆满实现，同时缺少能力、客户满意度和跨部门流程等绩效考核指标。

B公司的绩效考核基本上是各部门独立进行，人力资源部很少给出控制和指导，缺少整体的绩效考核管理制度和流程，现行的绩效考核制度已经几年没有调整，绩效考

核结束没有绩效考核面谈，员工也不知道改进的方向。绩效考核结束后，缺少绩效考核沟通，同时，绩效考核结果只与工资挂钩，在晋升降级、培训、问题分析等工作中没有被充分利用，而且绩效考核结果一般都会很好，没有优存劣汰的机制，激励作用很小。

三、对策方案

1.根据B公司的实际情况，咨询公司为其建立了绩效考核体系，包括以下三个阶段：建立指标体系、建立绩效管理流程、员工系统激励与培训。根据B公司绩效考核指标不全面、不合理以及权重不合理的情况，咨询公司在设计指标体系时，绩效考核纬度从绩效、能力方面进行全面的考虑，在绩效纬度方面，全面考虑任务绩效、管理绩效和周边绩效，并且根据不同的绩效考核对象和绩效考核期间有所侧重。咨询公司先根据B公司的职位说明书和工作计划情况，设计出各岗位的关键绩效指标和能力模型，然后与各相关职位和上级主管反复讨论，并最终确定指标和权重，整个指标体系包括绩效、能力两个纬度，月度绩效考核主要以绩效考核为主，半年和年度绩效考核综合考虑两个方面。同时不同职位的综合绩效考核，在绩效、能力两个方面的权重也有一定差异，例如营销部门的绩效方面的权重就比较高。

2.绩效考核管理制度和流程是绩效考核成功实施的保障，而B公司的绩效考核管理制度和流程欠缺，根据这种情况，咨询公司帮助B公司设计了包括制订绩效考核方案、指标设计、绩效考核实施、面谈反馈、绩效考核方案调整、绩效考核申述、绩效结果应用等在内的绩效管理流程和制度，将绩效考核结果与晋升、降级挂钩，实行强制分布、调换或淘汰不合格员工，并与B公司的相关领导进行沟通，使之尽量符合B公司的实际情况，并最终确定。

3.为了保证绩效考核体系顺利实施，应B公司的要求，咨询公司对B公司的人力资源部理人员和主管以上主管人员进行包括绩效考核体系在内的一系列培训，并派出一位经验丰富的管理总监进入B公司，协助B公司全面推行绩效考核体系。经过大约三个月时间，绩效考核体系在B公司顺利运行，并且由B公司人力资源部独立运作，管理总监逐渐撤出B公司。

[简评]

通过本次咨询工作，咨询公司为B公司提供了切实可行的绩效考核管理方案，解决了长期困扰B公司的指标设计不合理、绩效考核不成体系、绩效考核激励作用不明显、考核结果单一等问题。绩效管理是一个完整的体系，要使以绩效考核为核心的人力资源管理体系真正起到发动机的作用，首先要有设计科学的绩效考核指标，给员工一个方向感和一定的压力，使所有员工的目标和公司目标保持一致；其次，要严格执行绩效考核，给员工巨大的激励，让员工在自己的岗位上充分发挥自己的潜力，提升业绩，争取更多的发展机会，这样才能使企业充满生机和活力。

四、绩效、绩效考评、绩效管理的关系

(一)绩效与绩效考评和绩效管理的关系

绩效是成绩或效果，绩效考评是对工作绩效的考核和评价。绩效管理是以绩效考评为核心的管理体系。绩效考评和绩效管理都依赖于绩效的定义。绩效的定义是绩效考评和绩效管理的前提，绩效考评和绩效管理都是针对绩效进行的活动。

(二)绩效考评与绩效管理的关系

绩效考核与绩效管理关系密切,两者既有联系又有区别。

绩效考核是绩效管理的一个重要的、不可或缺的组成部分;同时,有效的绩效考核也有赖于整个绩效管理活动的成功开展。

绩效管理和绩效考核之间的区别也是非常明显的,通过表格的形式把它反映出来,见表 1-2。

表 1-2　绩效管理和绩效考核的区别

绩效考核	绩效管理
管理过程中的局部环节和手段	一个完整的系统的管理过程
一般出现在特定时期	贯穿于日常工作,周而复始地循环进行
立足现实,看过去,回顾过去的一个阶段的成果	立足现实,看将来,具有前瞻性,能有效规划组织和员工的未来发展
事后的评价	注重双向的交流、沟通、监督、评价
注重对绩效结果进行评价	侧重于日常绩效的提高
注重员工的考核成绩	注重个人素质能力的全面提升
绩效考核人员与被考核人员是对立的两面	绩效管理人员与员工之间是绩效合作的伙伴关系

(三)公司规模与绩效管理

绩效管理是提升绩效的管理手段,手段服从于目的。在规模较小的公司,管理者与员工、员工与员工之间比较了解,而且工作任务经常变化,管理者通过口头表扬、批评及员工之间的交流,就能够比较容易地形成较为准确的评价时,没有必要建立规范的绩效管理体系;如果公司初具规模,已形成了较稳定的组织结构,管理者与员工、员工与员工之间工作状况不太了解;员工的工作职责和任务又相对稳定,就有必要建立系统的绩效管理体系,公司一般也会相应地成立独立的人力资源管理部门,甚至成立主管绩效管理的业务科室。

第三节　绩效管理在人力资源管理中的定位

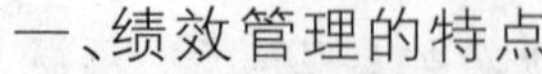

一、绩效管理的特点

良好的绩效管理体系会促进组织的目标实现,不良的绩效管理不仅不能促进组织的发展,而且还会给组织带来危害。那么良好的绩效管理有哪些特点呢?根据实际情况,总结了以下一些特点,当然这些特点不一定是所有良好的绩效管理都具有的,但一个绩效管理体系拥有这些特点越多,它必定会越有效。

(一)战略性

企业的所有工作都是围绕企业战略展开的,绩效管理也不例外。绩效管理应该与组织和部门的战略保持一致;绩效管理是企业管理体系的一部分,它是为企业战略服务的。绩效管理应促进组织目标、部门目标、个人目标的实现。

（二）系统性

绩效管理不是一个孤立的过程，它涉及所有员工的所有工作，不是人力资源管理部门自己的事情，也不是一个阶段性工作。它是一个周而复始不断循环的系统。

（三）操作性

绩效管理具有一定的专业性，但不是高不可攀的技术，那些代价高昂、耗时，同时又令人费解的绩效管理体系显然是不会有效的。好的绩效管理体系应当很容易使用，从而具有很强的操作性。

（四）价值性

绩效管理对组织来说，必须是有价值的、有用的，那就需要做到以下几点：第一，针对每一项工作职责制定的绩效标准以及评价内容必须被认为是重要的、有价值的，而且是相关的。第二，绩效评价应该仅仅强调员工可控的那些职能。例如，在不考虑产品的销售淡季而一味地强调销售量，让销售员感到无论如何努力也无法提高销售量时，这种考核就不可避免地面临失败。第三，考核、反馈时间要恰当。让员工感到这是工作的一部分，而不是额外的工作。第四，绩效管理应为被评估者提供发展方向，让员工有所是从，明确评估的导向性。第四，绩效评价结果应该成为重要管理决策的依据。如果不能将绩效评价结果与员工关注的那些结果联系在一起，那么，他们一般是不会重视这样的绩效管理体系的。

（五）具体性

绩效管理应该是明确具体的：它能给员工提供详尽而具体的指导，告诉他们组织和上级对他们的期望以及他们如何能够达到这种期望，而不是简单的定性与定量。

（六）稳定性

一套良好的绩效管理体系所包含的绩效衡量指标应当是稳定的、一致的，并且是没有偏差的。例如，如果由两位主管人员根据相同的绩效评价维度同时对同一位员工作出绩效评价等级，那么，两个人最终得出的绩效评价结果应该是接近的。就像一把尺子，用它测量东西，误差需要在可以接受的范围。

（七）可接受性

一套好的绩效管理体系应该可以被所有的参与者接受。如果大家都不接受，再好的绩效管理体系也是摆设。

（八）参与性

一套好的绩效管理体系应当持续利用来自多种不同渠道的信息。必须是全员参与的。首先，评价过程必须顾及绩效评价结果对当事人的影响，因此，要调查他们的想法，让员工必须参与创建绩效管理体系的过程，在应当对哪些行为和结果进行衡量以及如何对其进行衡量方面提出自己的看法。其次，应当在召开绩效评价会议之前，首先从员工那里收集他们的个人绩效信息。个人评价尽管主观性很强，但是不可或缺的。

（九）主观性

在划分绩效等级的过程中，应该尽量将人为的主观因素减到最少。然而，要想建立一套完全客观的绩效管理体系实际上也是不可能的，这是因为，在绩效评价过程中，总是需要人作出一部分主观判断。因此，当员工感觉到上级对自己的绩效评价出现了偏差的时候，就需要建立纠正机制、申诉程序，让员工有申诉的权利。

（十）伦理性

良好的绩效管理体系应当是符合伦理道德标准的。这就意味着管理者在进行绩效评价时，必须对他们的个人兴趣加以控制，在职业道德范畴内运作绩效管理系统。

二、绩效管理在人力资源管理中的定位

（一）绩效管理与人力资源管理的关系

绩效管理是整个人力资源管理的核心，它涉及人力资源管理的其他各个功能模块。具体表现如下。

1. 绩效管理与工作分析

工作分析是绩效管理的重要基础，通过工作分析，确定一个职位的工作职责以及任职资格，据此制订对这个职位进行评估的关键绩效指标，按照这些关键绩效指标确定对该职位任职者进行评估的绩效标准。工作分析提供了绩效管理的一些基本依据。绩效管理对工作分析起到印证作用。

2. 绩效管理与薪酬管理

根据制定薪酬体系的3P模型原理，即以职位价值决定薪酬、以绩效决定薪酬和以任职者的胜任力决定薪酬的有机结合，可知，绩效是决定薪酬的一个重要因素。在不同的组织中，对不同性质的职位，在不同的薪酬体系中，绩效所决定的薪酬成分和比例有所区别。通常来说，职位价值决定了薪酬中比较稳定的部分，绩效则决定了薪酬中变化的部分，如绩效工资、奖金等。

3. 绩效管理与人员招聘

在人员招聘过程中或对人员进行开发的过程中，通常采用各种人才测评手段，包括能力测验、个性测验以及情境模拟技术等。这些人才测评方法主要针对的是人的“潜质”部分所进行的，侧重考查人的一些潜在的能力倾向或性格与行为特征，以此推断人在未来的情境中可能表现出来的行为特征。绩效管理中的绩效评估则是对人的“显质”的评估，侧重考查人们已经表现出的业绩和行为，是对人过去的表现的评估。为了对一个人进行全面的了解，这两种评估手段可以相辅相成，共同提供个体特征的信息。另外，通过绩效评估的结果，还可反观人员招聘的标准与方法等方面存在的问题。

4. 绩效管理与培训开发

由于绩效管理的主要目的是为了了解目前人们绩效状况中的优势与不足，进而改进和提高绩效，因此培训开发是在绩效评估之后的重要工作。在绩效评估之后，主管人员往往需要根据被评估者的绩效现状，结合被评估者个人发展愿望，与被评估者共同制订绩效改进计划和未来职业发展计划。人力资源部门则根据员工目前绩效中有待改进的方面，设计整体的培训开发计划，帮助主管和员工共同实施培训开发。

5. 绩效管理与人力资源管理工作的整体改进

由于绩效管理与人力资源管理的各项工作密切相关，因此，可以通过进行绩效管理对人力资源管理工作进行整体改进，人力资源管理部门可以由此审视自己的各项工作，比如，通过员工的绩效状况，可以发现员工对现有的职位是否适应，根据员工绩效高于或低于绩效标准的程度决定相应的人事变动，使员工能够从事更适合自己的职位。组织的高层也可以利用绩效管理的信息，调整组织的战略，进而实现组织的目标。

6. 绩效管理与职业生涯管理和人员接任计划

通过绩效管理，员工可以发现自己具有潜在优势的领域以及有待提高的领域。一方面，员工可以在自己具有优势的领域中发展自己的职业生涯；另一方面，员工也可以发现自己在职业发展道路上还可以做出哪些努力。绩效管理也可以为制订人员接任计划提供有力的信息，一些绩效优秀的员工可能会作为某些重要职位的培养对象。但应该注意的是，一个人在目前的职位上取得优秀的绩效，并不意味着他一定能够胜任更高的职位，还必须结合对其潜质的胜任特征的评估。

（二）各级管理者在绩效管理中的角色和职责

绩效管理不是一个部门、几个人的事，而是关系到各级管理人员和全体员工，而且不同层次上的经营职能与人力资源职能也都是有联系的。具体各级管理者在绩效管理中的角色和职责如下。

1. 人力资源部在绩效管理中的角色和职责

人力资源部是人力资源管理政策的具体制定者，如负责制定有关绩效管理的制度、绩效与薪酬的对应政策，文件的编写、保管等；为公司绩效管理提供技术支持，如根据公司每年的战略要点调整绩效指标体系（对指标库的调整），以及指导各部门设计适合本部门的目标体系，为参与绩效考评的各级主管提供绩效管理的技术和技巧的培训，为各类员工提供绩效管理目标的模板，及时解答主管人员在绩效管理中的困惑，接受被考评人的投诉等；在绩效管理过程中负责组织实施、协调部门关系等，监督和评价绩效考核体系的实施。

2. 高层管理者在绩效管理中的角色和职责

高层管理者把握着组织发展方向，为绩效管理提出方向和决策，并对员工的出色工作进行奖励和鼓励。此外，高层管理者利用绩效考评的结果挖掘和培养公司未来的高层管理者，并付之于行动。

在实际工作中，对绩效考核的抵制是普遍的。执行全面的绩效管理体系的前提条件包括：领导重视和亲自参与、明确的责任主体、明确的企业目标、明确而一致的责任、权力、利益体系，最后还要保证主管人员可以获得真实而必要的管理信息。

3. 人力资源部经理在绩效管理中的角色和职责

人力资源部经理在绩效管理中处于重要位置，他一方面负责人力资源管理部门的全部工作，对其下属履行直接上级的管理责任，具体职责包括：①指导和辅导下属按公司的要求完成各项工作；②提供下属完成任务必需的有关资源；③帮助下属创造运用技能的机会，提高下属的职业技能；④排除下属在完成任务中所遇到的障碍；⑤为下属规划良好的职业发展。另一方面，作为职能部门经理对公司负有重要的责任，具体职责包括：①提供工具、技术顾问、组织工作、协调部门关系；②对上级和公司目标负责；③对公司业务发展负有支持和协助的责任；④是公司和员工沟通的中间体；⑤保证公司政令畅通。

4. 直线经理的角色和职责

绩效管理的主体是直线经理。反馈和辅导是直线经理在绩效管理中的重要职责。

直线经理包括上至董事长、总经理，下至班组长、主管。他们在绩效管理中逐级扮演着对下属的指导者、考评者、反馈者、辅导者、激励者的角色。绩效目标是沿着直线分解下去的，绩效辅导也是沿着这种直线关系一级一级逐级往下进行。直线经理们承担着绩效管理的责任包括：与下属讨论绩效目标、标准，经常检查员工工作进程，掌握下属的工作业绩，对下属进行反馈和辅导，评定下属的绩效结果，给予奖励和惩罚。

直线经理集教练、裁判、领导于一身，这决定了直线经理在绩效管理中的重要作用，直线经理这三个角色中任何一角色的缺失都会使绩效管理功亏一篑。

5. 基层员工在绩效管理中的角色和职责

组织目标的实现源于员工的工作，员工的高绩效是组织和员工共同的目标，因而，绩效管理离不开广大基层员工的参与，所以，必须使员工参与绩效管理的每一个阶段。具体包括：目标设定、主动汇报、自我评估。员工预先制定自己的绩效目标和评价标准，主动向上级汇报沟通，以求取得一致；经常就自己的工作积极向主管反馈进度，获得主管的支持和辅导；最后还要进行自我评价，向主管提供自己有关工作的结果和证据。

员工都知道些什么

探明绩效不佳员工的原因是员工自己和管理者共同的责任。知名企业管理顾问费迪南·佛尼斯与3万名各行各业的经理人访谈调查之后，归纳出下列16项员工表现不佳的原因。这是一项惊人的发现。

1)员工不知道为什么该做这件工作。

2)员工不知道如何做这件工作。

3)员工不知道该做什么工作。

4)员工觉得你的做法行不通。

5)员工觉得自己的做法比较好。

6)员工觉得其他工作更重要。

7)员工觉得努力，得不到任何结果。

8)员工觉得自己正照着你的指示在做事。

9)员工没有做该做的事却得到奖励。

10)员工做了该做的事却得到惩罚。

11)员工觉得做对事反而会招来负面后果。

12)使员工表现差劲，也不会招来任何负面后果。

13)超过员工所能控制的各种障碍。

14)员工受限于个人能力，无法有良好表现。

15)员工的个人问题。

16)没有员工能办到。

这个实证研究充分说明了许多企业还没有真正让员工参与到绩效管理中去，没有明确员工在绩效管理中职责和角色，这也许是许多绩效考核流于形式的根本原因。

三、绩效管理的战略地位

绩效管理的战略地位实际上是一个绩效管理的定位问题，即绩效管理的目标与方向问题，做好绩效，首先必须明确绩效的目标，使绩效管理定好位，使绩效管理从一开始就走在正确的道路上。

企业能否做出正确的战略选择是很重要的，同样能否正确地实施战略也是很重要的。那么绩效管理在企业战略中起什么样的作用呢？从关系上讲，绩效管理战略是企业战略中一个职能战略。

战略目标不是一句空话，其具体实施必然通过组织结构落实到每个员工，通过发挥组织中现实的每一个人的工作来实现目标，绩效管理就像一条线索把每个职位串联起来，给每一位员工都赋予战略任务。通过制定每一个员工的绩效目标，使企业战略、岗位、员工合为一体。

因此，绩效管理就是企业战略目标实现的一种辅助手段，通过有效的目标分解和逐步逐层的落实帮助企业实现预定的战略。在此基础上，理顺企业的管理流程，规范管理手段，提升管理者的管理水平，提高员工的自我管理能力。

案例分析

绩效管理者的智慧①

案例背景：小李有了一个新的上司王强，他是公司从外面聘请过来帮助公司走上正轨的。王强性格坚强、善于合作并很聪明，他认为目前公司的情况很乱，应该马上采取行动。

1.改善绩效管理的第一步

6月末，王强请小李给他安排了一次讨论小李部门关于绩效的会谈。经过一阵准备性的闲聊之后，王强切入正题："小李，我一直都在关注我们各部门的绩效问题，我真的很担心，因为我们正在倒退，我们必须一起来扭转这种状况，否则我们公司会有更大的麻烦。我想从你这里了解一下，你认为你们部门有什么问题？"

小李想了一会儿，回答说："我知道生产率似乎在下降，但好像我们的工作越来越多，而时间越来越少。我的员工都已经筋疲力尽，而且他们犯的错误似乎越来越多。坦白地说，如果能给我更多一些的员工，可能会好些。"

王强慢慢地摇了一下头，然后解释道，由于公司的财务问题，员工的数量目前已经冻结。然后又说："我知道你忙，但'忙'不是关键，对不对？每个人都可能很忙，但是否可能没有忙在提高绩效所必须做的重要事项上呢？"

"你提的这一点很有意义，"小李说道，"我看大家好像忘记了什么重要什么不重要。事实上我们好像是忙昏头了。"

处事策略：诊断与合作

注意，王强并没有告诉小李去干什么，他只是跟他一同讨论，提出疑问以发现潜在的问题。不管在绩效计划或绩效评估过程中，这都是诊断的一部分，其目的在于发现和克服成功路上的障碍。

"好，"王强道，"那也正是我的印象。你是如何同员工共同努力，让他们关注重要工作并确保它完成的呢？你是如何管理他们的绩效的呢？"

小李停了一会儿，脸色看起来有点难堪，然后回答道："你知道我很忙。但我们不

① 杜映梅：《绩效管理》，中国发展出版社2009年版，第24页。

也是每三个月讨论一次工作，并且每年还做一次你也熟悉的，同时也是人事部门要求做的填表工作吗？”

“我知道这些表，”王强说道：“他们也让我交了表。但那还不够，我们需要做点什么来帮助你和你的员工，或者说必须做出某些重大的变革。”

“我们需要做下列工作，我希望你同你的下属一起做好绩效评估工作，这项工作很有意义。但它不是你一个人单独行事。因此，我在帮助你提高绩效的同时，你也要用同样的技术去帮助你的下属。”

“我们将按如下要求开始工作。公司已经为下一年制定了一系列的目标，希望每个部门都为实现这些目标多作贡献。大约再过一年的时间，我将和你一起看看你的部门是否履行了职责。作为主管，我希望你负好责，确保部门任务完成。”

小李的脸色看起来有点绿，回答道：“好，我猜想这可能也是我为什么能得到这么多薪水的原因吧。你将如何度量这些呢？我想不会是用那些可怕的评估表吧？”

处事策略：设身处地

如果有向你报告的管理者，你要以他们管理员工绩效的相同方式来管理他们的绩效。要以自己的实例为榜样，支持你的经理为绩效管理所做的努力。

“不，”王强答道，“你和我一起共同讨论和制定你个人的目标，那将是我们要度量的东西。这些度量标准要尽可能简单和便于度量。我们将一起制定这些标准，但主要是由你提建议，因为你最了解你的工作。”

“你是不是也要求我对我的下属做同样的工作？”

“对”，王强使劲点点头。“这就是我们协调公司目标和你的员工目标的方法。但我们还得继续完成那些评级表，我已经同人事部门谈了，他们同意我们暂时增加一些条款。也许下一年我们能使他们信服地彻底放弃这些评分表。”

处事策略：被糟糕的表格难住？

好的经理不会简单地去接受一个糟糕的方法。如果你被要求使用那些有缺陷的表格，那么就为其增添一些有用的东西进去。

小李已经准备好处理有关细节问题了，因此，王强在安排好下一次会谈后准备结束这次会谈。他说：“我希望你做的事是，将公司的目标和任务情况资料拿回去，并将就此同你的员工进行讨论。三周后你和我再一起来为你的部门和你个人制定目标和标准。在年终的时候我们就要用这些目标和标准来评估你的进步情况。然后，你也同你的员工做同样的事，并用同样的方法度量和管理他们的绩效。”王强停了一会儿问道：“你看怎么样？”

“我想我也没有其他选择，”小李承认道，“那我试试这种方法。”又谈了一会儿后，王强给了小李一些有关绩效管理和制定目标和标准的资料。然后他们敲定了下次会谈的时间。

小李回顾了一下公司的总目标，然后召集了一个员工会议，在会上，他解释了员工的个人目标必须与公司的总目标联系起来。他们就他们应该做哪些工作的问题进行了讨论，并提出了一套部门目标和标准。

智慧管理：将员工融入“大目标”中

让员工明白他们跟部门或组织的成功是密切相关的。如果员工参与到如何更好地为总体目标作贡献的决策中来，你就会使他们感到工作有意义多了。

小李在结束会议前解释了下一步的工作："我将把这些目标拿给王强，并让他相信我们是找准了目标。他们也许会改变一点点，但我想我们确定的目标已经很好了。在同王强谈过以后，我将同你们每个人会谈一次，讨论一下如何将你下一年的工作同我们的总目标联系起来。在会谈的时候，我们将考虑如何跟踪你的工作进展情况，确定如何根据那些目标来评估你的工作。"

2. 对目标问题达成一致

三周后，王强和小李又见面了。他们仔细查看了小李所在部门制定的目标，以确保它们同公司的目标一致并最后敲定了这些目标。

然后，王强总结了成果。"好，小李，这些就是我们协商一致的你们部门要达到的目标。你必须将你们的销售额提高9%，这个目标似乎比较现实。我们需要限制订货系统的错误，刚开始时每个月不超过一次。同时，我们还需要将到客户服务部门反映的合理抱怨的数量降低50%。

他停了一下，看看小李。小李慢慢地点头表示同意。王强继续说："我们协商一致的另外一件事就是：我们要达到目标的唯一办法就是你要同你的员工一起完成你的有关绩效管理的职责。现在，既然这些是我们将要用来评估你的绩效的标准，那么我们必须要弄清这些东西。这些目标你都清楚了吗？它们有意义吗？它们能让我们达到我们必须达到的目标吗？"

小李看上去有点担心。"当我们进行评估时，如果我没有达到这些目标，会如何处置我？我不知道我能否控制这些事。"

"好问题。"王强说道，"好，我们将这样做。每个月我们都要会谈一次，讨论一下我们在朝着目标方向上的进展情况。如果万一没有进展，那我们会设法克服各种障碍。必要的话，你的下属也可以加入到我们的讨论中来，好吗？"

小李点点头。"我的工作是帮助你完成工作，"王强说，"而你的工作就是帮助员工完成他们的工作。坦率地讲，我对你是否达到目标不是特别担心，因为我们可以一起工作，一定能够实现它。但是，如果离目标就差一点，我们不会太在意，只要我们在持续进步。如果我们根本就没有进步的话，我们将根据没有进步的原因采取一些针对性行动。在年终的绩效评估会议上，我们将会一起核对一下我们成功和失败的地方。然后，再考虑下一步怎么办？"

在会谈结束时，王强和小李列出了用来评估小李个人和他的部门的目标和标准。为了记录他们协议的情况，他们让人将这些目标和标准都打到一张纸上，并打印了两份。每个人都在两份上签了字，并各执一份。

3. 同员工一起计划绩效

八月，小李就像王强同他会谈一样，开始同每位员工会谈，以确定每位员工应该为部门的成功作哪些贡献，并就评估每位员工绩效的标准达成协议。小李请每位员工自己制定标准，而不是由他本人来规定。

智慧管理：简单记录

为了保证员工与经理之间达成共识及法律方面的原因，将目标和标准记录下来是很重要的。你最好将此事做得越简单越好，只需列出需要关注的最重要事项。记录绩效计划中发生的事与记录绩效评估阶段发生的事是同样重要的。

下面,是小李同一位名叫王林的接待员兼交换机操作员进行这个过程的例子。

"既然我们非常关注客户服务的问题,我们应该确定一下每个电话在接之前可以允许响的最大次数。你有什么建议?"

处事策略:走向极端

如果员工难于制订绩效计划,应给他一些不切实际的建议吧。以一个极端化的标准开始,再走向另一个极端,然后循序渐进地制定出一个双方都同意的中间标准。

"噢,"王林慢慢地回答,"我不知道。"

"50 次行吗?"

"不,"她笑了,"那太多了"。

"好,"小李说,"2 次如何?"

"不,那不可能、不现实。"

小李继续和王林来回商量着,直到最终他们一致同意把目标定为 5 次。他们决定还留有一些余地,即 95%的电话应在 5 次以内回答,但在任何情况下,电话响的次数不能超过 10 次。他们认为合理的最大次数限制将大大减少有关电话服务质量差的抱怨。

在他们接着进行下一个目标和标准之前,小李问道:"好,现在有一个关键的问题,为了达到上面的标准你有什么要求? 我能帮你做什么?"王林建议在喝咖啡和午餐休息时间对电话覆盖的范围进行一些小的调整,并建议买一套便宜的无线头戴受话器,这样即使离开了操作台,她还可以接电话。

在会谈结束的时候,小李和王林也进行了一个简单的做文档的过程,记录下他们协商一致的任务、目标和标准。

8 月末,小李同每一位员工都进行了会谈,明确了任务和标准,确定了一些他们可以做的费用不大的小调整,以帮助他们实现目标。在这个过程中,小李和员工明白了几件事。

首先,他们认识到有许多影响生产率的小障碍和问题,他们用很小的投资就能消除或最大限度地减少影响。第二,小李发现一旦员工认识到他是在帮助员工完成工作,而不是拿鞭子抽打他们,他们是非常合作的,即使是在计划绩效过程中他们也很愉快。有好几次,在会谈结束的时候,员工们都问为什么公司等了这么长时间才开始搞绩效管理。

4. 沟通进展情况和解决问题

在这一年里,小李定期和他的下属会见,以了解他们的进展情况。每月,他同每名员工都单独会谈十分钟,并要搞清楚两个问题:

(1)在实现你们的目标方面有进展吗?

(2)你遇到了什么问题?

处事策略:能动的目标和标准

千万别把你的目标和标准定得太死。保持足够的个体灵活性以使部门能适应公司的变化。工作进展会议是检查是否需要做些调整的适当场所。

有时,小李还记录下他们遇到的困难。有时某个员工需要提高技能时,小李就通过人事部给他或她安排培训或辅导。随着时间的推移,他发现有必要调整一些目标和标准，因为公司改变了工作重点。有时工作职责也需要变化，要么是增加了一些，要么是减少一些。在每轮同员工会谈之后，小李都要同王强沟通一次，以让他的上司了解最新情况，并像他的下属同他讨论工作职责一样，同王强讨论一下存在的问题。

5. 为年度评估做准备

1 月 31 日是 A 公司财政年度终止日。这时，小李的一项工作职责就是同他的每位员工进行年度的绩效评估工作。因为对小李本人的评估将建立在他对员工的评估结果基础之上，他感到做这件事目的很明确。他是这样进行评估的。

在 1 月底的一次全体员工会议上，小李提醒他的员工，现在是准备讨论上一年的工作绩效和计划下一年的绩效的时间了。

“正如你们所知道的，我们一直在努力提高绩效，并经常为此而会谈。我看我们好像已经成功地消除了一些障碍，并达到了我们部门的目标。下一步我们要做的工作，是要讨论一下你们在完成个人目标的过程中遇到的困难，并且要确定我们下一年的目标。”

“由于我们经常会谈，我想对你和我都不会有什么惊讶的事。你们都知道你们完成绩效的情况，所以我们只需要做一些文字工作和计划工作。我希望你们看看我们在单个人的绩效计划会议的记录和你可能有的有关经常性进展情况会谈的记录。”

当我们单独会谈的时候，我会像我们在进展会谈时一样问你是否感觉到了我们共同制定的绩效目标，我们还将努力消除一些预期的障碍。我们要做一些记录，并由我们两人在上面签字。当然，我们还需要完成人事部门要求的那些表格。但我们要把重点放在我们协商一致的目标上。”

6. 回顾和评估

2 月，小李和每位员工进行了会谈。他尽量少说，并尽可能提供帮助，鼓励员工自己评估他的进展情况。对绝大多数人而言，这样做很有效，没有一个人有什么惊讶的情况。

然而有一例，有点问题。张昊持续达不到他同小李定的目标。由于张昊与小李经常会见，两人都知道这个问题。那么小李又是如何处理这个问题的呢？

首先，他和张昊一起确认是否存在绩效差距。小李一直保持着在进展会谈时所做的关于这个问题的记录，因此他掌握一些数据。他接着就像月度会谈时一样，开始了诊断过程，以确定到底是什么原因引起了这个问题。他们一致同意小李将继续辅导张昊。

尽管总体来说张昊还是很能容忍的。但他也必须确保张昊知道，他和公司方面对完成绩效目标的问题是很严肃的。

下面是他所说：

“小张，我将继续同你合作。你也实现了一些目标，有些甚至是我们对你的要求。这说明你在新的一年里有能力实现其他的目标。因此，如果你有什么困难，请到我这里来，而且在新的一年里我们还会经常会谈。尽管在扩大你的优势之后，你在工作上可能会更加成功，但我们也需要看看，如果在下一季度里你还达不到目标的话会有什么事。”

“因此说，我们并没有忘记这个问题，我已经做了有关你的工作情况的记录。我们俩都将在上面签字，我要把它再保留三个月。如果你实现了下一季度的阶段性目标和下一年的目标，我将撕掉这些记录。如果你还是达不到目标的话，这些记录和文档将装进你的人事档案，而且我们还将考虑下一步的措施。”

张昊不情愿地同意了。

7. 结果

故事是如何结束的呢？它永远不会结束。绩效管理过程又重新开始了，评估不仅是上一年的结束，也是下一年计划的开始，让我们总结一下结果。

小李和他的上司王强进行会谈并对他的绩效进行评估。结果很好，尽管这已经不是新闻。小李的部门和小李本人都达到或超过了目标。王强和小李对这些积极的成果是如此的高兴，以致他们跑到人事副总裁那里去谈论他们的成功，并请求给公司的每位员工一定的灵活性。人事部门最后决定不再使用那些评级表。

很明显，“不惊讶”政策很好。小李和他的下属能尽早发现工作中的各种障碍和消除其中的大部分障碍。员工们在年中就知道他们自己的工作情况，而且小李也掌握他管理所需要的信息。从公司的范围来看，每个人都由于他们个人和部门的目标同公司总的目标联系起来而受益。

那么，张昊怎么样呢？如果运气好的话，也许他能够实现下一年的目标。遗憾的是，尽管大家都帮忙，他还是处在困难的挣扎状态。最终小李决定同张昊和人事部门谈谈，看看在A公司还能不能找一个更适合他干的岗位。那样，公司还可以保留在张昊身上的投资（雇佣成本、培训成本等）。张昊后来还是选择了调换岗位（带着巨大的宽慰），在那个岗位上他可能会成功，公司有足够的文档支持这种选择。

8. 结束语

在某种意义上说，绩效管理非常简单，但在另外的意义上说，它又很复杂。它由许多环节组成，并要求有一些技巧。但只要你是以合理的思想方式来进行这项工作，你会让它产生效果的，并会获得很大的收益。

复习思考题

1. 简述绩效管理发展的阶段。
2. 简述绩效管理发展的趋势。

3. 简述理解绩效、绩效考评、绩效管理的含义。
4. 如何理解绩效与绩效考评、绩效管理的关系？

5. 绩效管理的作用有哪些？
6. 绩效管理的原则有哪些？
7. 绩效管理的特点有哪些？
8. 如何理解绩效管理在人力资源管理中的定位？

第二章　绩效计划

学习目标

通过本章的学习，应当掌握以下内容：

1. 了解绩效计划的内涵；
2. 了解制订绩效计划的流程；
3. 掌握绩效计划面谈的技巧；
4. 掌握绩效计划表的设置方法。

引导案例

他为啥离职

方某是A公司的老员工，大学一毕业就加入A公司，从普通的员工做到如今的高级销售经理。A公司在年初制订了销售计划，较上年度提高了近100%，同时改变了绩效考核办法，由原来的按季度考核改为按月考核，并且实行了负激励。公司认为，根据销售人员状况及公司业务量的增长情况制订的这一销售计划是切实可行的。尽管员工反对的声音很大，但新办法还是从1月份开始实施了。然而第一季度过去后，公司业绩距离目标甚远，员工的绩效奖金也较上一年大幅减少。方某认为，公司制订的计划不切实际，考核目标太高致使无法完成，而公司则认为是员工们的干劲不足。在数次沟通无效后，方某愤而离职，并带走了部分同事和部分客户资源。

完整的绩效管理应当是一个循环流程，包括绩效计划、绩效实施、绩效考核和绩效反馈等内容。绩效计划是绩效管理的初始环节。很多企业和经理人由于忽视了绩效计划的重要性，从而为绩效管理走向失败埋下了伏笔。

第一节　绩效计划的内涵

计划的实质是事先制订的，为了进行某事或制作某物的一些详细的方法和步骤，是预先决定做什么和怎么做的具体规划、程序或政策制定等。绩效计划就是绩效双方在充分沟通的基础上，将企业战略目标分解为部门和员工的工作目标，并对已达成共识的工作目标和工作要求进行确认而形成的契约。绩效计划是一个确定组织对员工的绩效期望并得到员工认可的过程。绩效计划必须清楚地说明期望员工达到的结果以及为达到该结果所期望员工表现出来的行为和技能。绩效计划为有相互联系的未来决策的复杂系统提供了基础，是签订绩效契约的过程。

一、绩效计划是关于工作目标和工作要求的契约

在绩效周期开始的时候，管理人员和员工必须对员工工作的目标达成一致的契约。在员工的工作目标契约中，至少应该包含以下几方面的内容：

(1)员工在本次绩效期间内要达到的工作目标是什么，完成目标的结果如何？

(2)应从哪些方面去衡量这些结果，评判的标准是什么？

(3)如何将目标进行分解并按期实现？

(4)关于员工工作结果的信息从何处获得？

(5)完成任务可支配的资源和权限有哪些？

(6)员工的各项工作目标的权重如何？

(7)管理者和员工如何对工作的进展情况进行沟通？

(8)员工是否需要学习新技能以确保完成任务？

(9)确定考评的周期、考评人、被考评人、考评工具、考评方法等。

表 2-1 所示的是一份具体的绩效合约的样例。

表 2-1 绩效计划样表①

受约人	王 军	职 位	大客户部经理	直接主管	市场部总经理
绩效期间：2004 年 3 月 1 日至 2005 年 1 月 31 日					
绩效目标	具体指标	完成期限	衡量标准	评估来源	所占权重
完善《大客户管理规范》	修订后的《大客户管理规范》	2004 年 8 月底	1. 大客户管理责任明确 2. 大客户管理流程清晰 3. 大客户的需要在管理规范中得到体现	主管评估	20%
调整部门内的组织结构	新的团队组织结构	2004 年 9 月 15 日	1. 能够以小组的形式面对大客户 2. 团队成员的优势能够进行互补和发挥	主管评估 下属评估	10%
完成对大客户的销售目标	1. 大客户的数量 2. 销售额 3. 客户保持率	2005 年 1 月底	1. 大客户数量达到 30 个 2. 销售额达到 2.5 亿元 3. 客户保持率不低于 80%	销售记录	50%

① 武欣：《绩效管理实务手册》，机械工业出版社 2005 年版，第 100 页。

续表

绩效目标	具体指标	完成期限	衡量标准	评估来源	所占权重
建立大客户数据库	大客户数据库	2004年12月底	1.大客户信息能够全面、准确、及时地反映在数据库中 2.该数据库具有与整家公司管理信息系统的接口 3.数据安全 4.使用便捷 5.具有深入的统计分析功能模块	主管评估	20%

受约人签字：________ 主管签字________

时　　间：________

注：本绩效计划若在实践过程中发生变更，应填写绩效计划变更表。最终的绩效评估以变更后的绩效计划为准。

二、绩效计划是一个双向沟通的过程

形成绩效计划的过程是一个管理者与员工双向沟通的过程。所谓双向沟通，就意味着管理者和与员工双方都负有责任。制订绩效计划不仅仅是管理者向员工提出工作要求，也不仅仅是员工自己设定工作目标，而是强调通过互动式的沟通手段使管理者与员工在如何实现预期绩效的问题上达成共识。

在这个双向沟通的过程中，管理者主要向员工解释说明的是：

(1)组织整体的目标是什么？

(2)为了完成这样的整体目标，我们所处的业务单元的目标是什么？

(3)为了达到这样的目标，对员工的期望是什么？

(4)对员工的工作应该制定什么样的标准？完成工作的期限应如何制定？

员工应该向管理者表达的是：

(1)自己对工作目标和如何完成工作的认识。

(2)自己所存在的对工作的疑惑和不理解之处。

(3)自己对工作的计划和打算。

(4)在完成工作中可能遇到的问题和需要申请的资源。

我们以表2-1提到的市场部总经理刘总与大客户部经理王军进行关于制订绩效计划的沟通为例加以说明。

案例分析

绩效计划制订中的面谈示例[①]

刘：前几天，在总经理办公会上制定了今年下半年的业绩目标，因此接下来这几天我会分别与你们这几位部门经理进行一次交流，落实我们市场部下半年的工作目标。

今年上半年成立大客户部主要是为了能有一批员工专注地为大客户服务，因为大

① 武欣：《绩效管理实务手册》(第二版)，机械工业出版社2005年版，第102页。

客户是我们公司重要的资源，这从销售额上也可以体现出来。目前的大客户有十几个……

王：13个。

刘：但这13个大客户的销售额却占了整家公司销售额的20%，而且今后这个比例还会更高。这半年来，你们部门很辛苦，工作成绩不小……

王：我觉得目前的工作还存在很多问题。比如，现在对大客户进行管理的工作规范还不是很明确，有些工作到底是由我们部门做还是由企划部做不够明确，从而导致有的大客户有事情不知道找谁。

刘：这些情况我也有所了解。所以，下一步就想以你为主完善《大客户管理规范》，有了规范，大家就有了共同的游戏规则，你对这方面你有什么想法？

王：我认为现在的《大客户管理规范》对责任划分不够明确，流程上也有些问题，比如现在的付款流程，手续复杂，客户觉得很麻烦，我认为完全有必要从客户的角度出发简化程序。

刘：那好，我想你对这方面肯定有很多想法。你大概多少时间能把新的《大客户管理规范》做出来？

王：如果从现在就着手做，我想8月下旬应该差不多了。

刘：好，8月20号把初稿交给我，到8月底最后定稿，你看有问题吗？

王：目前没有问题。另外，我觉得如果按照下半年的销售目标，我这里人手比较紧缺，最好能尽快招聘一些人员。

刘：这个问题我想是这样的，该招人的时候我们肯定得去招，但你有没有考虑过现有人员的能力是否得到了充分的发挥？每个人都不可能完美无缺，但组成团队就不一样了，在一个团队中大家可以更好地取长补短，把每个人的优势充分发挥出来，叠加在一起就是1+1>2，你说呢？

王：这也正是我所考虑的，对大客户的销售我们是否可以采用销售小组的形式，因为毕竟一个人的力量势单力薄，以团队的形式能够更好地保持住大的客户。

刘：那你不妨把大客户部的内部结构重组一下，形成若干个项目小组，把人员按照各自的优势和特点组合起来。接下来再考虑补充人员的问题。而且随着工作重点向大客户这边转移，其他部门也会有一些员工转到你这个部门中。

王：那好吧，我现在就着手进行部门重组，争取在9月初能够按照项目小组的方式运作。

刘：另外，企划部正在牵头建立公司的客户数据库，这里我想大客户这部分主要还得靠你们。

王：我们也觉得客户越来越多，必须要有相应的管理手段跟上，我们一定配合做好这项工作。

刘：关于建立数据库，我有几点想法，一是一定要注意数据库与公司管理信息系统的接口，以前曾经开发过数据库，但接口不好，很多时候需要进行数据的重复录入，非常浪费人力物力；二是要注意数据的安全性，要进行权限设置，因为这些数据都是公司的核心机密；三是要设计一些进行深入统计分析的功能模块，以适应对业务进行深入分析的要求。你还有什么想法吗？

王:我认为,这套数据库应该是一套使用便捷的系统,可以成为业务人员工作中的一个得力工具。因为业务人员普遍不喜欢比较复杂的操作系统,而且他们的业务也比较忙,在数据的管理方面应该考虑他们的需求。

刘:你说得对,那么就按照我们的想法去做吧,企划部会拿出整体方案的,具体的协调将由你们之间进行。

王:好,我们会全力配合的。

刘:那么,按照今天我们讨论的结果,你就先做个计划吧,本周交到我这里来。好吗?

王:好,我这就开始准备。

三、制订绩效计划的前提是参与和承诺

社会心理学家进行了大量的关于人对某件事情态度形成与改变的研究,发现人们坚持某种态度的程度和改变态度的可能性主要取决于两种因素:一是他在形成这种态度时卷入的程度;二是他是否为此进行了公开的表态,即正式的承诺。

在绩效计划阶段,让员工参与绩效计划的制订,并且签订非常正规的个人绩效契约,也是让员工感到自己对绩效计划中的内容是做了公开承诺的,这样员工们就会更加倾向于遵守这些承诺,履行自己认可的绩效计划。

总之,绩效计划的基础是管理者和员工共同的投入和参与,将企业战略分解成具体到某一岗位的任务和目标,根据本岗位的工作目标讨论清楚在一个绩效管理周期内员工应该完成什么工作,达到什么标准,完成目标的时限,以及在此过程中所能获取的资源和决策权限等,因此绩效计划的制订是一个共同参与、双向沟通和上级对下级进行辅导的过程。绩效计划制订过程是通过主管与员工的沟通,对员工的工作目标和标准达成一致意见,形成绩效契约的过程。

绩效计划通过分解组织目标,能够让员工清楚地认识到他们的工作与组织目标之间的联系。当他们意识到自己的工作是实现组织目标的一个环节时,他们会更有积极性,从工作中也能得到更大的满足感。同时,对团队目标和组织目标的深入理解,也使员工更容易判断自己的行为是否有利于团队和组织目标的实现。

第二节 绩效计划的制订

一、绩效计划制订的基本原则

(一)与公司发展战略和年度绩效计划相一致

员工绩效目标是对公司和部门绩效目标的分解,因此,只有员工绩效计划与公司发展战略和年度绩效计划相一致,才能保证员工绩效目标实现的同时也实现了公司的整体发展目标。

(二)综合平衡、上下一致

绩效计划应建立在对公司、部门及员工的相关信息充分了解和综合分析的基础上。目标的分解要有连贯性,不同层级的目标要相互衔接,相同层级不同部门以及相同层级不同员工之间的绩效任务应大体平衡,尽量避免相同的工作投入而产出悬殊的情况出现。

(三)工作目标具有可行性

好的绩效目标应该是"跳起来够得着"的。它包含两层意思,首先,这个目标必须要经过努力才能达成,要具有一定的挑战性,只要积蓄能量,奋力一跃就能实现;其次,这个目标必须是够得着的、可操作的,如果工作目标超越了员工的职责或可利用的资源范围,员工无论如何努力都无法达到,则绩效计划也就没有实际的意义了。

(四)工作目标清晰可测量

为了有效地评估员工绩效,必须建立清晰可测量的工作目标,从而使工作绩效的结果与事先确定的具体的绩效标准相对比,以确定工作完成的好坏。

(五)突出重点

绩效目标是对工作描述的补充,它们应该被控制在一定数量以内(3～5 个),并且只对主要工作任务或执行的主要项目定绩效目标。这样可以使员工将注意力集中在有限的重要的工作内容上,以提高工作效率,避免面面俱到,抓不住重点的情况发生。

(六)客观公正

绩效目标、目标值以及各项目标的权重制定要建立在对员工岗位职责及工作任务的难易分析基础上。要充分考虑到员工工作任务的内外部客观环境,制定切合实际的工作目标和标准。

(七)"20-60-20"规则

许多国际性大公司常用"20-60-20"规则来判断工作标准是否设置恰当。该规则的含义是,一个从事同类工作(比如销售类或生产类或接听投诉电话等)的员工,如果设置适宜的话,其工作目标完成情况的比例应该接近于这样的正态分布:最好的 20%的完成额在目标值之上;中间的 60%的完成额在目标值的 60%～100%;最差的 20%的完成额在目标值的 60%以下。如果从评估结果中发现,有远超过 20%的员工能超额完成目标,则说明 KPI 标准制定得过低;反之,有远超过 20%的员工连目标的 60%都不能完成,则说明 KPI 标准制定得过高。图 2-1 所示的是"20-60-20"规则。

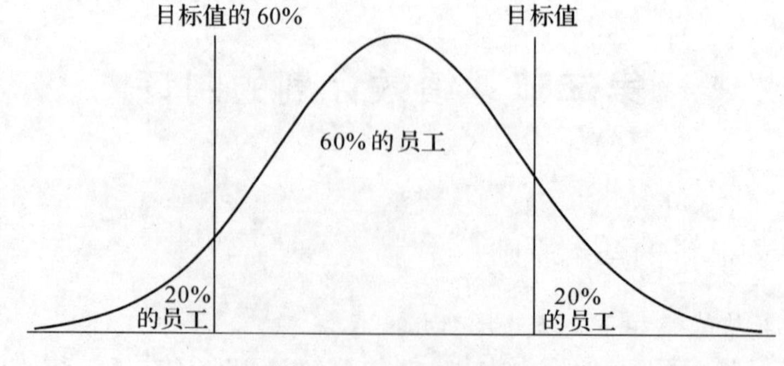

图 2-1　20-60-20 规则

(八)全员参与

绩效计划是通过实现个人的绩效期望促进组织目标实现的一个手段,涉及如何控制实现预期绩效的整个过程方面的问题,因此,绩效计划决不仅仅是人力资源部门自己的事情。员工的直接上级和员工本人都必须参与到绩效计划的过程中。人力资源管理专业人员的责任是帮助相关人员确保绩效计划工作围绕如何更好地实现组织的目标顺利进行。直线管理者是整个绩效计划工作的最终责任人,他们要根据每个绩效周期的特定工作,安排修订各个职位的工作职责和绩效标准。员工必须参与绩效计划的制订过程,通过与直线经理的互动,确定双方认可的绩效目标和标准,有助于实现工作目标。

二、绩效计划的制订流程

绩效计划的制订包括准备、沟通和确认三个阶段。准备阶段就是准备与绩效相关的各种信息;沟通阶段就是管理者与员工就工作目标达成一致;确认阶段就是直接主管与执行人共同在绩效计划书上签字认可。

(一)准备阶段

绩效计划通常是通过经理人员与员工双向沟通的绩效计划会议取得的,为了使绩效计划会议取得预期的效果,事先必须准备好相应的信息,同时还要确定绩效计划沟通的方式。

1. 相关信息的准备

绩效计划制订需要组织、团队和个人三个层面的相关信息。

(1)组织层面的信息,包括:①公司长期战略发展计划。绩效计划来源于组织战略。制订绩效计划的目的就是为了提升员工和组织的整体绩效,最终实现组织的战略。如果绩效计划所设定的目标方向与组织战略背道而驰,则不仅无益于组织的发展,还会给组织带来严重的危害,甚至使其走向绝境。②公司年度经营计划。组织战略是面向长远发展方向的,可能会让员工觉得比较遥远,而遥远的目标总是让人觉得难以现实,让人觉得很难具有强烈的影响力。这时就需要结合企业的年度经营计划来制订绩效计划。因为年度经营计划是以一年为周期的,属于短期计划,这样的目标更加真实,更接近实际,从而使得绩效计划在确定员工方向方面的作用更加突出。③业务单元的工作计划。这个计划是直接从企业年度经营计划中分解出来的,它直接与业务单元的职能相联系,从而也和各单元员工的绩效标准结合得更紧密。

(2)团队层面的信息就是团队计划。团队这种形式的采用使得小单元内的目标责任更加明确和具体,这也更有利于个人绩效计划的设定。

(3)个人层面上的信息,主要包括:①员工岗位工作描述。个人的岗位职责描述规定了员工在自己的岗位上应该干什么,而绩效计划指出了这些任务完成应该达到的标准,两者是紧密相连的。②员工上一年度的绩效回顾资料评价信息和相关文件。员工上一年度的绩效完成情况将会作为本年度制订绩效计划的重要参考。要分析绩效完成或没有完成的原因,客观而科学地制定本年度的绩效目标和标准。

在建立人力资源管理信息系统的企业,还可以用计算机信息系统予以支持,形成绩效信息报告,自动生成每一项指标的本期实际值、目标值、挑战值、本期差异等数据。

2. 沟通方式的选择

采取什么样的方式对绩效计划的内容进行沟通主要是看组织的文化氛围是什么样的、所面对的员工有什么样的特点以及要达成的工作目标有何特点。如果目标设定关系到全体员工,不妨召开全公司的大会;如果只是一个团队的任务,就开一个团队会议。在传递目标期望时,可以开门见山,直接与员工谈工作;也可以先请员工谈谈自己的看法和目标,再引出组织的期望,一切以适用为好。

(二)沟通阶段

沟通阶段是整个绩效计划阶段的核心。在这个阶段,经理人员与员工经过充分地交流,对员工在本次绩效期间内的工作目标和计划达成共识。

1. 营造良好的沟通环境

首先,管理者和员工都应该确定一个专门的时间用于绩效计划的沟通。在这个时间段,双方都应该放下手头的工作专心致志地来做这件事情。

其次,应选择不被人打扰的地方。如果选择比较嘈杂的地方则会分散双方的注意力,影响沟通效果。应尽量避免把沟通地点选在管理者的办公室,以免受到过多打扰。

另外,沟通应在宽松的气氛中进行,特别是管理者应尽量消除员工的紧张情绪,可以先选择一些轻松的话题让气氛缓和下来,然后再切入正题。

2. 沟通的原则

在沟通之前,管理者和员工都应该对以下几个问题达成共识:一是管理者与员工在沟通中的地位是平等的,目标是一致的。二是员工是最了解自己工作的人,因此应尽量多地听取员工的意见。三是管理者应着眼于如何使员工个人目标与组织目标结合在一起,并保证员工个人目标与其他人目标的协调配合。四是管理者应帮助员工作决定,而不是代替员工作决定。应尽量发挥员工的积极性。

3. 沟通的过程

我们通过一个情景案例来结构化地描绘绩效计划的沟通过程。

案例分析

绩效计划中沟通

案例背景:

Y公司是一家网上电子商务的公司,S是网上购物部的经理,L是网上购物部订单处理中心的负责人。网上购物部的主要业务是通过互联网进行日用消费品的销售,主要包括电器、书籍、电脑设备、日用品、化妆品、服装、玩具、箱包、文具等。订单处理中心的主要职责是直接从网上受理消费者的订货信息,并将信息发送给相应的商品部,由商品部负责为消费者发货,同时还需要对订货信息进行分类、存档。订单处理中心现在有5个人。S上周刚参加了制订本年的经营计划的会议,接下来就要把网上购物部经营计划分解到各个部门。本周他将要同每个下属面对面地进行一次交流,制订本年度的绩效计划。

待续……

首先,回顾会前准备的有关信息。包括组织的经营计划、员工的工作描述和员工在上一绩效期间的评估结果等。

续上：

S：L，你好！我想你也看过了我们公司今年的经营计划，我知道上一个年度你们订单处理中心非常辛苦，为公司作出了很大的贡献。下面，我们需要考虑一下有关如何进一步发展的问题，现在电子商务竞争也非常激烈。我想你们这里是直接接触客户的窗口，在如何进一步满足客户的需求方面一定有不少想法。对今年公司的发展谈谈你有什么建议？

L：我想我们可能需要进一步提高订单处理的效率，因为网上购物的方式给消费者带来的便利应该体现在时间方面，不能让客户觉得从网上买一件东西还不如自己到商店去买更方便，如果是这样，那么我们就没有市场了。

S：是的。我非常同意你的意见，所以下面我们就讨论一下如何提高效率。上一年度，网上订单的数量平均是800份/天，今年我们打算增加商品的品种，预计订单数量会达到2000份/天。过去我们的用户在提交订单之后大约在5～7天后才能收到商品，今年我们打算将这个时间减少到3天。因为交货的速度是我们与竞争对手竞争的一个关键。

待续……

其次，确定关键绩效指标。在组织的经营目标基础上，每个员工需要设定自己的绩效目标。同时要针对自己的工作目标确定关键绩效指标。

续上：

S：既然我们的总体目标是要把客户的等待时间减少到3天，那么你们部门处理订单效率的提升是第一步，也是非常关键的一步。你是怎么考虑的？

L：我觉得我们可以将总的时间作一下分解，看看哪几部分的时间是无法压缩的，然后再考虑将可以压缩的时间进行压缩。我觉得如果将新的订单处理系统投入运行，那么处理单位订单的时间可以减少到原来的三分之一。

S：其实我们在作出减少到3天的决定之前已经进行了测算，认为减少到3天是可能的。现在你能不能确定一下从你们接到客户订单到将确认后的订单发送到商品部定多长时间是可行的？

L：我觉得3个小时比较合理。

S：关于提供给商品部的信息方面，我也了解了商品部的一些要求，现在就跟你商量一下，你看从你们的角度出发是否可以满足这些要求……

L：我觉得如果新的订单处理系统投入使用的话，应该是可以满足的。

S：看来有必要与技术部进行一次沟通，抓紧完成新的订单处理系统。因为系统还需要一段调试，我建议你们能不能和技术部、商品部一起开个会，确定一个行动的进程。

L：好啊。那么谁来召集这个会议呢？

S：这也正是我想要与你沟通的，以后我希望你们这几个部门之间能够自己就存在的问题进行开会解决，必要的时候也让我听一听。不过，既然现在还没有这样做，那么这一次我先来召集吧。在这次会议之后，我希望你将工作目标的衡量标准制定出来，然后与我讨论一次，你看如何？

L：好。

（订单处理部、商品部、技术部很快召集了一次会议，在这次会议之后，订单处理部确定了具体的工作和衡量标准）

待续……

再次，讨论主管人员提供的帮助。在绩效沟通过程中，主管人员还需要了解员工在完成计划中可能遇到的困难和障碍，并尽可能地提供帮助。

续上：

S：你看，根据这样的目标，你觉得完成它有什么困难吗？

L：主要问题是几名订单处理人员对新的操作系统还不够熟悉，需要接受培训，最好能尽快安排一次培训。

S：好，我会让技术部来安排的。

待续……

最后，结束沟通。在将要结束绩效计划会谈时，双方要约定下一次沟通的时间。

续上：

L：我会尽力完成工作目标的。

S：我想一个月之后，我们来讨论一下进展情况，并根据实际情况做进一步的调整。

（三）审定和确认阶段

在绩效沟通结束之后，我们需要对绩效计划工作是否成功完成进行确认。成功的绩效计划活动应当达到如下结果：

（1）员工的绩效目标与公司的总体目标紧密相连，并且员工清楚地知道自己的绩效目标与组织的整体目标之间的关系。

（2）员工的工作职责和描述已经按照现在的组织环境进行了修改，可以反映本绩效期内主要的工作内容。

（3）管理人员和员工对员工的主要工作任务、各项工作任务的重要程度、完成任务的标准、员工在完成任务过程中享有的权限都已经达成了共识。

（4）经理人员和员工都十分清楚在完成工作目标的过程中可能遇到的困难和障碍，并且明确经理人员所能够提供的支持和帮助。

（5）形成了一个经双方协商讨论的文档。该文档包括员工的工作目标、实现目标的主要工作结果、衡量工作结果的指标和标准、各项工作所占的比重，并且管理人员和员工双方要在协议上签字。

三、绩效计划表格的设置

绩效计划表格是绩效计划活动成果的载体，是经过管理者双方签字认可的文档，也是绩效考评的重要依据。员工绩效计划表的要素有以下几个方面：

（1）受约人的信息；

（2）主管的信息；

（3）主要目标、任务及措施；

（4）目标值的设定（目标值和挑战值）；

(5)权重；

(6)提供受约人工作结果信息的部门或人员；

(7)完成工作目标或任务的周期。

表 2-2 和表 2-3 是两份绩效计划表格样例。

表 2-2 业务拓展经理绩效计划表

受约人：刘扬 职位：业务拓展经理 直接主管：总经理

绩效期间：2010 年 1 月 1 日至 2010 年 12 月 31 日

工作目标	工作任务	完成期限	衡量标准	评判来源	比 重
负责新店的选址	在市内完成 3～5 家店的选址	2010 年 10 月 31 日	新店在开张两个月后以实现收支平衡，且能表现出良好的发展前景	财务部	80%
	在二级城市完成 3～5家店的选址				
总结选址经验要求	形成有效文本，上交总经理	2010 年 10 月 31 日	对本年度选址任务的总结系统全面，分析有条理，有独到的见解	总经理	10%
加强部门内的管理工作	完成对下属的管理考评	每月 4 日前	按时绩效考评，考评数据准确	执行经理	5%
	对下属的培训	2010 年 10 月 31 日	能对下属的工作进行指导，工作中能对下属授权	总经理	5%

表 2-3 项目经理绩效计划表

受约人：张居正 职位：项目经理 直接主管：软件开发部部长

绩效期间：2010 年 3 月 25 日至 2010 年 6 月 25 日

工作目标	主要产出	完成期限	衡量标准	评估来源	比 重
加强工作的计划性	制订工作计划	3 月 25 日前	项目计划书的完成	软件开发部部长	20%
	工作计划的完成	6 月 25 日前	按时完成工作计划	软件开发部部长	15%
质量控制	阶段性项目成果	6 月 25 日前	项目计划书的执行情况	软件开发部部长	25%
控制项目进度	项目进度目标	6 月 25 日前	按时完成项目计划	软件开发部部长	10%
合理的人员配置	人与工作的适配	6 月 25 日前	项目成员不出现闲置	软件开发部部长	15%
控制项目预算达成率	成本节约	6 月 25 日前	预算不超出计划	财务部门	15%

复习思考题

1. 什么是绩效计划？绩效计划的内涵是什么？
2. 绩效计划的制订原则有哪些？
3. 制订绩效计划包括哪三个阶段？
4. 尝试着选择一个职位并绘制一张绩效计划表。

第三章　绩效实施

学习目标

通过本章的学习，应当掌握以下内容：

1. 弄清绩效实施中各类人员的职责；
2. 了解收集绩效信息的内容；
3. 掌握收集绩效信息的方法；
4. 了解绩效沟通的主要方式及其优缺点；
5. 掌握绩效沟通的技巧。

引导案例

事与愿违①

A公司是一个拥有80人的民营企业，去年年底，公司老板张总重金聘请自己做管理咨询的朋友为公司新制定了一套绩效管理体系。该绩效管理体系从绩效管理框架的搭建、绩效考核指标的确定、绩效考核流程的制定、绩效考核结果的运用、绩效考核体系优化这些方面，为A公司提供了解决方案。张总非常满意这套绩效管理体系，要求公司上下按计划实施绩效管理方案，期望公司在今年发生飞跃。

于是，A公司从今年年初按照各种流程确定绩效考核的指标，并在今年年中进行了全员的绩效考核。但是，绩效考核的结果并没有制定该绩效管理体系时预期的那么理想：绩效考核的结果并不能恰当地反映员工的工作成绩；员工工作态度、工作能力的信息呈现出集中的趋势；每个部门根据员工考核结果制订的培训计划也非常雷同；唯一能成为薪酬调整的依据就是客观的业绩，但公司一贯执行的“以业绩定薪”的政策，使这一结果失去了新意。

得到这样的绩效考核的结果，张总很不满意，责令人力资源部分析原因。人力资源部通过调查发现：绩效管理结果的不理想，主要来源于各部门经理对绩效考核的不理解、不重视。A公司的部门经理普遍认为绩效考核是老板心血来潮，是人力资源部的事情，进行绩效考核是增加了自己的工作量，影响了自己的日常工作，而且和下属对考核结果进行沟通感觉很别扭。

① 本书编写组：《最新绩效考核与薪酬管理案例及操作要点分析》，企业管理出版社2005年版，第15页。

像A公司这样，虽然设计了一套比较完善的绩效管理体系，却在实施过程中遇到部门经理的不配合导致绩效考核效果不佳的企业不在少数。绩效计划再完备，如果没有一个好的实施过程，也起不到绩效管理的作用。

第一节 绩效管理实施中各类人员的职责

绩效实施是绩效管理的一个重要的中间过程。如果说绩效计划可以在短短几天甚至几个小时内完成，那么绩效实施则是绩效管理中耗时最长的活动。在这个过程中，管理者需要进一步明确目标、制订计划、分配资源、落实进度、合理控制。通过绩效实施，一方面保证了绩效计划中制定的绩效目标的实现，同时也为绩效评估提供重要的考评依据。因此，绩效实施是绩效管理的关键环节。

绩效计划一旦确认，绩效管理过程就进入到实施环节。这时，绩效管理的工作重点将转向对绩效计划所制定的绩效目标的落实和实现方面。在制订了清晰的绩效计划后，被评估者开始按照计划工作，而管理者要对被评估者的工作进行指导和监督，对发现的问题予以及时的解决，并根据实际情况对绩效计划在必要时予以调整。可以说，组织中各级各类管理者和员工在绩效管理实施过程中承担着不同的责任。否则绩效管理就流于形式。表3-1归纳了绩效管理实施中各类人员的职责。

表3-1 绩效管理实施中各类人员的职责

人员类别	承担的主要职责
最高管理层	确认企业总体目标；审核绩效管理实施计划和政策；做有关绩效管理的总动员，为全面推广实施营造氛围；接受实施过程的反馈信息；检查绩效管理的整体效果
人力资源部	制订绩效管理实施计划和随附计划；组织落实动员宣传工作；组织落实对管理人员的培训；设计并保持反馈渠道畅通；收集汇总相关信息，准备对整体实施效果进行评估
部门经理和基层管理人员	熟悉绩效评估系统并掌握绩效管理的技能；明确本部门绩效目标；负责在本部门按人力资源部门制订的绩效管理计划实施绩效管理
被评估者	为自己的职责承担起责任；做好自我评估；为评估者提供有效信息；熟悉和学习考评体系与有关技能

绩效实施是管理人员对员工的绩效行为进行辅导的过程。这一过程强调管理者与员工共同参与，形成绩效伙伴，共同完成绩效目标。管理人员要避免陷入两种极端：要么认为绩效计划和评估是自己的事，而绩效实施是员工个人的事；要么认为绩效管理就是检查监督员工的工作，过分关注具体的细节。管理人员对绩效管理的认识出现偏差或缺乏必要的绩效管理技能往往会导致绩效管理系统的紊乱。

为了保证绩效管理体系的顺利实施，对员工和管理者进行关于绩效管理的培训是十分必要的。绩效管理培训的内容包括认识层面的培训和操作层面的培训两个方面。认识层面的培训是对绩效管理重要性的培训，主要是为了增进员工和管理者对绩效管理的了解和理解，弄清各自在绩效实施中的职责，消除误解和抵触情绪。操作层面的培训是对绩效管理的相关技能的培训，例如，如何设定绩效指标和标准，如何做工作现场的表现记录，怎样评分，如何进行绩效沟通，等等。主要是为了保证绩效管理的有效性。

绩效实施过程中需要做的事情主要有两个：一是收集员工与工作表现相关的信息，二是持续的绩效沟通。员工绩效信息的收集是做好绩效考评的重要依据；而管理者和被评估者开展持续的绩效沟通是保证顺利达成绩效目标的关键。

第二节 绩效信息的收集和分析

绩效信息的收集和分析是一种有组织的系统的收集有关员工工作活动和组织绩效的方法。所有的决策都需要信息，绩效管理也不例外。没有充足有效的信息，就无法掌握员工工作的进度和所遇到的问题；没有有据可查的信息，就无法对员工工作结果进行评价并提供反馈；没有准确必要的信息，就无法使整个绩效管理的循环不断进行下去并对组织产生良好的影响。

一、信息收集与分析的目的

管理者收集信息的目的是为了解决问题与证明问题。要解决绩效实施过程中存在的问题必须知道究竟出现了什么问题并分析问题存在的原因，这两者均由收集到的相关信息提供答案；而要证明员工的绩效水平也必须依赖于对被评估者的绩效表现所做的观察与记录。概括来说，我们进行信息的收集与分析有以下目的。

（一）提供绩效评估事实的依据

绩效评估结果的判定需要明确的事实依据作为支撑。在绩效评估时，将一个员工的绩效判断为“优秀”、“良好”、“一般”或者“差”，需要有一些证据作支持，用事实说话，不能凭感觉。这些信息除了可以用在对员工的绩效进行评估外，还可以用作晋升、加薪等人事决策的依据。

（二）提供绩效改进的事实依据

进行绩效管理的目的是改善和提升员工的绩效与工作能力。当告诉员工他做得不够好或如何做得更好时需要结合具体的事实向员工说明其目前的差距以及如何改进和提高。例如，主管人员认为一个员工在对待客户的方式上有待改进，他可以说：“我们发现你对待客户非常热情主动，这很好。但客户选择哪种方式的服务应该由他们自己做出选择，因为这是他们的权利。我发现你在向客户介绍服务时，总是替客户作决策，比如上次……我觉得这样做是不太妥当的，你看呢?”这样就会让员工清楚地看到自己存在的问题，有利于他们改善和提高。不仅在指出员工有待改善的方面时需要提供事实依据，即使是表扬员工也需要就事论事，而不是简单地指出“你做得很好”。

（三）发现问题绩效和优秀绩效的原因

对绩效信息的记录和收集可以使我们积累一些绩效表现的“关键事件”，例如绩效突出的员工的工作表现和绩效较差的员工的工作表现。这样可以帮助我们发现优秀绩效背后的原因，利用这些信息帮助其他员工提高绩效；还可以发现绩效不良背后的原因，有助于对症下药，改进绩效。

(四)劳动争议中的重要证据

保留详实的员工绩效表现记录也是为了防止在发生劳动争议时企业有足够的事实依据。这些记录可以保护企业的利益，也可以保护员工的利益。

二、收集信息的内容

并非所有的数据都需要收集和分析，也不是收集的信息越多越好。因为收集和分析信息需要大量的时间、人力和财力，信息收集投入过多，有可能抓不住问题的关键，把握不住最有价值的信息。当然，收集信息太少也不能满足绩效管理的需要。

那么，究竟哪些信息具有收集和分析的价值呢？我们强调的主要是与绩效有关的信息。因此，我们要考虑收集信息的目的，如图3-1所示。

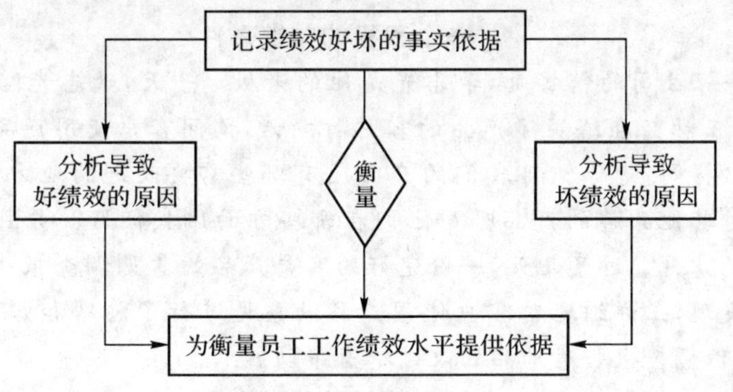

图3-1　收集信息的目的

围绕这些目的，我们要收集的信息主要包括：

(1)目标和目标值达到或未达到的情况；

(2)员工受表扬和批评的事件；

(3)工作绩效突出或低下的具体数据或证据；

(4)成绩或问题原因分析的依据或数据；

(5)绩效问题谈话记录等。

三、收集信息的渠道和方法

(一)收集信息的渠道

信息收集的渠道有员工自身的汇报和总结，有对同事的访谈记录，有上级的检查结果记录，也有下级的反映与评价记录。如果企业中所有员工都具备了绩效信息反馈的意识，就能给绩效管理带来极大的帮助与支持。如果各种渠道畅通，信息来源全面，就更便于做出真实客观的绩效考评，使企业的绩效管理更加有效。

(二)收集信息的方法

既然与绩效有关的信息是进行绩效考评时所必需的，那么就需要采取一些系统的方法收集绩效信息。信息收集的方法主要有观察法、工作记录法和他人反馈法等。

1. 观察法

观察法是指主管直接观察员工在工作中的表现并记录的方法。例如一个主管人员看到员工粗鲁地与客户讲话，或者看到一个员工在完成了自己的工作之后热情地帮助其他同事工作等，这些就是通过直接观察得到的信息。

2. 工作记录法

员工的某些工作目标完成的情况是通过工作记录体现出来的。例如财务数据中体现出来的销售额数量，记录表格中客户记录下来的业务员与客户的接触情况，整装车间记录下来的废品个数等，这些都是日常工作记录中体现出来的绩效情况。

记录关键事件是目前许多企业所推崇的工作记录方法。关键事件是员工的一些典型行为，既有证明绩效突出好的事件，也有证明绩效存在问题的事件。

案例分析

一个积极的关键事件

王林是一家公司的销售员，李志光是他的老板。一天，李志光路过王林座位的时候，他注意到王林正在给买了产品的客户打电话，询问客户使用产品的情况："你觉得产品用得怎么样啊？""你觉得我们的产品还有哪些需要改进的地方吗？""除了我们的产品你还用过其他品牌的产品吗？他们在哪些方面比我们好？"并且看到王林认真地记录下客户的意见。过了几天，一份完好的客户产品的意见调查报告就呈现在李的办公桌上。李发现，王详细地对客户使用产品的意见进行了总结和归类，并且有自己的分析意见，这份调查报告对产品的改进很有帮助。

一个消极的关键事件

赵爽将一份打印精美的月度报告交给了高经理。高经理非常认真地阅读了这份报告，他对报告中的一些数据感到怀疑，于是就重新计算了一下，发现果然有错误。高经理忽然想到赵爽的报告与林垒的报告用的模版是相同的，于是就拿出了林垒的报告与其对照一下，结果发现赵爽的报告克隆了林垒的报告，有些数据由于粗心没有替换，用的还是林垒原来的数据，这样就导致了数据的错误。

实践中，企业往往会设计专门的关键事件记录表格，供直线经理使用。

关键事件记录表格设计一般包括时间、地点、人物及事件的简要过程，要求有见证人、当事人及记录人签字。

3. 他人反馈法

员工的某些工作绩效不是管理人员可以观察到的，也缺乏日常的工作记录，这种情况就只有采用他人反馈法，如营销部长的绩效计划书中有一项是有关对客户管理的一项内容，就可以通过对客户满意度调查或对客户进行调查或对客户进行电话访谈等来收集他的服务态度的信息资料。

应提倡各种信息收集方法的综合运用。因为单一的方法可能只了解到员工绩效的一个或几个方面，而不能面面俱到。比如，有些员工的态度并不能从每次检查或表面的观察中得知，这时候就需要通过与他共事的员工的反馈，这种方法得到的结果往往更真实可信。方法运用的正确有效与否直接关系到信息质量的好坏，最终影响到绩效管理的有效性。

第三节 持续的绩效沟通

持续的绩效沟通就是管理者和员工共同工作，以分享有关信息的过程。这些信息包括工作进展情况、潜在的障碍和问题、可能的解决措施以及管理者如何才能帮助员工等。它是连接计划和评估的中间环节。

一、持续绩效沟通的目的

管理者和员工通过沟通共同制订了绩效计划，形成了员工个人绩效合约，但这并不意味着后面的绩效计划执行过程就会完全顺利、不再需要沟通。我们要考虑的问题有：员工会按照计划开展工作吗？计划是否足够周全，考虑到了全部需要考虑的问题吗？经理人员是否可以高枕无忧地等待员工的工作结果？很显然，答案是否定的。

（一）持续沟通是调整绩效计划的需要

市场的竞争是激烈的，市场的变化也是无常的。不论是工作环境还是工作本身的内容、重要性等都随着市场的改变而不断变化，这导致了绩效计划有可能过时甚至完全错误。除了客观原因所致以外，员工本身工作状态好坏、管理者监督指导力度大小等都有可能影响绩效结果的达成。持续的绩效沟通可以保持工作过程的动态性，保持它的柔性和敏感性，及时调整目标和工作任务。

（二）持续沟通是员工了解信息的需要

员工希望在绩效实施过程中了解两类信息。

1. 如何解决工作中的困难的信息

由于工作环境的变化加剧，员工的工作也变得越来越复杂，在制订绩效计划时很难清晰地预期到所有在绩效实施过程中所能遇到的困难和障碍，因此，员工在执行绩效计划的过程中可能会遇到各种各样的困难。由于问题是层出不穷的，因此员工不希望自己在工作的过程中处于孤立无援的状态，他们总是希望在自己处于困境的时候能够得到相应的资源和帮助。

2. 对自己工作状态的反馈信息

员工都希望在工作过程中能不断地得到关于自己绩效的反馈信息，以便能不断地改善自己的绩效和提高自己的能力。如果员工长期处于一种信息封闭状态，就会失去工作热情。如果管理人员在整个绩效期间从来没有指出员工工作的不足之处，而是到了评估阶段才列举一大堆缺点来考评员工的话，必然会引起员工的强烈不满，导致绩效更加滑坡。

（三）持续沟通是管理人员了解信息的需要

作为管理人员，需要在员工完成工作的过程中及时掌握工作进展情况的信息，了解员工在工作中的表现和遇到的困难，协调团队的工作，对员工进行工作辅导，提高员工和团队绩效。管理者通过有效沟通还可以获得必要的信息，以便对员工绩效做出恰当的评估。另外，及时了解信息还可以避免发生意外的事情而措手不及，防患于未然。

二、持续绩效沟通的内容

管理者与员工持续的沟通是为了共同找到与达成目标有关一些问题的答案。管理者思考的是："作为管理者要完成职责，我必须从员工那里得到什么信息？而我的员工要更好地完成工作的话，我需要向他们提供什么信息？"从这个基本点出发，管理者和员工可以在计划实施的过程中，试图就下列问题进行持续而有效的沟通：

(1)以前工作开展的情况如何？

(2)哪些地方做得很好？

(3)哪些地方需要纠正或改善？

(4)员工是在努力实现目标吗？

(5)如果偏离目标的话，管理者应该采取什么纠正措施？

(6)管理者需要为员工提供何种帮助？

(7)是否有外界变化影响到目标的实现？

(8)如果目标需要进行改变，如何进行调整？

三、持续绩效沟通的方式

沟通有各种各样的方式，如：口头的方式与书面的方式，会议的方式与谈话的方式，等等。然而随着计算机和网络技术的发展，人们也越来越多地采取在网络上进行沟通的方式。每种沟通方式都有优点和缺点。因此，关键是根据不同的情境选用最恰当的沟通方式。沟通方式可以划分为正式的沟通方式和非正式的沟通方式。

(一)正式的沟通方式

正式的沟通方式都是事先计划和安排好的。在绩效管理中常用的正式沟通方式有书面报告、定期面谈和定期会议三种方式。

1. 书面报告

书面报告是绩效管理中比较常用的一种正式沟通的方式。它是指员工使用文字或图表的形式向管理者报告工作的进展情况，既可以是定期的，也可以是不定期的。表 3-2 列出了一种简单的结构化的书面报告格式。

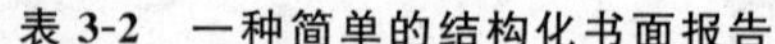
表 3-2　一种简单的结构化书面报告

目标/工作任务	现　状	困难和问题	解决建议	需要的支持

许多管理者通过这种形式及时地跟踪了员工的工作开展状况，但也有一些管理者并不能真正把握住这种方法的价值，而只是流于形式，不能起到实质性的作用，又浪费了大量的人力和财力，得到了一大堆毫无使用价值的表格和文字。表 3-3 列举了书面报告的优缺点。

表 3-3 书面报告的特点

优 点	缺 点
• 节约了管理者的时间 • 解决了管理者和员工不在同一地点的问题 • 培养员工边工作边总结边进行系统思考的能力 • 培养员工的书面表达能力 • 可以在短时间内集中大量信息	• 增加了员工的工作量 • 信息单向流动,从员工到管理者 • 容易使员工分心 • 员工厌烦写报告,容易流于形式, • 不适合以团队为工作基础的组织,信息不能共享

对于表 3-3 中所列的这些缺点,我们通常可以采取一些其他措施来配合使用以减少这种影响。比如,我们可以辅之以面谈、电话沟通等方式使单向信息流变为双向沟通,可以省去繁杂的文字叙述,或用简单的表格或图形来反映情况,也可以采用现代化的网络设施,使信息在团队成员间得以共享。

案例分析

联想集团的员工周报表

本周所进行的主要工作	到周末时的完成情况
下周计划开展的主要工作	预计到下周末时的完成情况

联想集团的员工周报表非常简单,但对联想集团意义很大。联想的绩效管理每季度考评一次,周报表并不作为考评依据,但通过周报表,管理者可以了解直接下属的近期工作,判断是否需要同他们作深入沟通,或提供相应的帮助与支持。

2. 定期面谈

管理者与员工定期进行一对一的面谈是绩效沟通的一种常见方式。这种方式的优缺点如表 3-4 所示。

表 3-4 定期面谈的特点

优 点	缺 点
• 沟通程度较深 • 可以对某些不便公开的事情进行沟通 • 员工容易对管理者产生亲近感、气氛融洽 • 管理者可以及时对员工提出的问题进行回答和解释,沟通障碍少	• 面谈时容易带有个人感情色彩 • 难以进行团队间的沟通 • 对管理者的要求高 • 沟通双方一旦没有诚意,沟通效果很难保证

在进行这种一对一的面谈沟通时应注意以下几个问题:

(1)面谈前应该陈述清楚面谈的目的和重点内容,让员工了解与他工作相关的一些具体情况和临时变化。例如“市场竞争格局的变化好像让我们不得不修改一下我们一个月前拟定的工作目标了”。

(2)在面谈中，重点要放在具体的工作任务和标准上。比如“最近我们上交给总经理的报告似乎总是不够理想，你觉得主要是哪里出了问题？看看我们能不能找到一个解决方法”。

(3)要多让员工谈自己的想法和做法。主管应该借助面谈的机会更多地去倾听员工讲话，尽量去了解员工的真实想法，鼓励员工产生新的创意。通过询问而不是命令来鼓励员工分享知识、信息和理念。当他们提出自己的看法时，主管也需要马上给予反馈。

(4)要及时纠正无效的行为和想法。主管倾听员工的想法，并不等于对员工听之任之。当主管在面谈过程中发现员工有一些无效的行为或想法时，应该及时加以纠正和制止。必要时，主管要作出帮助员工提高绩效的承诺，然后履行自己的承诺。

(5)要让员工认识到主管人员的角色。员工对主管人员在绩效管理中的角色有时会存在有偏差的想法，例如认为主管人员应该替自己作出决策，或者认为既然主管人员把目标分解给了我们，那么他们就不应该干涉我们的工作。主管人员应该让员工认识到，在绩效管理过程中，主管人员既不能对员工听之任之，也不能替代员工作出决策。主管对员工更多起到支持和问题解决的作用。

(6)面谈结束时要将面谈情况填入沟通记录表，并由面谈双方签字。沟通记录表的格式如表 3-5 所示。

表 3-5　沟通记录表

谈话日期：　　年　　月　　日

<table>
<tr><td>员工姓名：</td><td>员工职位：</td><td>部门：</td></tr>
<tr><td>主管姓名：</td><td>主管职位：</td><td></td></tr>
<tr><td>沟通内容</td><td colspan="2">1. 工作目标和任务：(双方阐述部门目标与个人目标并使两者相一致；讨论目标计划完成情况及效果，目标实现与否；提出工作建议或意见)
2. 工作评估：(对工作进展情况与工作态度、工作方法作出评价，讨论工作现状及存在的问题；什么做得好，什么尚需改进)
3. 改进措施：(讨论工作优缺点；在此基础上提出改进措施、解决办法及个人发展建议)</td></tr>
<tr><td>补充内容</td><td colspan="2"></td></tr>
<tr><td>主管签名：</td><td colspan="2">员工签名：</td></tr>
</table>

3. 定期会议

书面报告虽然不能提供讨论和解决问题的手段，但是对于及早发现问题、找到解决问题的方法又必不可少；一对一的面谈只局限于两个人之间，难以对公共问题达成一致意见，因此，有管理者参与的定期会议就显示出了它的重要性。定期会议也称小组会议或团队会议。定期会议是一种成本较高的沟通方式，沟通的时间一般比较长，常用于解决较重大、较复杂的问题。定期会议除了进行沟通外，管理者还可以借助于开会的机会向员工传递有关公司战略的信息，传播企业文化的精神，统一价值观，鼓舞士气，消除误解等。这种形式的优缺点如表 3-6 所示。

表 3-6 团队会议的特点

优 点	缺 点
• 便于团队沟通 • 缩短信息传递的时间和环节	• 耗费时间长，难以取得时间上的统一性 • 难以对所有问题在公开场合进行讨论 • 容易流于形式，走过场 • 员工对会议的需求不同，对信息会有选择性过滤

会议沟通应遵循的原则是：

(1)合理安排时间，以不影响正常的工作为宜。

(2)注意会议的主题和频率，针对不同的员工召开不同的会议。

(3)在会上讨论一些共同的问题，不针对个人。

(4)营造良好的沟通氛围，不要开成训话会、批评会。

(5)圆满结束和做好会议善后，最好做一个书面会议总结或会议记录。

如何进行有效的会议沟通①

1. 在会议之前必须进行充分的准备

要想成功地召开绩效沟通的会议，必须在会议之前做好充分的准备。如果您作为一名主管，在员工的绩效考评期间想要组织一次会议对员工的工作进展情况进行回顾，并制订下一阶段的行动计划，必须在会前做好以下几个方面的准备：

(1)会议主题的准备：在这次会议上主要讨论哪些内容？最后要达到什么样的目标？需要哪些员工参加会议？

(2)会议程序的准备：会议将以怎样的程序进行？采取什么样的措施控制会议按照既定的程序进行？

(3)会议时间的准备：了解与会者可能出席的时间，并计划整个会议过程中各个阶段所需要的时间。

(4)会议场地的准备：安排好适宜的场地，并保证该场地在会议期间不会被占用或打扰。

---

① 杜映梅：《绩效管理》，中国发展出版社 2007 年版，第 85 页。

（5）会议所需材料的准备：准备好与会议内容有关的材料，例如员工的书面报告等。如果必要，可以从员工那里事先收集一些信息。

（6）准备会议中可能出现的问题：事先分析与会者的心理状态与需求，考虑他们在会议中可能会提出的问题或争议，准备好可选择的解决方案。

（7）让与会者做准备：给予与会者必要的信息，使他们了解会议的主题并告诉他们应该做哪些准备。这是非常必要但却容易被忽视的一个步骤，很多会议组织者都比较多地重视自己的准备，而忽视其他与会者的准备。其实，只有所有的与会者都做好了充分的准备，会议才能取得良好的效果。

2. 会议过程的组织

会议过程中的组织主要应该注意以下一些方面的内容：

（1）在会议开始的时候，介绍会议的日程，使与会者了解会议全部的时间安排和规则。

（2）主管作为会议的主持人应该尽量多给员工发言的机会，力争做到真正发挥与会人员的智慧，不应将可能提出重要建议的员工从讨论中排除出去。

（3）当会议的讨论偏离主题时，主管应该及时将与会者的注意力拉回到与会议主题有关的内容上。

（4）不要急于在会议上立刻作出决策。

（5）注意制订会议结束后的行动计划。

（6）在即将结束会议的时候，回顾会议的全部内容，并重申会议上作出的决策，布置会议后应该做的工作。

3. 做好会议记录

（1）会议记录没有必要非常详细地记下每一个细节，只需记录与主题有关的重要内容。

（2）会议记录要在会议结束后比较短的时间内发给相关的与会者。

涉及会议后的行动计划内容的，要注意写明行动的责任人和完成期限。

（二）非正式沟通方式

在工作开展的过程中，管理者和员工不可能总是通过正式的渠道来进行沟通。无论是书面报告、一对一的面谈还是小组会议，都需要事先计划并选择一个正式的时间和地点。然而，事实上，在日常的工作中，随时随地都可能发生沟通，这些沟通大多是非正式的。非正式的沟通方式包括：走动式管理、开放式办公、工作间歇时的沟通、非正式的会议等。

1. 走动式管理

走动式管理是指主管人员在员工工作期间不时地到员工的工作地附近走动，与员工进行交流，或者解决员工提出的问题。主管人员对员工及时的问候和关心会使员工减轻压力并受到鼓舞和激励。因此，它是比较常用的也是容易奏效的一种沟通方式。但是，主管在管理过程中应注意不要对员工具体的工作行为进行过多的干涉，否则会给员工一种突然袭击检查工作的感觉，反而使员工产生心理压力和逆反情绪。

2. 开放式办公

开放式办公是指主管人员的办公室随时向员工开放，只要在没有客人或开会的情况下，员工可随时进入办公室与主管人员讨论问题。现在这种方式已被很多公司采用。这种方法的最大优点就是将员工处于比较主动的位置，使沟通的主动性增强，同时也使整个团队的气氛得到改善。

3. 工作间歇时的沟通

主管人员可以在各种工作间歇时与员工进行一些较为轻松的话题的沟通,从而引入一些工作中的问题,并且应尽量让员工主动提出这些问题。例如,也许共进20分钟午餐时的交谈会比任何正式会议得到的沟通效果更令人满意。

4. 非正式的会议

非正式的会议也是一种比较好的沟通方法,主要包括联欢会、生日晚会等各种形式的非正式的团队活动。主管人员可以在轻松的气氛中了解员工的工作情况和需要帮助的地方。同时,这种以团队形式举行的聚会也可发现团队中出现的一些问题。

非正式沟通的优缺点如表3-7所示。

表3-7　非正式沟通的特点

优　点	缺　点
• 形式多样,时间地点灵活 • 及时解决问题,办事效率高 • 提高员工满意度,起到很好的激励作用 • 增强员工与管理之间的亲近感,利于沟通	• 缺乏正式沟通的严肃性 • 并非所有问题都可采用非正式沟通

以上介绍了绩效实施过程中的正式沟通与非正式沟通方式。在实践中,一个企业不可能仅仅倚重于某一种沟通方式,而必然是多种沟通方式的综合。通过多种沟通方式的配合,形成一个系统的绩效信息沟通方案,以满足绩效管理的要求。表3-8提供了一张某公司的系统化绩效沟通表。

表3-8　某公司的系统化绩效沟通表

<table>
<tr><th colspan="2">沟通方式</th><th>适用对象</th><th>时　间</th><th>形　式</th><th>目　的</th></tr>
<tr><td rowspan="4">正式沟通</td><td>书面报告</td><td>全体下级</td><td>每月10日前</td><td>填写工作计划完成情况</td><td>通过书面报告的形式,对下级的工作完成情况及工作绩效有清楚的了解</td></tr>
<tr><td rowspan="2">会议</td><td>中高层管理者</td><td>每周二下午</td><td>召开部门工作会议</td><td>向每位与会者通报公司目前的绩效状况,表扬绩效优秀者,宣布销售明星</td></tr>
<tr><td>基层员工</td><td>每周三晚上</td><td>各部门、各店会议</td><td>传达公司高层绩效信息,分析各自绩效状况</td></tr>
<tr><td>正式会谈</td><td>绩效较差者</td><td>每周四</td><td>一对一面谈</td><td>和其共同分析绩效不佳的原因,找出改进措施</td></tr>
<tr><td>非正式沟通</td><td>工作间歇期间</td><td>绩效一般和较差者</td><td>整个绩效期间</td><td>利用工作内的间歇进行谈话等沟通</td><td>监督绩效改进情况,并做出现场指导</td></tr>
</table>

四、主管和员工沟通效果的提升

持续的绩效沟通可以使一个绩效周期里的每一个人,无论是主管还是员工,都可以随时获得有关改善工作的信息,并就随时出现的变化情况达成新的承诺。很多组织正是由于绩效沟通环节运行不畅,致使整个绩效管理体系出现问题。究其原因,一是员工对主管缺乏信任和认同;二是主管在绩效沟通时缺少必要的沟通技巧所致。为此,有必要提升双方沟通的效果。

(一)营造和谐的沟通气氛

绩效沟通可以通过两种方式进行:一种是主管主动,即主管有事情需要和员工交流;另一种是员工主动,在他们需要帮助、遇到问题或要告知主管某些事情的时候。主管的工作就是营造一个良好的沟通环境,让员工主动与主管分享所需的信息。

(1)主管必须通过自己的举止表现出很愿意倾听员工的诉说,而不是表现出"被打扰"或不耐烦;

(2)主管必须让员工感觉到无论与他们交流的信息是好是坏,都能够得到建设性反馈,而不是代之以斥责和教训;

(3)主管必须要让员工意识到与自己交流可以得到相应的帮助,而不是毫无效果。

(二)掌握必要的沟通技巧

主管人员在与员工沟通时掌握一定的沟通技巧是十分重要的。

(1)沟通时把重心放在"我们",而不是"你"上面;

(2)让员工明白管理者的真实需要与期望;

(3)鼓励员工自己评估工作进展并提出对策;

(4)及时表扬员工的工作成绩;

(5)对员工的付出表示感谢。

知识拓展

一个沟通小技巧

"麦肯锡嗯、嗯"法因麦肯锡公司的咨询顾问在同客户交流时使用而得名。而实际上,很多人都无师自通地在用它。这种沟通技巧,适用于多种场合,内部绩效沟通时可以用它,同客户进行交流也可以用它。具体情况是这样的:沟通时,眼睛平和地注视对方,不时与对方进行目光交流,耳朵认真地听,嘴里轻声发出"嗯、嗯"的声音,手在笔记本上做记录。这样一个姿态,给了对方四点信息:①我在听;②我在认真地记;③我赞同你所说的;④我希望你继续讲下去。采用这样的技巧,有利于沟通深入进行。

表 3-9 列出了主管在持续沟通中"应该做的事"和"不应该做的事"。

表 3-9　主管在持续沟通中"应该做的事"和"不应该做的事"

应该做的事	不应该做的事
• 提供持续的指导 • 维护员工的面子与自尊心 • 真诚引导,鼓励员工自己评估工作进展情况 • 保证回馈是及时和有实例支持的 • 表现出真诚 • 建立积极的交流氛围,传达积极的期望 • 指导是以发展为目的的,要以解决问题为核心 • 具有同情心,让员工知道你理解员工的感觉并了解有那样的感觉的依据 • 当绩效改善时及时给予认可和表扬	• 直到每年绩效评估时才对绩效给予反馈 • 习惯在人前批评员工 • 只注重好的或不好的行为,对基本行为不予以关注 • 回馈模棱两可、没有依据 • 你心里认为某事做得不好却说做得不错,你的话说的是"对",可眼神表现的却是"错" • 让员工感觉自己是没有希望的失败者 • 把指导看做是对个人的治疗和惩罚 • 猜测员工的动机,过早下断言,习惯用"总是"和"永远"这样的词把改进当成是想当然的事

（三）选择高效的沟通方法

在绩效过程管理中，作为管理人员，是否必须同每个员工进行单独沟通及辅导呢？不一定。如果时间允许，能经常同每个人都单独交流那是最好，但往往这是做不到的。因此，需要抓住主要予盾，把单独交流机会留给近段时间表现最好的10%～20%的员工或表现最差的10%～20%的员工。同表现最好的那部分下属交流，需要了解他们表现出色的原因，判断这些因素能否推动其他人也同样做出好的表现，还要鼓励他们再接再厉。同表现最差的那部分下属交流时，你需要了解他们的阻力与困难在哪里，设法帮助他们排除障碍，还要考虑这些障碍是否也会影响其他人。对于大部分下属，可以通过开会的机会同他们作集体沟通，把同最好、最差员工进行交流时所得到的经验教训同大家一起分享。

案例分析

盛强公司绩效考核“表演”①

盛强公司是一家IT行业的民营企业，成立于1995年，现有员工115人。盛强公司的设备和软件产品主要用于连接计算机网络系统，为用户提供方便快捷的信息传输途径，帮助用户降低成本开销，提高工作效率，有效地缩短用户与其客户、商业伙伴和公司的距离。

盛强公司与许多公司相似，人员绩效管理主要体现在绩效考评上。本来，盛强公司管理决策者想通过绩效考评对员工绩效进行区分，以此给予员工合理回报和奖励，调动员工积极性。然而，事实上目前绩效考评结果却并不尽如人意。员工觉得考评结果也未反映出自己的工作业绩，因而满腹牢骚。当然，牢骚归牢骚，绩效考核还是要“表演”的。

又到年末，盛强公司除了忙着做今年的会计决算和来年的财政预算外，经理和员工们又开始了一年一度的被称为“表演”的绩效考评。

章经理是盛强公司产品研发部的经理，直接管理15名技术人员。由于平时项目较多，10来号人看上去工作总是忙忙碌碌，章经理更是觉得每天要做的事情总是满满的。年底考评到了，章经理又将忙于填写15份内容相差不多的绩效考评表。由于人事部已经催了很多次，他必须在这个周末前完成这些表格；否则，下周一又要接到人事部经理的催“债”电话。

这次，章经理灵机一动，想了一个“好”办法。他把表格发给每位员工，让员工自己在上面打分，然后派人收齐，在上面签上名，再交给人事部。问题解决了，纸面上的工作都按人事部要求完成了。人事部也没有不满意的。章经理心想，这下每个人都结束表演回到了“现实中的工作”中去。

忙碌了一时的绩效考评工作就这样“完成”了。考评结束后，考评结果的书面材料在人力资源部束之高阁，绩效考评也就变为一种填表游戏，成为一种形式主义的“表演”，员工绩效于“打闷包”中。员工不知道组织和上司如何评价自己，不知道自己在哪些方面做得好、哪些方面做得不好以及怎样改进和提高。

① 付亚和、许玉林：《绩效管理》（第二版），复旦大学出版社2008年版，第82页。

事实上，这种填表游戏在一段时间内仍影响着员工的情绪。小吴是一位毕业于名牌大学计算机专业的硕士生，进盛强公司研发部工作已近三年，越来越觉得这种考评没有意思，增薪或减薪、晋升或转岗都是在考评中“打闷包”。说是通过考评来体现，但是怎么体现，员工只有猜测的份。因此，尽管小吴也觉得没意思，但考评结束后的一段时间内心也不可能平静。老孙则与小吴的心情不同。老孙其实并不老，40岁刚过，但该部门的员工大多在30岁左右。老孙当初进盛强公司产品研发部时也很年轻，但岁月如梭，毕竟年龄不饶人。以前年年这样考评，老孙也糊里糊涂就应付过来，没觉得什么压力，但随着年龄增大，反而在意这种形式化的考评，担心这种考评影响自己的奖金和用工期限。

思考问题：

1. 章经理面临着什么问题，他的这种貌似快捷高效的解决方法会带来哪些负面问题？

2. 这种绩效考评方法缺失了什么？如果你是章经理，你应该怎么做？

3. 整个公司的绩效考评的过程控制应该如何改进，才能让小吴和老孙的情绪稳定下来，安心地工作？

复习思考题

1. 人力资源部与部门经理在绩效实施中的职责分别是什么？
2. 在绩效实施过程中需要收集哪些方面的信息？
3. 绩效信息收集的方法主要有哪些？
4. 正式的绩效沟通有哪些方式？其特点是什么？
5. 非正式的绩效沟通有哪些方式？其特点是什么？
6. 模拟一个会议沟通的场景，对相关的绩效实施问题进行沟通练习。

第四章　绩效考评

学习目标

通过本章的学习，应当掌握以下内容：

1. 了解不同的绩效考评主体的特点；
2. 了解绩效周期的确定依据；
3. 认识绩效考评的组织机构及职责；
4. 掌握绩效考评的具体流程；
5. 掌握绩效考评的主要方法；
6. 了解绩效考评偏差的表现形式。

引导案例

暗察三兄弟[①]

在美国东海岸的某一条街，有一家著名的毛皮公司，公司的职员中有三人是亲兄弟。一天，他们的父亲要求见总经理，并提出为什么三兄弟的薪水不同？大儿子的周薪是350美元，小儿子的周薪是250美元，而二儿子的周薪则是200美元。总经理听完后说："现在我叫他们三人做相同的事情，你只要看他们的表现，就可以得出答案了。"

总经理先把老二叫来，吩咐说："现在请你去调查停泊在海边的H船，船上毛皮的数量、价格和质量都要详细地记录下来，并尽快给我答复。"老二将工作内容抄下来后就离开了。5分钟后，他便回到总经理办公室作了汇报，原来他是用电话向H船了解情况的。

总经理又把老三叫来，吩咐他做同样的事情。1小时后，老三满头大汗地回到总经理办公室，一边擦汗一边汇报。他说他去了H船，同时，把亲眼看到的船上的货物数量、质量等情况作了详细的汇报。

最后，总经理才把老大找来，吩咐他再去H船，调查船上货物的情况。3个小时后，老大才回到总经理的办公室。他首先重复报告了老三报告的内容，然后说他已经将船上最有价值的商品品牌都记录下来了，为了方便总经理与货主签订合同，他已经请货主明天上午10点钟前来公司一趟。返回的途中，他还向其他两家毛皮公司询问了

① 刘秀英、吴智育：《人力资源管理理论与实务》，河北教育出版社2006年版，第135页。

货物的质量、价格等情况，并且已经请与这笔买卖有关的本公司负责人明天上午11点到公司来。

暗察了三兄弟的工作表现后，父亲高兴地说："再也没有什么能比他们的行动给我的答复更有说服力。"

这件事说明了什么呢？

它告诉我们，在对员工进行考核时，不能简单的依据某一个标准，如工作的速度，人际关系好坏……而是要从多方面对员工进行"立体考核"，这样才能对一个人作出正确的评价。

绩效考评是绩效管理的关键环节，在绩效管理循环中发挥着重要作用。只有通过绩效考评才能得到员工绩效的评估结果，发现员工工作中的不足进而改进绩效；通过绩效考评还可以发现管理者管理行为的不足，从而有效地改善管理绩效。绩效考评阶段要求管理者完成的工作比较多，技术要求也比较高。主要的任务有：按照公司绩效管理制度确定的考核内容、考核周期、考核流程、考核主体来组织实施考评，并且对考评结果进行审核和纠偏等。

第一节　绩效考评主体的选择

绩效考评主体是指员工绩效的评估人。或者说，确定员工绩效的优劣由哪些人做出评判。显然，由于对员工工作状况的了解程度不同，不同的绩效考评主体会产生不同的考评结果。因此，选择考评主体对绩效考评非常重要，从一定意义上看选择考评者比考评本身更重要。

一、绩效考评主体选择的一般原则

在设计绩效考评体系时，考评主体与考评内容相匹配是一个非常重要的原则。必须选择那些能够了解员工工作状态的人做考评主体。绩效考评主体选择的一般原则包括以下方面：

（一）绩效考评主体考评的内容是他所掌握的情况

显而易见，一个人不可能对自己不了解的情况做出客观评价。

（二）绩效考评主体了解所考评岗位的工作要求

考评者只有了解所考评岗位的工作职责及任务要求，才能准确评价被考评者的绩效优劣。

（三）绩效考评主体的选择应根据考评内容不同加以区分

一般来说，对员工职责中的"重要任务"的考评应由直接上级来实施；对员工职责中的"日常工作"的考评应由员工本人来实施；而对员工"工作态度"的考评则宜采取同级"互评"的方式来进行。

二、不同考评主体的比较

绩效考评主体可以由多方担任。通常，绩效考评系统中可能的考评主体包括直接上级、同事、员工本人、下属及客户等。不同的考评主体具有不同的特点，在绩效考评中承担了不同的考评责任甚至管理责任。选择不同考评主体不仅是绩效考评的需要，同时也是实现绩效管理目的的需要。

（一）上级考评

上级考评的实施者一般为被考评者的直接上级，也是绩效考评中最主要的考评主体。由于员工的直接上级通常是最熟悉下属工作情况的人，而且他们对考评的内容通常也比较熟悉，因此上级考评方式在实践中被广泛地运用，并没有引发过多的争议。同时，绩效考评也是上级主管的一种有效的管理工具。他们可以利用考评，直接或间接地对员工的行为进行管理。如果上级主管没有进行绩效考评的权力，他们对下属的控制力就会大大削弱。此外，上级主管还可以通过对员工考评结果的分析，有效地指导下属的职业发展。当然，上级考评也存在着局限性。当上级主管不能了解下属的全部工作活动时，可能会导致对下级的考评有失公允。而且，当考评结果涉及一些重要的人事决策如加薪、奖金发放和职位变动时，上级主管可能会考虑部门内部的平衡；另外上级在与员工交往的过程中也可能存在某些偏见。

（二）同级考评

同级考评者，一般是与被考评者工作联系较为密切的同级别人员。他们对被考评者的工作技能、工作态度、工作表现等较为熟悉，在考评中更加关注相互之间在工作中的合作情况，这一点是上级难以准确评价的。员工通常会把自己最好的一面展示给上级，但与其朝夕相处的同事却可能看到他较真实的一面，同事参与考评可以促进员工工作表现的改善。使用同事考评来对上级考评进行补充，有助于形成关于个人绩效的一致意见。

同级考评也可能出现一些特殊的问题。例如，当绩效考评的结果与薪酬和晋升密切联系时往往会使同级之间产生利益冲突，从而影响到同级考评的信度。同级考评还会受到个人感情因素、关系因素的影响而带有主观性。考评者可能会考虑到对同事较低的评价会影响两人之间的友谊，或者会破坏小组内同事的团结。此外，对同事进行评价会受到同事间既有的关系好坏的影响。

（三）下级考评

下级对上级进行考评，对企业民主作风的培养、企业员工之间凝聚力的提高等方面起着重要的作用。因此，这种方法也为许多公司广泛采用。下属由于经常与其上司接触，往往站在一个独特的角度观察许多与工作有关的行为。下属比较适合评价的是上司的领导艺术和管理行为、公正性等方面。但在计划与组织、预算、创造力、分析能力等方面却不太适合运用这种方法。另外，在一个缺乏开放、民主的组织文化的组织中，下属在评价上司的时候可能会有所保留，常常因害怕被报复而不敢指出上司的缺点。因此，评价时最好是匿名的。

（四）自我考评

自我考评是被考评者本人对自己的工作表现进行评价的一种活动，它一方面有助于员工提高自我管理能力；另一方面可以取得员工对绩效考评工作的支持。如果员工理解了他们所期望取得的目标以及将来考评他们所采用的标准，则他们在很大程度上处于考评自己业绩的最佳位置。员工对自己的工作情况很了解，他们知道自己哪些方面做得好，哪些方面需要改进。如果给他们机会对自己的绩效情况加以评价，会促使他们在自我工作技能的开发方面更加主动。

反对员工自我考评的观点认为，自我考评时员工更容易夸大自己的优点而忽视自己的缺点，因此，应谨慎使用这种方式。他们认为自我考评方式更适合于“自我发展”内容的评估而不适合于“自我管理控制”内容的评估。

（五）客户考评

客户考评包括外部客户考评与内部客户考评两种情况。外部客户考评是对那些经常与外部顾客和供应商打交道的员工的考评。对这些员工的绩效考评，客户满意度是衡量其工作绩效的主要标准。最常见的做法就是将顾客和供应商纳入考评主体中。这种做法是为了能够了解那些只有特定外部成员能够感知的绩效情况，例如，由听课学生评价授课教师的教学质量是非常必要和恰当的。内部客户包括组织内部任何得到其他员工服务支持的人。比如，主管人员得到了人力资源管理部门招聘和培训员工的服务支持，那么，主管人员就可以成为对人力资源部门进行考评的内部客户。内部客户考评能较为准确地提供员工、团队的工作所带来的价值增值，既可服务于开发目的，也可用于日常管理的目的。

各种考评主体下的考评特点可以由表 4-1 加以归纳。

表 4-1　不同考评主体的特点

考评主体	优　点	缺　点
上司	• 目标导向明确、了解业务内容 • 上司通常处于最佳的观察员工的位置 • 上司负有管理责任，相对来说具有权威性	• 有主观性，易受个人关系和感情左右 • 在信息不透明时容易导致员工对考评结果的怀疑
同事	• 彼此了解，评价较客观 • 对接受反馈的人有很高的可信度	• 有时出现“人情”评价 • 因利益冲突而低估绩效
自我	• 对绩效情况有充分了解 • 提高员工自我管理意识	• 因自我认识的偏差而倾向于夸大评估 • 因有一些盲点而倾向于夸大评估 • 有些人会倾向于低估自我
下属	• 在提供适当保护的情况下评估的结果是可靠的、有效的 • 有助于管理者改进管理方式	• 有个别人故意贬低被评估者的现象 • 员工怕被上司报复而不说真话
客户	• 评估结果可靠、有效、可信度高	• 评估标准之间的界限不太明确

由表 4-1 可知，不同的考评主体各有优缺点。而事实上，在绩效管理实践中，也根本找不到一个完美无缺的考评主体。因此，许多公司已经采用了多主体考评方式（360°考评），通过多渠道的评估信息增加考评的客观性程度。

三、全方位绩效考评法

全方位绩效考评法又称为 360°考评法，是一种较为全面的绩效考评方法。它强调从与被考评者发生工作关系的多方主体那里获得被考评者的信息。这些信息的来源包括：来自上级监督者的自上而下的反馈(上级);来自下属的自下而上的反馈(下属);来自平级同事的反馈(同事);来自企业内部的协作部门和供应部门的反馈;来自企业内部和客户的反馈以及来自本人的反馈,见图 4-1。

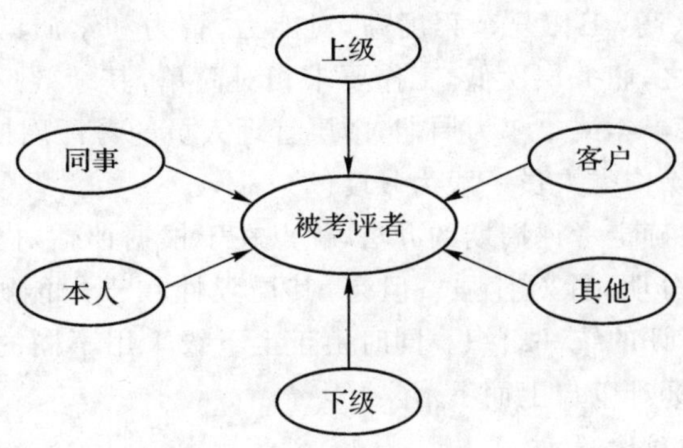

图 4-1 360°绩效考评

通过多方位绩效考评主体反馈,可以更全面地反映被考评者的绩效状况,避免单个考评主体所带来的信息不完全的问题,其优势是比较明显的,但也存在一些劣势,主要表现为由于考评主体增多不仅会增加考评的成本,而且也难以操作。表 4-2 列出了一组有关全方位主体考评的正反两方面的观点。

表 4-2 有关 360°考核的争论

支 持	反 对
• 由于信息是从多方面收集的,因此这种方法比较全面 • 信息的质量比较好 • 由于这种方法更重视内部/外部客户和工作小组这些因素,因此它使全面质量管理得以改进 • 由于信息反馈来自多人而不是单个人,因此有利于减少偏见 • 来自同事和其他方面的反馈信息有助于员工自我发展	• 综合各方面信息增加了系统的复杂性 • 如果员工感到参与考评人是联合起来对付他,参与考评人可能受到胁迫,而且会产生怨恨 • 有可能产生相互冲突的考评,尽管各种考评在其各自的立场是正确的 • 需要经过培训才能使系统有效工作 • 为了串通起来对付某人,员工会做出不正确的考评

第二节 绩效考评周期的确定

所谓考评周期,简单地说就是多长时间进行一次绩效考评。绩效考评周期的确定并没有唯一的标准,典型的考评周期是月、季、半年或一年,也可在一项特殊任务或项目完成之后进行。评估频率不宜太密,如果太密不但浪费精力和时间,还会给员工造成不必要的干扰,易造成心理负担。但周期过长,反馈太迟,会不利于改进绩效,使大家觉得绩效评估作用不大,可有可无,以致流于形式。

一、确定考评周期的依据

(一)按照考评对象的层级确定

考评对象职位层次高,工作复杂程度高,对能力、智力和素质的要求也高,其相应的绩效反映周期就越长;反之,职务层次低,工作要求相对简单,其绩效反映周期就短。因而,高层管理者的考评往往以半年或1年为周期,中层管理人员的考评周期为半年或季度,专业人员一般为季度或月度,操作类人员一般为月度。

这种按照考评对象确定考评周期的办法,优点在于根据评估对象的工作周期和职务特点确定考评周期,层次分明,针对性强。但是,其局限性在于未能顾及组织情境和管理方式,划分太细,不利于考评的统一组织。同时由于上下级采用不同的考评周期,如果操作不当,很可能导致绩效目标难以自上而下落实。

(二)按考评目的和用途确定

绩效管理的用途包括评估和检查。评估强调的是准确,往往要求对员工在评估期间的表现进行分析,且对照事先确定的标准或要求进行比较,这种评估结果往往是为了薪酬分配的需要。因此考评周期可能会长一些。而检查则从挖掘员工的潜力入手,着眼在过程管理和问题解决。因此,评估周期相对较短,甚至可能放在每天。一般情况下高层管理者的考评一年一次,半年进行回顾;中层、基层员工的考评以季度或月度作为检查,年终进行总评;而操作类员工则每月考评一次,年底综合考评。

除了绩效管理的周期外,很多企业还有单独的任职能力考评、晋升考评等,不同的考评目的需要确定不同的考评周期。

(三)按照业绩反映期长短确定

在实行目标管理的企业,以实现组织阶段性目标的周期作为考评周期,根据实际情况,可以是一年或更长,也可以是半年或者每季每月进行评估;对于实行合同制的企业,可以把整个合同期作为考评的周期,也可将合同制划分为若干阶段作为评估区间;对于实行承包制的企业,则可以将整个承包期作为评估的周期,也可将承包期划分为若干阶段作为评估区间。

二、考评周期的使用方式

在具体使用考评周期进行绩效评估时,会因业绩的稳定性不同而产生不同的评估方式。

(一)单期评估

单期评估是指在规定的一个期限内定时评估,一般以一个月为标准。这种方式的评估适合于具有以下特征的评估项目:

(1) 一年内每期的目标计划相对比较平衡,波动比较小,也就是说内部可控的。如供应及时率和出勤情况等。

(2)绩效数据跨期比较少,每月都能够得到一个准确的评估数据。如材料账物准确率。

(二)滚动评估

滚动评估是指在对下期目标进行评估时,同时要将上期的数据进行平均处理,一般以季度或者半年为滚动期。这种方法一般适合于具有以下特征的评估项目:

(1)评估项目前后跨度较长,如招聘合格率。

(2)制订计划时不确定因素较多的项目,如库存降低金额。

下面举例详细说明滚动评估的操作方法。某公司今年的销售计划是8000万元,如果把这个数据分到12个月去评估,无论如何都很难精确每个月的评估目标,即使考虑了销售的淡、旺季影响,也是如此。这时可以采用季度滚动式评估。比如计划目标是一月份60万元,二月份60万元,三月份80万元。但是实际数据是一月份40万元,二月份70万元,三月份90万元。如果采用每月评估,则第一个月就很低了,如果按季度滚动评估就可以避免这种情况。一月份的目标完成率是40÷60,到二月份的时候为(40+70)÷(60+60),三月份就是(40+70+90)÷(60+60+80),然后到第四月份的时候,则滚动二、三、四这三个月的。这样就出现了一二三、二三四、三四五、四五六,以此类推,形成三个月一次的评估结果,这一结果就可以避免因为计划不准确而导致的评估误差。

(三)叠加评估

叠加评估是对滚动评估方式的延伸,它一般以年为评估周期,以避免计划不准确导致的误差。它与滚动评估的区别是,它不再按照每段时间,比如三个月来滚动,而是将全年的数据进行叠加,以计算最后的目标达成情况。具体操作如表4-3所示。

表4-3　叠加评估周期表

	一月	二月	三月	四月	五月	六月	七月	八月
计划	J_1	J_2	J_3	J_4	J_5	J_6	J_7	J_8
实际	S_1	S_2	S_3	S_4	S_5	S_6	S_7	S_8
一月份绩效$=S_1\div J_1$								
二月份绩效$=(S_1+S_2)\div(J_1+J_2)$								
三月份绩效$=(S_1+S_2+S_3)\div(J_1+J_2+J_3)$								
……								
八月份绩效$=(S_1+S_2+S_3+S_4+S_5+S_6+S_7+S_8)\div(J_1+J_2+J_3+J_4+J_5+J_6+J_7+J_8)$								

第三节　绩效考评的组织机构及流程

一、绩效考评的组织机构及其职责

基于职责分工,绩效管理的组织机构大体可以分为四部分:绩效管理的领导机构、绩效计划(目标)综合管理部门、绩效管理的组织和服务部门以及绩效管理的实施部门。

(一)绩效管理的领导机构及其职责

一般而言,企业需成立绩效管理的领导机构,进行统筹管理。领导机构一般由公司中高层领导组成,机构名称如"绩效考核委员会"、"绩效管理委员会"、"考核领导小组"等。

领导机构主要负责绩效管理体系整体构建、总体指导以及制订、修订、批复工作,负责绩效计划(目标)的审核,负责绩效管理监督及突发、特殊事件处理的工作,负责考核结果的最终裁定及申诉结果的最终处理等工作。一些企业的绩效管理领导机构同样承担具体的考核工作,如负责签订经营责任书,负责对各部门、科室负责人的年度综合测评等工作。

(二)绩效计划(目标)综合管理部门及其职责

绩效计划(目标)综合管理部门一般是企业的计划部门或经理工作部门,有时由企业的核心职能部门联合组成。

该部门主要承担企业年度工作目标的分解,各部门工作计划的制订和综合平衡,以及对绩效计划执行的跟踪管理和监督等工作。

(三)绩效管理的组织和服务部门

一般为人力资源部门,具体负责为企业绩效考核工作提供具体指导和技术支撑,负责绩效管理制度制定、修订的组织工作,承担企业各部门绩效考评的组织、实施,以及企业员工考评的组织、监督、指导工作。有时人力资源部还负责考评结果申诉的初步处理工作。

归纳起来,人力资源部在绩效考评中的主要职责包括:

(1)设计、试验、改进和完善考核制度并向有关业务部门建议推广。

(2)在自己部门认真执行既定的考核制度以作表率。

(3)宣传既定的考核制度的意义、目的、方法与要求。

(4)督促、检查、帮助本企业各部门贯彻现有考核制度,培训实施考绩人员。

(5)负责各种绩效管理相关资料、数据、记录的归档管理。

(6)负责绩效考评结果的汇总及归档管理。

(7)负责受理绩效考评过程中员工申诉事宜。

(8)根据考绩的结果,制订相应的人力资源开发计划和进行相应的人力资源管理决策。

(四)绩效管理的实施部门

企业各业务部门一般负责本部门员工绩效考核的组织与实施,即实行二级考评。同时,各部门需配合企业各项考评工作,提供本部门相关的考评信息。

各部门主管作为员工与高层领导之间的桥梁,在绩效考评过程中起着至关重要的作用。总体分析,作为评估者的主管在绩效考评过程中扮演五种角色。

1. 合作伙伴

所谓合作伙伴,是指作为评估者的主管与员工利益共享,风险共担,共同进步,共同发展;也就是说,主管与员工的目标是一致的,员工的绩效是主管绩效的基础。

主管有责任与员工进行充分的沟通,讨论员工的工作任务、绩效目标等问题。与员工一起制定合适的员工绩效目标,例如,员工应该做什么工作,为什么做,何时完成,完成这些工作需要哪些技术支持和培训,主管能提供哪些帮助等。在与员工讨论工作内容和绩效目标时,作为评估者的主管应该意识到自己与员工的关系是合作伙伴的关系,只有与员工达成关于绩效目标的一致意见,才便于主管以后对员工进行有效的评估。

2. 辅导员

在主管与员工进行充分的沟通,确定绩效目标以后,主管的角色发生了变化,从合作伙伴转变成员工实现绩效目标的辅导员。所谓辅导员,是指主管及时与员工沟通,不断辅导员工,使员工在完成工作过程中得到知识和技能的帮助,以提高员工的绩效水平。主管还要与员工就绩效评估的结果进行反馈面谈，帮助员工分析工作绩效中的不足之处并提出相应的改进意见，以期在新的绩效周期取得更好的绩效表现。在辅导员工完成绩效目标和进行绩效反馈面谈的过程中，主管的有效沟通能力是至关重要的。主管对员工的业绩辅导实际上贯穿于整个绩效评估过程的始终，这对主管是一个挑战。

3. 记录员

所谓记录员，是指主管需要走出办公室、观察员工的工作并进行记录。记录的内容一定是主管亲自观察到的，而不是道听途说的；而且在观察员工时，要注意不能影响员工的工作。主管需要记录有关员工的绩效表现的细节，并整理成绩效管理的档案，作为绩效考评的依据。只有在主管掌握了第一手的员工工作的资料时，才能对员工的表现更加了解，从而保证评估的真实和公正。

4. 裁判员

所谓裁判员，是指主管是下属绩效的第一评估者。实际上，对员工的绩效评估就是对员工工作绩效的总结和评价。主管需要熟练掌握评估的指标和标准，对员工的实际表现做出准确的评价。

5. 公证员

所谓公证员，是指主管应该站在第三方的角度公正地、真实地、客观地评估员工的绩效水平。一般情况下，评价的结果会影响到员工的薪酬水平和职业的发展，所以，主管在评估员工的绩效水平时一定要做到公平、公正、公开。

知识拓展

某企业绩效考评中有关评估责任举例

评估责任：

(1)原则上实行两级评估体系。

(2)主管和员工共同承担评估责任。

员工的直接主管为一级评估者，对员工的评估结果和客观性负责。直接主管的上级主管为二级评估者，对评估结果负责，并对一级评估有指导、监督、修改的责任。

行政主管和业务(项目)主管都有评估的责任，两个主管应分别对下属的评估进行分工。业务主管对员工的业务进行评估，行政主管在此基础上进行综合评估。

(3)本公司评估的政策及纲要由人力资源部门制定。各级部门在此政策和纲要的指导下做具体的评估项目和评估指标、量表，并由总经理核准后，报人力资源部备案。各部门主管的评估由人力资源部统一设计评估办法。

(4)对评估结果提出异议者，在本部门解决不了的，被评估者与评估者都有权向二级评估者申诉；仍不满意者，可以向人力资源部提出申诉。每一级申诉，相关协调人应在十日内给予答复。

二、绩效考评的流程

在明确考评组织机构及职责分工后，需进一步理顺绩效考评流程。表4-4归纳总结了绩效考评流程所包含的具体步骤。

表 4-4　绩效考评的流程

步　骤	具体做法
1. 启动考评	在考评周期开始,通过发放考评表或召开考评会议等方式,宣布绩效考评工作启动。
2. 获取绩效信息	各相关单位和个人提供绩效信息,作为考评的参考依据。
3. 实施考评	各考评主体对被考评者进行考核。
4. 考评分数统计、计算	各相关单位按照相关办法对被考评者的考评分数进行统计和计算。
5. 审核考评结果	一般由被考评者的直接上级将绩效信息与考评分数进行对比,对考评结果进行审核,确保绩效信息与考评分数的一致性。
6. 纠偏	如果考评分数与绩效信息存在偏差,则需查明原因,并进行相关调整。
7. 考评结果反馈	组织绩效面谈,与被考评者就考评结果进行沟通反馈。员工认同考评结果,则协商制订绩效改进计划,如不认同考评结果,则可通过申诉程序进行申诉。
8. 考评结果上报	相关单位将考评结果上报至人力资源部。
9. 考评结果最终审批	由企业绩效管理委员会对考评结果进行最终审批。
10. 考评结果应用	将考评结果应用于绩效工资、奖金发放、岗位调整等。
11. 确定绩效目标	根据考评结果,确定下一考评周期的考评目标。
12. 考评工作总结	召开工作总结会,总结经验与教训,同时通报下一考评周期的考评目标。有的企业则把考评结果的应用视为考评工作的结束。

案例分析

某公司季度绩效考核实施流程①

1. 分发绩效考核表:绩效考核开始前 3 日,绩效考核委员会组织召开季度绩效考核工作会议,参加人员有公司绩效考核委员会全体成员,此外还包括人力资源部经理、考核专员以及各直营店的店长。人力资源部向各直营店发放各级门店《季度绩效考核表》,并说明考核注意事项。每季度第一个工作日为绩效考核开始日。

2. 考核数据提供:绩效考核第 1～3 日,财务部负责人向人力资源部和各直营店提供各个门店、各部门、各组的考核指标目标值、实际完成值等财务数据,营运部门负责人向人力资源部和各个直营店提供考核数据资料,各门店向人力资源部提供员工考勤数据。

3. 支持岗位人员绩效考核:绩效考核第 1～5 日,店长对支持岗位人员进行关键业绩、能力态度考核。

4. 业务岗位人员关键业绩考核:绩效考核第 4～5 日,核算统计岗位根据财务部提供的财务数据,计算各个业务岗位人员的关键业绩得分。

5. 业务岗位人员能力态度考核:绩效考核第 5 日,店长对业务岗位员工进行能力态度考核。

① 杨飞等:《绩效管理案例与案例分析》,中国劳动社会保障出版社 2009 年版,第 188 页。

6.绩效考核结果统计计算:绩效考核第6日,核算统计岗位对支持性岗位员工、业务岗位员工(自制部门除外)的绩效考核结果,进行统计计算,并根据强制分布规划确定各个员工的考核结果等级。

7.绩效考核结果审批:绩效考核第6日,店长审批本店员工的季度绩效考核结果。

8.绩效考核结果反馈:绩效考核第6日,店长向员工反馈季度绩效考核结果。

9.绩效考核结果上报:绩效考核第6日下午17:00前将考核结果上报公司人力资源部。

10.绩效考核结果的审批:绩效考核第7日,绩效考核委员会审批各岗位绩效考核结果。

11.月度绩效工资的计算:绩效考核第7～12日,人力资源部计算直营店各个岗位的月度绩效工资,并在绩效考核第13日前交财务部,财务部据此发放绩效工资。

12.季度奖金的计算:绩效考核第7～10日,核算统计岗位计算本店各个员工的季度奖金数额,店长审核后报人力资源部。

13.季度奖金的审批:绩效考核第11日,绩效考核委员会审批各个岗位的季度奖金。

14.季度奖金的发放:人力资源部负责在绩效考核第13日前奖金数额报财务部,财务部据此发放季度奖金。

15.绩效考核工作总结会:绩效考核第20日,召开绩效考核季度总结会议,同时通报下季度绩效考核目标。

第四节 绩效考评方法的选择

古云:“工欲善其事,必先利其器。”如何去实施考核,这涉及考核方法的选择。绩效考评的方法很多,但每一种方法往往只能达到某一特定的目的。为了提高绩效考评的有效性,一般会综合运用几种考评方法。

一、绩效考评方法分类

根据不同的标准,绩效考评的方法分类不同,下面介绍两种不同的分类方式:

第一类,按照评估的相对性或绝对性区分,可以分为相对评估法和绝对评估法。相对评估通过员工绩效的相互比较取得考评分数,适合于群体考评;绝对评估通过对评估项目确定一个客观的尺度(标准),将某个员工在一段时间内的绩效行为与这个尺度进行对比取得考评结果,适合于个人考评。

第二类,按照评估内容区分,可以分为特征导向评估法、行为导向评估法和结果导向评估法。特征导向评估方法的主要应用是描述性评定量表法,行为导向评估方法主要包括行为锚定法、行为对照表法和关键事件法,结果导向评估方法主要是目标管理法。

二、绩效考评的一般方法

(一)排序法

所谓排序法,是指按被考评员工绩效相对的优劣程度,通过直接比较,确定每人的相对等级或名次的方法,又可以称为分级法,即排出全体被考评员工的绩效优劣顺序。具体操作中又可分为:直接排序法、交替排序法、配对比较法、强制分布法。

1. 直接排序法

直接排序法亦称简单排序法,是评价者经过通盘考虑后,以自己对评价对象工作绩效的整体印象为依据进行评价,将本部门或一定范围内需要评价的所有员工从绩效最高者到最低者排出一个顺序来。这种方法所需要的时间成本很少,简便易行,一般适合于员工数量比较少的评价。

2. 交替排序法

交替排序法亦称选择排序法,是将需要进行评价的所有被评价者名单列举出来。评价者在所有需要评价的员工中首先挑选出最好的员工,然后选择出最差的员工,将他们分别列为第一名和最后一名。然后在余下的员工中再选择出最好的员工作为整个序列的第二名,选择出最差的员工作为整个序列的倒数第二名。依次类推,直到将所有员工排列完毕,就可以得到对所有员工的一个完整的排序。交替排序法利用的是人们容易发现极端、差异越大越容易识别的心理,因而,人们在知觉上相信这种交错排序法优于简单排序法。

例如,对公司财务部的员工进行考核。首先,把财务部员工的名单罗列出来,总共10个人。先从罗列出来的名单中找出最好的员工F,在姓名旁边写上“1”。再从剩余的9个人的名单中找出最差的员工A,在姓名旁边写上“10”。接着从剩下8个人的名单中找出最好的员工D,记上“2”;找出最差的员工G,在姓名旁边写上“9”。以此类推,不断反复,直到全部姓名都打上阿拉伯数字。这时,财务部员工的优劣顺序F、D、B、J、I、E、C、H、G、A就排列出来了(见表4-5)。

表4-5 交替排序法示例

部门:财务部　　人数:10人

	A	B	C	D	E	F	G	H	I	J
第一步	10					1				
第二步				2			9			
第三步		3						8		
第四步			7							4
第五步					6				5	
结果	10	3	7	2	6	1	9	8	5	4

3. 配对比较法

配对比较法亦称两两比较法,是考评者根据某一标准将每一员工与其他员工进行逐一比较,并将每一次比较中的优胜者选出。最后,根据每一员工净胜次数的多少进行排序。例如,某一车间内被考评者有10人,每一位被考评者都必须经过9次配对,即与其他9人进

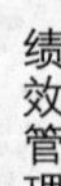

行配对比较，然后按获胜次数的多少比出优劣。

配对比较次数的一般表达式为：

$$[n\times(n-1)]\div 2$$

式中，n 为被考评者人数。如果车间内被考评者人数为 9 人，则所配对比较次数为：

$$9\times(9-1)\div 2=36(\text{次})$$

下面举例说明，假设某生产小组有 5 人，他们是张三、李四、王五、赵六、陈七，可以使用配对比较法对他们进行考评。首先将这五名员工的姓名分别按照行和列写好，将每个员工和小组内其他所有员工进行相互比较，将业绩水平比较高的员工的姓名或者代号写在两者交叉的空格内。然后我们就可以按照每位员工“胜出”的次数来对他们进行排序，得到他们绩效情况的排名表（见表 4-6）。

表 4-6　配对比较法示例

部门：生产小组　人数：5 人

	张三	李四	王五	赵六	陈七
张三	—	张三	王五	赵六	陈七
李四		—	王五	赵六	陈七
王五			—	赵六	陈七
赵六				—	陈七
陈七					—
合计	1	0	2	3	4

4. 强制分布法

强制分布法亦称强迫分配法、硬性分布法，是按事物“两头小，中间大”的正态分布规律，先确定好各等级在总数中所占的比例。例如，若划分为优、中、劣三等，则可以分别占 30％、40％和 30％；若分成优、良、中、差、劣五个等级，则每个等级可以分别占 10％、20％、40％、20％和 10％。然后，按照每人绩效的相对优劣程度，强制列入其中的一定等级。

强制分布的优点是可以克服评价者过分宽容或过分严厉的结果，也可以克服所有员工不分优劣的平均主义。但是其缺点是，如果员工的业绩水平事实上不遵从所设定的分布样式，那么按照评价者的设想对员工进行强制区别容易引起员工不满。一般而言，当被评价的员工人数比较多，而且评价者不只一人时，用强制分布可能比较有效。但此法缺少具体分析，在总体偏优或偏劣的情况下，难以实事求是地做出评价。

强制分布实际上也是将员工进行相互比较的一种员工排序方法，只不过它是对员工按照组别进行排序，而不是将员工个人进行排序。这一方法的理论依据是数据统计中的正态分布概念，假定员工的业绩水平遵从了正态分布。在实践中，实行强制分布的企业通过对设定的分布形式做一定程度的变通，使员工业绩水平的分布形式呈现出某种偏态的分布。

（二）量表法

量表法是最简单和运用最普遍的工作绩效评价技术之一。它通过一些图尺度或表格列举出绩效构成要素和跨度范围很宽的工作绩效等级。量表法就是将评价指标的定义、尺度、权重等设计成表格用于评价的一种方法。

在进行评价的时候，首先要设计出每一项指标和相应的权重，针对每一位被评价者从每一项评价要素中找出最能符合其绩效状况的分数，然后将每一位被评价者所得到的所有分值加总，即得到其最终的工作绩效评价结果。量表的形式多种多样，下面简要介绍评级量表法。

评级量表法是考核中最普遍的方法，是由考核者根据量表，对员工每次考核基础上的表现做出评价和记分，常用5点量表(见表4-7)。

表4-7 评级量表法示例

考核项目	第一次考核	第二次考核	第三次考核	事实依据
知识技能	30 24 18 12 6 s a b c d	30 24 18 12 6 s a b c d	30 24 18 12 6 s a b c d	
理解力	30 24 18 12 6 s a b c d	30 24 18 12 6 s a b c d	30 24 18 12 6 s a b c d	
判断力	30 24 18 12 6 s a b c d	30 24 18 12 6 s a b c d	30 24 18 12 6 s a b c d	
表达力	30 24 18 12 6 s a b c d	30 24 18 12 6 s a b c d	30 24 18 12 6 s a b c d	
纪律性	30 24 18 12 6 s a b c d	30 24 18 12 6 s a b c d	30 24 18 12 6 s a b c d	
协作性	30 24 18 12 6 s a b c d	30 24 18 12 6 s a b c d	30 24 18 12 6 s a b c d	
积极性	30 24 18 12 6 s a b c d	30 24 18 12 6 s a b c d	30 24 18 12 6 s a b c d	
各次考核得分				
三次总分				
最终得分 (三次平均)			档次划分说明： s极优：200分以上； a优：180～199分； b良：126～179分； c中：84～125分； d差：42～83分。	
最终档次				
评　语				

例如，用表4-7对某个员工进行考核。第一次考核时，他的知识技能、理解力、判断力、表达力、纪律性、协作性和积极性等考核项目的得分分别为24、18、18、24、30、30、24，总分为168分；第二次考核时，各个考核项目的得分为30、24、18、24、24、18、24，总分为162分；第三次考核时，各项得分依次为30、24、24、30、30、24、30，总分为192分。三次总分为522分，其最终得分为174分，即(168＋162＋192)÷3＝174，所以他的最终档次为“b”档。

使用量表法的程序：

(1)确定可量化的考核指标，即列举评价指标(评价什么)；

(2)确定评价标准(图尺度)，列举绩效等级(如五等级)，并对评价等级进行说明；

(3)确定每一标准的赋分值。对每一等级的评价标准的界定授予评价者。

(三)关键事件法

所谓关键事件法，就是指负责评价的主管人员把员工在完成工作任务时所表现出来的特别有效的行为和特别无效的行为记录下来，形成一份书面报告，每隔一段时间（通常为6个月），主管人员和下属员工面谈一次，根据记录的特殊事件来讨论员工的工作绩效。

需要注意的是，所记载的事件必须是较突出的、与工作绩效直接相关的事，即关键事件，而不是一般的、琐碎的、生活细节方面的事；所记载的应是具体的事件与行为，而不是对某种品质的评判（如"此人是认真负责的"）。

关键事件法往往是对其他评价方法，特别是各种量表法的补充，一般不能单独运用。关键事件法有许多优点：①它为主管人员向下属员工解释绩效考评结果提供了一些确切的事实材料；②它可以使主管人员在对下属员工进行绩效考评时，所依据的是员工在整个年度中的表现（因为一年中的关键事件都已有所记录），而不是员工在最近一段时间的表现，从而使考评更全面和更准确；③进行动态的关键事件记录，可以使主管人员了解下属员工是通过何种途径克服不良绩效的具体事例。但是，由于记录是对不同员工的不同工作侧面进行的描述，无法在员工之间、团队之间和部门之间进行工作情况的比较；评价者用自己制定的标准来衡量员工，而员工则没有参与的机会，因此，不适合用于人事决策。

下面是关于打字员工作准确、整洁的能力的一些关键事件举例：

岗位：打字员。

考核维度：工作准确、整洁的能力。

关键事件：

(1)查出信件、报告中显得不正确的地方，检查出来并改正之。

(2)书写每一侧都是对齐的稿件，使它看起来像印刷版。

(3)检查并纠正给顾客邮寄资料时出现的错误地址。

(4)当怀疑有不适合的做法时，不使用秘书手册。

(5)将图表、信件错误地归档。

(6)由于粗心以颠倒的次序打出大小、位置及其他数据等关键信息。

(7)当某字可能是错误时，因为不怀疑它而经常不查字典。

(8)产生打字错误、图标错误，以至于必须重新打字50～100页。

实践中，许多企业会设计专门的表格，用于记录关键事件，这种表格一般应包括以下内容：时间、地点、人物、事件简要过程、见证人签字、当事人签字、记录人签字。

知识拓展

某企业的关键事件记录方案

为了加强绩效管理的公正性和客观性，本方案强调工作表现记录的重要性，要求每位管理者都要对下属的工作表现进行认真地记录，以便在考评时有据可查、有据可依。同时为了避免各级管理者陷入日常琐事中，要求每位管理者在记录下属的工作表现时采用关键事件记录法，并要认真、细致地填写关键事件记录卡（见附表）。

部门平时应建立员工关键事件库，对重大业绩、奖励、表彰及批评等记录在案，作为重要的参考依据，直接影响评价结果。同时，对于评价结果为A和D的员工，必须给出客观的、有说服力的关键事件。在沟通时强调以"事实说话"，必须有使员工对评价结果信服的具体事例。

附表：　　　　　　　　　　　　**关键事件记录卡**

	事件内容 （时间、地点、事件描述、事件所涉及的人、事件的处理结果）
管理能力	
工作业绩	

当事人签字：　　　　　　　见证人签字：　　　　　　　记录人签字：

（四）行为对照表法

在运用行为对照表法考评员工时，考评者要先设计一份描述员工规范的工作行为的表格，考评者将员工的工作行为与表中的描述进行对照，找出准确描述了员工行为的陈述，即成为现成的评语。下面是一份预先拟定的行为对照表的一部分：

(1)工作中显现出厌倦懈怠的神态与行为；

(2)工作可靠，总能按时完成所布置的任务；

(3)与同事合作协调，相处融洽；

(4)掌握工作中一定方面的技能有困难；

(5)要求多少就干多少，但从不做额外奉献；

(6)脾气很好，从不与人争吵；

(7)有时控制不了自己，较易发火；

(8)工作中只需极少上级的监督指导；

(9)对上级的批评指导，能虚心接受。

这样的对照表可以很长，工作各主要方面的好、中、差都列入。有了这一现成的清单，考评者只要照单钩出，便捷易行。

由于各工作维度对绩效的作用并不相等，例如“工作敏捷利索”与“人际关系融洽”对一线工人的绩效虽都有影响，但前者就比后者更重要。因此，有时在运用行为对照表法时，要把员工的行为表现分为若干维度来分别评分，最后计算出总分。按各个维度的重要性，分别给予不同的权重。一般每一维度按 4 级到 9 级中的某一尺度给分，并乘以权重。考评时各维度条目打乱混排，使考评者不致因对被考评员工某一方面印象较深而影响对其他方面评价的公正性与客观性。

另外，行为对照表法的一个改进方法是所谓的强制选择法，即设计一个行为对照表，其中的评价项目分组排列，但是每个项目并不列出对应的分数。考评者从行为对照表中挑选出他认为最能够描述和最不能够描述员工的工作的陈述，然后汇总到人力资源部，由人力资源部根据不公开的评分标准计算每位员工的总分。这种方法可以减少考评者对员工的宽容成分，建立更客观的评价体系。但由于考评者自己也不知道他所选择的项目代表什么样的工作水平，因此强制选择法无助于在评价鉴定的面谈过程中为员工指出改进工作绩效的具体建议。

（五）行为锚定等级评价法

行为锚定等级评价法实际上是通过对特定行为特征进行描述，以此作为一个统一的度量标准，考评者根据给定的行为锚定等级的标准来对员工实际表现出的能力、技能、价值观等进行评价的一种方法。

行为锚定评价法实质上是把量表法和关键事件法结合起来，并兼具两者之长。它为每一职务的各考评维度都设计出一个评分量表，并有一系列典型的行为描述句与量表上的一定等级尺度（评分标准）相对应和联系（即所谓锚定），供考评者在给被考评者实际表现评分时作为参考依据。尽管这些典型行为描述句数量有限（一般不会多于10条），不可能涵盖员工工作表现的方方面面，被考评者的实际表现也很难与描述句所描述的完全吻合，但有了量表上的这些典型行为锚定点，考评者打分时便有了分寸感。

行为锚定法的优点主要是：①对工作绩效的考评更加精确。由于是由那些对工作及其要素最为熟悉的人来编制行为锚定等级体系，因此这一方法能够比其他考评方法更准确地对工作绩效进行评价。②工作绩效考评标准更加明确。等级尺度上所附带的关键事件有利于考评者更清楚地理解"非常好"和"一般"等各种绩效等级上的工作绩效到底有什么差别。③具有良好的反馈功能。关键事件可以使考评者更有效地向被考评者提供反馈。④各种工作绩效表现要素之间有着较强的相对独立性，可避免考评者因对被考评者某一方面的评价较高而将其他方面的评价等级也定得较高的情况。⑤信度较高。即不同的考评者对同一个人进行评价，其结果基本上相似。

行为锚定评价法的主要缺点是设计和实施成本比较高，经常需要聘请绩效管理专家帮助设计，而且在实施以前要进行多次测试和修改，因此要花费许多时间和金钱。

建立行为锚定等级评价的步骤如下：

第一步：对被评价者的工作行为进行观察、评价，收集关键事件，完成对最优绩效行为和最差绩效行为的描述。

第二步：明确绩效评价要素（指标），并且将关键事件分配到评价要素中去。

第三步：对已经分配到绩效要素中去的关键事件进行整理和分级（一般每一个评价要素下会有6～7个关键事件等级）。

第四步：按其优劣等级对各个行为级别进行赋值（一般是按7点或9点进行等级计分）。

这样通过行为描述、分级、赋值等形成了"行为锚"，就可以使用这个工具对员工进行评价。

表4-8就是用上述程序制定出来的百货公司售货员考评中"对待顾客投诉的处理态度与方法"维度的行为锚定评价体系。从表中可以看出，这些锚定说明词都是对某一特定情景下某种具体工作行为的描绘，比一般量表中的一般性的、简单的"优"、"良"、"中"、"差"、"劣"之类的说明词在评分时要容易掌握得多。应该注意的是，说明词需是行为实例，不是"优"、"良"、"中"、"差"、"劣"等行为的评价。虽不必用精确定量数值，如"90%的精度"等，但要尽量不使用形容词（如"出色完成"等），而且用实际行为去说明。

使用行为锚定法进行绩效考评的步骤是：

(1)确定评价行为类指标或特性类指标；

(2)界定每一指标的每一标准的行为特征；

(3)确定每一标准的赋分值；

(4)对照实际行为特征打分；

(5)汇总每一项指标得分、每个被考核人的考核得分；

(6)对所有被考核人排序。

表 4-8 客户服务行为锚定等级评价表

评价等级	关键行为特征
Δ9	把握长远盈利观点，与客户达成伙伴关系。
Δ8	关注顾客潜在需求，起到专业参谋作用。
Δ7	为顾客行动，提供超常服务。
Δ6	个人承担责任，能够亲自负责。
Δ5	与客户保持紧密而清晰的沟通。
Δ4	能够跟进客户回应，有问必答。
Δ3	被动的客户回应，拖延和含糊回答。
Δ2	被发现有欺骗客户的行为。
Δ1	被客户举报有违法行为。

三、绩效考评方法的选择

绩效考评的每一种方法都有其优点和不足，每一种方法都有其不同的适用性。实际上，企业在选择员工绩效考评方法时，必须考虑多种因素，比如企业的战略、企业所处的不同发展阶段、企业绩效考评的目的、员工的工作性质与特点、员工的素质、绩效考评方法的特点、绩效考评的成本费用等。

(一)企业绩效考评的目的对绩效考评方法选择的影响

企业绩效考评的目的对企业绩效考评方法的选择起着决定性作用。处于不同发展阶段的企业，其人力资源管理的策略也是不同的，在不同时期对员工进行绩效考评的目的也不尽相同，选择适合的绩效考评方法对于实现绩效考评的目的能够起到事半功倍的效果。例如，如果绩效考评以员工发展为主要目的，则选择标准工作考评方法中关键事件法、行为锚定等级考评法、行为观察考评法等会比较有效，而选择员工之间相互比较的方法就难以达到目标。

(二)员工工作性质与特点对绩效考评方法选择的影响

不同工作岗位的员工，其工作性质与特点必然会有很大差异。在进行绩效考评方法的选择时，应根据不同的工作性质与特点选择不同的绩效考评方法。有的工作岗位要求员工工作独立完成，目标比较明确，并且容易量化，比如销售人员，可以选择用目标管理法进行考评；而有些岗位的员工的绩效目标则难以量化，比如行政人员、一般管理人员等，其适宜运用关键事件法或行为锚定等级法。

(三)绩效考评方法本身的特点对绩效考评方法选择的影响

因为每一种考评方法都有其局限性，也有其适宜性，每一种考评方法在企业的运用中要考虑它的一致性、信度、效度、可操作性、开发和实施成本等。企业必须根据考评的目的、员工工作的性质，并结合方法本身的特点选择某种绩效考评方法或某几种方法组合运用。

(四)开发和实施绩效考评方法的成本费用对绩效考评方法选择的影响

在选择绩效考评方法时，开发和实施的成本费用也是必须考虑的一个重要因素，这里的成本费用既包括资金方面的成本，也包括花费的时间方面的成本。有些方法，开发成本不高，但实施时却需要花费大量的人力、物力、财力；而有些方法，则开发和实施成本都很高。一般情况下，绝对评估法比相对评估法成本要高、要复杂。所以当企业财力有限时，对非核心岗位员工进行考评就不适宜选择比较复杂的方法。

第五节 绩效考评中的偏差及修正

由于绩效考评对企业发展具有极其重要的促进作用,很多企业都将这一机制引入到了自己的管理实践中,以期实现对人力资源的充分开发和利用。但是在具体的实施过程中,相当一部分企业绩效考评导入的效果却不是很理想,达不到预期的考评目的。

图 4-2 列示了一些常见的导致绩效考评失败的原因,导致绩效考评失败的原因还包括缺乏高级管理层的支持、工作标准不明确、评估人的偏见、评估表格过多以及为相互冲突的目的而设立评估计划等。总括起来,绩效考评中出现的问题一方面是由绩效管理体系本身不完备所引起的,另一方面是由参与考评者的主观偏差造成的。

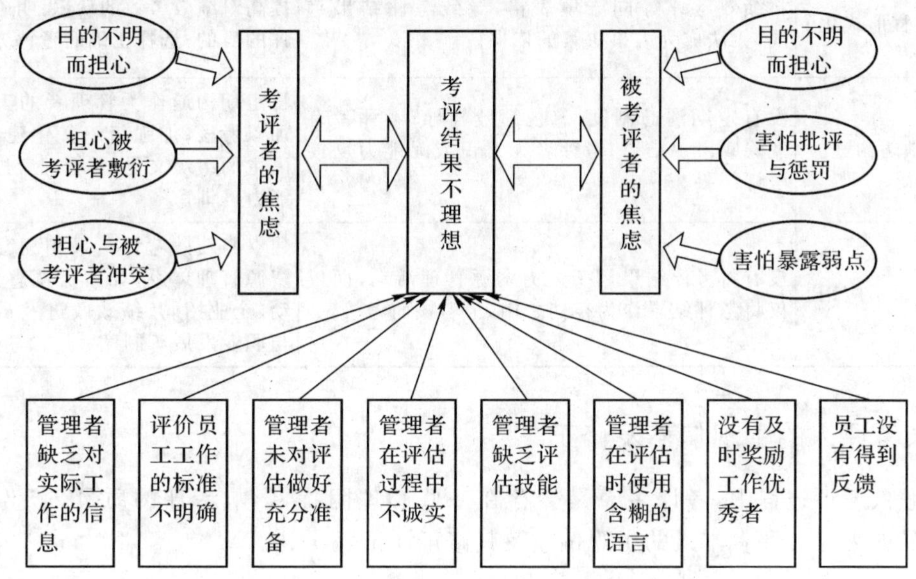

图 4-2 常见的导致绩效考评失败的原因

一、绩效管理体系本身的偏差及修正

表 4-9 表明了因绩效管理体系本身不完备所引起的偏差及修正对策。

表 4-9 绩效考评体系本身的偏差及修正

偏 差	表 现	修正对策
高层领导不支持	高层领导对绩效考评的作用缺乏认识;认为目前绩效考评时机不成熟。	加强沟通,争取支持。
管理者认识不到位	管理者认为绩效考评纯粹是浪费时间;担忧对本部门员工造成伤害;不喜欢面对面的评估会谈方式;害怕发生不必要的人际冲突。	对管理者进行绩效考评重要性的培训。

续表

偏　差	表　现	修正对策
管理者缺乏评估技能	管理者对考评指标与标准不理解；不知道选择什么样的考评方法才能做到有效和公正；不知道如何收集员工绩效信息；缺乏绩效沟通的技能与技巧。	对管理者进行绩效考评技能培训。
指标与标准不清晰	指标选取与企业总体目标脱节；指标选取与岗位脱节；标准欠缺；照搬标准；标准难以衡量；因标准的系统性偏差导致考评结果趋同。	设计系统的指标体系和有效的考核标准；要基于岗位分析与企业发展目标制定可衡量的、明确的标准；标准要有区分度。
考评方式单一	上级对下属的审查式考评。	根据岗位特点采取适用的考评方式，不排除多主体、多角度的考评方式。
考评过程形式化	将绩效考评等同于填表格，导致考评结果趋同，无法成为人事决策的依据。	提高对绩效考评的认识；明确绩效考评的目的；选择正确的考评方法。
考评缺乏沟通	没有定期沟通制度；忽视绩效辅导；考评者有意隐瞒考评结果；考评者无意识或无能力反馈考评结果。	将定期沟通作为管理者的工作职责加以考核；加强组织文化建设，形成民主的组织文化；对管理者进行沟通能力培训。
考评结果不应用	没有将考评结果用于人力资源管理活动，而仅仅将考评结果作为存档之用，为考核而考核。	建立与绩效考评结果相配套的人力资源管理体系，如薪资调整、职位变动、企业招聘、绩效改进及员工培训与职业发展等制度。

二、考评人的主观偏差及修正

在绩效考评过程中，考评者总是会存在一些心理困扰，影响考评的质量，产生考核偏差。常见的来自考评者本人的主观偏差及其修正详见表 4-10。

表 4-10　考评人的主观偏差及修正

偏　差	表　现	修正对策
晕轮效应	把对被考评人绩效的某一方面形成的感觉推及其所有绩效考评方面。	以 KPI 达标情况或工作目标达成情况为依据。
首因效应	以初期印象推及整个绩效考评周期。	在整个考评周期内做好员工表现的有关原始记录并以此为依据。
近因效应	以近期印象推及整个绩效考评周期。	在整个考评周期内做好员工表现的有关原始记录并以此为依据。
趋中效应	考评结果集中于考评尺度的某一区域，考评成绩拉不开距离。	对管理者进行管理技巧培训，结果以统计百分比进行衡量。
溢出效应	将上一评价周期的表现推及本周期。	以本考评周期绩效作为评估依据。
类己效应	以自己的个性特征作为参照对被考评人做出绩效评价。	以被考评人的工作标准为依据。

续表

偏　差	表　现	修正对策
对比效应	将所有员工绩效相互比较以权衡分值高低。	以每个员工的绩效与工作标准之间作对比。
逻辑效应	在对某些有逻辑关系的考核要素进行考核时,使用简单的推理,如由"社交能力强"推断出"谈判能力强"。	记录关键事件;按照素质胜任模型的等级定义对考核要素进行评估。
个人偏见	对被考评人的某些个人特征如性别、年龄、民族、爱好、性格等方面存在偏见。	加强与员工的绩效沟通,关注员工行为。
刻板印象	对被考评人所处的社会群体存在某种成见。	加强与员工的绩效沟通,关注员工行为。
过宽与过严倾向	对被考评人的评价高于或低于其实际业绩。	以客观绩效标准为依据,以二次考核为监督

案例分析

员工的考评问题

又到了半年一度打考绩的时候了。有一天,李经理请装配厂的王领班到他办公室来,和他讨论一个棘手的问题。

李经理:"王领班,今天请您到这儿来,主要是因为我接到了许多申诉书,批评您对吴子仁的考绩不公平。"

王领班:"怎么会?我王贺丰做事一向秉公而行,怎会有徇私行为?李经理,您且说说看他们是怎么说我处事不公?"

李经理:"申诉书上说吴子仁本位主义强,团队精神差,脾气古怪高傲,厂里的同仁都不愿意和他一起工作,结果考评分数却相当高,而且还要给他一笔奖金,他们认为您对吴子仁有偏爱。"

王领班:"李经理,说实在话,我个人也不喜欢和吴子仁接近,但若谈考评分数,您看,他理解力高,工作效率高,事事想争第一,工作态度严谨,成品超过规定数量,对工作台的整洁也相当注意,从未迟到缺席,而且肯接受新观念,这些都是事实。尽管他脾气古怪,团队精神差,但这一切实绩摆在面前,您说我该给他高分呢,还是低分呢?"

李经理:"唔,这确实是一个问题,但如果我们给吴子仁奖励的话,一定会引起其他员工的不满,而导致工作情绪低落,这损失可大了。何况,我们公司里也不应该鼓励吴子仁这样的行为。"

王领班:"您说怎么办呢?吴子仁一切都好,只是比较自我和脾气古怪高傲而已,但那是他自己的事,不影响工作效率就好了,我们还是应该给他奖赏。"

李经理:"但是这样做,会引起其他员工降低工作情绪,我们不能因小失大,为了吴子仁这么一个人……"

王领班:"因小失大?如果我们不给吴子仁奖赏,甚至或开除他的话,我们公司所建立的考评制度就要破坏了,这才是因小失大。何况,其他厂的员工不了解情况,以为我们出尔反尔,对我们产生误解,那才糟呢!"

思考问题：

对于李经理和王领班的看法，您是否赞同？您建议李经理应如何处理？

复习思考题

1.绩效考评中可能的考评主体主要有哪些，各有什么特点？

2.确定考评周期的依据是什么？

3.绩效考评的组织机构有哪些？人力资源部在绩效考评中的职责是什么？

4.排序法主要有哪几种方法？各种方法是如何考评的？

5.行为锚定等级评价法有哪些优点？它是如何考评的？

6.量表法是如何进行绩效考评的？

7.分析由绩效考评体系本身导致的评估偏差及其修正对策。

8.绩效考评中因考评人主观因素导致的评估偏差表现在哪些方面？

第五章　绩效反馈与结果应用

学习目标

通过本章的学习，应当掌握以下内容：

1. 理解绩效反馈的含义；
2. 了解绩效面谈的内容；
3. 掌握绩效面谈的步骤与方法；
4. 认识绩效面谈的策略与技巧；
5. 掌握绩效申诉的处理程序；
6. 领会绩效评估结果在员工薪资分配与调整中的应用；
7. 领会绩效评估结果在人员调配中的应用；
8. 领会绩效评估结果在绩效改进与员工发展中的应用。

第一节　绩效反馈与面谈

引导案例

小彩旗的威力

被人们称为“现代经营管理之父”的法国工业家亨利·法约尔曾经做过这样一个实验：他挑选了20名技术水平相似的工人，每10人一组，把他们分成了两组。然后，在相同条件下，让他们同时进行生产。每隔一个小时，他就回去检查一下工人们的生产情况。对第一组工人，法约尔只是记录下他们各自生产的产量，但是并不告诉工人他们的生产进展速度。对第二组工人，法约尔不但对生产的产品数量进行了登记，而且告诉每个人他们各自的工作速度。

每一次评估完，法约尔都根据评估的结果，在生产速度最快的两个工人的机器上各插一面小红旗；速度居中的四个人，每人插一面小绿旗；而最后的四个人，则各插了一面小黄旗。这样一来，每个工人对自已的生产速度到底如何，就一目了然了。实验的结果表明，第二组工人的生产效率，远远高于第一组工人。

上面的案例表明，把评估的结果反馈给员工是非常重要的。通过绩效考评，企业得到了各类人员的绩效评估结果。但这并不意味着绩效管理活动的结束。为了达成绩效管理的目标，还必须把这些绩效评估结果及时反馈给员工。绩效反馈是绩效管理的重要环节。通过绩效反馈发现工作中的不足，进而提出绩效改进的计划和措施。

一、绩效反馈与面谈的含义

（一）绩效反馈的含义

绩效反馈是绩效管理循环的最后一环。主要是指通过考评者与被考评者（通常是主管与下属员工）之间的面对面沟通，就被考评者在考评周期内的绩效考评结果进行反馈，在肯定成绩的同时，找出工作中的不足并加以改进。被考评者可以在绩效反馈过程中，对考评者的考评结果予以认同，有异议的向公司提出申诉，最终使绩效考评结果得到认可。

绩效反馈的方式有多种，例如口头告知或书面告知等，但任何简单、草率的考评结果通知方式都不利于员工改进绩效。对于绩效考评结果，在考评人与被考评人之间进行有计划、有目的的面谈，是绩效反馈最重要的方式，也是最普遍的方式。许多绩效管理专家都将绩效面谈当作绩效反馈的同义语加以阐述。

（二）绩效面谈的含义

绩效面谈是来自上级的口头绩效反馈，是组织中最为普遍的绩效反馈方式。为了有效地进行绩效考评结果的反馈，改进和提高绩效，必须进行主管与下属之间的绩效面谈。通过面谈，肯定成绩，发现不足，以便更好地改进工作，提高绩效。

通过绩效面谈，应该达到以下目的：

（1）对被考评者的绩效考评结果达成共识。

（2）让员工认识到本绩效期内自己的优点和不足。

（3）制订绩效改进计划。

（4）协商下一绩效管理周期的绩效目标和绩效标准。

（5）向员工传递组织的期望。

但是，绩效面谈通常会成为主管和员工都颇为头疼的一件事。这是由于主管人员要面对面地与下属人员讨论他的绩效方面的缺陷，而面谈结果又与随后的绩效奖金、职位晋升等有联系，一旦要面对面地探讨如此敏感和令人尴尬的问题，非常容易给双方带来紧张乃至人际冲突。因而，绩效面谈常常是比较难进行的。正因为如此，掌握绩效面谈技术就显得尤为重要。

二、绩效面谈的准备

（一）主管人员应做的准备

主管是面谈的主持者，为了保证绩效面谈的效果，主管人员在绩效面谈前应做好如下几个方面的准备。

1. 选择适宜的面谈时间

选择什么时间进行绩效面谈是非常关键的。主管人员在选择绩效面谈时间时通常要注意以下几点：

(1)选择面谈双方都有空闲的时间。如果在绩效面谈的时间又安排了其他事情，那么在绩效面谈时就很难集中注意力，难免要想到其他的事情。

(2)选择面谈双方都能全身心投入的时间。要尽量避开接近下班的时间，因为在接近下班的时候，员工常常归心似箭，很难集中精力与主管交谈。也要避免处在时间压力下的绩效面谈。比如，主管人员马上要去参加总经理召集的会议，或者员工马上要赶去见客户。这时面谈势必会心不在焉，无法展开细致的讨论。

(3)选择面谈双方情绪都稳定的时间。不同的情绪感受会使个体对同一信息的解释截然不同。过喜与过悲都不利于双方沟通。比如，一个员工刚刚在客户那里遭到刁难，一肚子委屈，经理在绩效面谈时又偏偏认为他在客户服务方面做得不够好，这时员工的自信心会受到很大的挫伤，情绪会比较低落，对经理的批评就会存有较大的抵触情绪。

(4)选择适合的时间段。每名员工绩效面谈的时间一般在1～2小时。要避免安排过于紧凑的绩效面谈。比如，有些主管人员往往是在人力资源部门催交绩效考核表的时候才安排员工面谈，可能是抽出半天时间，与部门中十几名员工进行走马灯式的面谈。这样安排存在的问题，一方面可能是与前面几名员工面谈的时候兴致还比较高，到了后面几名员工就会谈得越来越简单，许多鼓励员工的话也都省略不说了；另一方面的问题是很容易在员工之间进行对比，例如刚刚与一个表现优秀的员工谈过后，与另一个表现一般的员工谈的时候就会感觉到这个员工表现很差。

在确定面谈时间时，主管应提前征询员工的意见，双方共同决定面谈时间。这样一方面是对员工的尊重，另一方面也利于员工做好安排。

2. 选择适宜的面谈场所

面谈场所的选择对于面谈效果的影响很大，选择面谈场所时应注意以下几点：

(1)选择不受干扰的场所。将主管的办公室作为面谈场所是比较常见的。但办公室作为面谈场所往往容易受到电话、传真机等办公设备的干扰，也容易被其他来访者打断。一般认为选择场所相对封闭的小型会议室是一种较好的方案。也有的主管将面谈地点选在类似咖啡厅这样的地方，是一种不错的选择，不过费用势必会高一些。

(2)选择适宜的场所布置。场所的布置主要是指如何摆放面谈双方座位的相对位置。双方最好不要面对面，目光直接相对，容易给双方，尤其会给员工造成较大的心理压力。

3. 准备好面谈的资料

在进行绩效面谈之前，主管人员必须准备好面谈所需的各种资料。这些资料包括员工绩效考评表、员工日常工作表现的记录、员工的定期工作总结、岗位说明书、薪金变化情况等。主管人员要很好地熟悉这些信息。另外，对员工的个人特征如教育背景、工作经历、性格特点、心理状况等也要有所了解，以做到有的放矢。

4. 计划好面谈的程序与进度

要事先对面谈的过程做好计划。计划的内容包括面谈的过程大致包括哪几个部分，要谈哪些内容，这些内容的先后顺序如何安排，各个部分所花费的时间大致是怎样的，等等。

(二)员工应该做的准备

绩效反馈面谈是一个双向沟通的过程，因此，员工一方也应该做好充分的前期准备。

1. 准备表明自己绩效的资料或证据

由于在绩效面谈过程中往往需要员工根据自己的工作目标逐项陈述绩效情况，因此员工需要充分准备好表明自己绩效状况的一些事实依据。对于完成得好的工作任务,需要以事实为依据说明具体在哪些方面做得好,完成得不好的工作任务也需要以事实为依据来说明理由。

2. 准备好向主管提问的问题

绩效面谈是一个双向沟通的过程。面谈双方都应做到畅所欲言。不仅主管可以就员工的情况提出询问,员工也可以就自己关心的问题向主管提问。比如,请求主管对自己不明白的考评规则加以解释,就自己的绩效考评结果征求主管的看法和建议等。

3. 准备好个人的发展计划

绩效面谈既注重员工现在的表现,更关注员工将来的发展。因此,主管人员除了想听到员工对个人过去绩效的总结和评估,也希望了解到员工个人未来的发展计划,特别是针对绩效中不足的方面如何进一步改善和提高的计划。员工要能够提出自己的发展目标和计划,而不是等待主管为自己制订发展计划,这样的做法本身就是一种能够得到主管赞赏的行为。

4. 将自己的工作安排好

在绩效面谈期间,员工无法守在自己的工作岗位上,因此,如果面谈时间选在上班时间,员工必须事先将这段时间内要处理的工作安排好。应尽量避开在这段时间处理重要的事情,如果有紧急的事情,可请其他同事帮忙。安排好工作,才能在绩效面谈时集中精神,并且保证面谈不受干扰,顺利进行。

三、绩效面谈的实施

(一)绩效面谈的内容

绩效面谈的内容应围绕员工上一个绩效周期的工作展开,一般包括以下四个方面。

1. 工作业绩

工作业绩的综合完成情况是考评者进行绩效面谈时最为重要的内容,在面谈时应将评估结果及时反馈给被考评者,如果被考评者对绩效评估的结果有异议,考评主管需要和下属一起回顾上一绩效周期的绩效计划和绩效标准,并详细地向下属介绍绩效考评的理由。通过对绩效考评结果的反馈,总结绩效达成的经验,找出绩效未能有效达成的原因,为以后更好地完成工作打下基础。

2. 行为表现

除了绩效结果以外,主管还应关注被考评者的行为表现,比如工作态度、工作能力等。对工作态度和工作能力的关注可以帮助被考评者更好地完善自己,并提高员工的技能,也有助于帮助员工进行职业生涯规划。

3. 改进措施

绩效管理的最终目的是改善绩效。在面谈过程中,针对被考评者未能有效完成的绩效计划,考评者应该和被考评者一起分析绩效不佳的原因,并设法帮助下属提出具体的绩效改进措施。

4. 新的目标

绩效面谈作为绩效管理流程中的最后环节,考评者应在这个环节中结合上一个绩效周期的绩效计划完成情况,并结合被考评者新的工作任务,和被考评者一起提出下一个绩效周期中的新的工作目标和工作标准，这实际上是帮助被考评者一起制订新的绩效计划。

（二）绩效面谈的具体步骤

绩效面谈是一个循序渐进的过程，一个完整的绩效面谈过程包括以下 10 个步骤，见表 5-1。

表 5-1 绩效面谈的具体步骤

第一步	营造一种积极、和谐的气氛。
第二步	说明面谈的目的、步骤和时间。
第三步	根据预先设定的绩效指标讨论员工的工作完成情况。
第四步	告知下属评估结果并与下属商讨异议，争取达成一致。
第五步	与员工一起分析成功与失败的原因。
第六步	讨论员工行为表现与组织价值观相符合的情况。
第七步	讨论员工在工作能力上的强项、有待改进的方面以及可能的解决途径。
第八步	讨论员工的个人发展计划。
第九步	为员工下一绩效周期的工作设定绩效指标和目标、讨论员工需要的资源与帮助。
第十步	双方在绩效面谈记录表上签字认可。

在每次绩效面谈结束时，面谈双方需要在绩效面谈记录表上签字。绩效面谈记录表是对本次面谈内容的记录与确认，其具体格式见表 5-2。

表 5-2 绩效面谈记录表

部门/处室		时间	
被考评者	姓名：	岗位：	
考评者	姓名：	岗位：	
工作业绩要点			
行为表现要点			
改进措施			
新的目标			

（三）主管人员在绩效面谈中应注意的问题

主管人员在与员工的绩效面谈中起到主导的作用。主管人员的表现直接影响到绩效面谈的效果以及整个绩效管理体系实施的效果。在绩效面谈中，主管人员应该注意以下几个方面的问题。

1. 建立和维护彼此的信任

彼此信任与彼此不信任两种面谈气氛会导致截然不同的面谈效果。由于主管在职位上高于员工,容易使员工在面谈时产生不平等的感觉。作为面谈活动主导者的主管必须想办法消除员工的不平等感觉,解除员工的防御心理,建立一种彼此信任的、轻松的谈话氛围。表 5-3 比较了信任与缺乏信任两种面谈气氛的特点。

表 5-3 信任与缺乏信任两种面谈气氛的比较

信任的气氛	缺乏信任的气氛
• 自在、轻松	• 紧张、恐惧、急躁
• 舒适	• 不舒适
• 友善温馨	• 冷漠、敌意
• 敢于自由开放地说话	• 不敢开放地说话
• 信任	• 挑战、辩解
• 倾听	• 插嘴或打断
• 理解	• 不理解
• 开放的胸怀	• 狭隘的胸怀
• 乐于接受别人的批评	• 怨恨别人的批评
• 不同意时不攻击别人	• 不同意时争辩或侮辱对方

如何营造一个彼此信任的面谈氛围呢?除了前面讲的选择合适的面谈时间和地点以外,主管人员还可以通过说话方式、语调、肢体动作等让员工感觉到自己的真诚。要鼓励员工自由发表自己的看法,必要时来一杯热水或是咖啡,将有助于缓和情绪,制造良好的气氛。在面谈开始时,花几分钟做应酬式的交谈对于缓解紧张气氛是很有帮助的。当说到员工绩效时,以表扬和称赞的语言打开局面,对于营造相互信任的面谈气氛也很有必要。

2. 清楚地说明面谈的目的

员工清楚面谈的目的,会更加理解和配合主管,使双方紧紧围绕面谈目的展开沟通,从而提高面谈的效率。因此,主管必须在面谈开始就向员工清楚地说明面谈的目的。这样,当在面谈过程中一方表达的方向偏离了面谈目的时,另一方就可以重申这次面谈的目的,将对方拉回到正确的轨道上来。主管向员工阐述面谈目的时可以选择使用较积极的字眼。例如,"今天面谈的目的是希望我们能一起讨论一下你的工作成效,并希望彼此能有一致的看法,肯定你的优点,同时,找出有待改进的地方。紧接着我们要谈谈你的未来以及如何合作从而达到目标"。这样就会消除员工对这次面谈的疑虑。

3. 鼓励员工多说话

绩效面谈是一种双向沟通的过程,切忌变成主管单方面的训导,这是每一个主管人员都应牢记的一条原则。在平时工作的时候,可能主管人员对下属发出指令的时候比较多,而下属人员可能没有太多的机会表达自己的观点,发号施令的主管很难实现从上司到"帮助者"、"伙伴"的角色转换。但一定要借助绩效面谈的机会让下属把自己真实的想法说出来,才能有效地了解下属的问题和期望。

在绩效面谈时,可能有些下属会非常积极地发表意见,但有些下属却因为内向或畏惧而不敢说话。这就需要主管通过一定的提问技巧,鼓励他们把心里的话说出来。

4. 用心倾听

主管要学会做一个倾听者,通过倾听了解员工的观点和感受。当听到下属与自己不一致的观点时,不要急于反驳,要准确理解员工反馈的所有信息,在综合分析的基础上做出最贴切的反应。用心倾听员工的心声本身就是对员工的鼓励,因为倾听表示对员工的尊重和爱护，有助于获得员工的信任和好感。

5. 适当做记录

人们依靠自己的大脑记住的信息往往是有限的，因此应该借助一些记录手段。有的主管人员面谈时不做记录，过了一段时间后，对面谈情况的记忆往往会所剩无几。因此，主管人员要适时地做好面谈记录，以备以后查阅。

6. 避免对立与冲突

由于在面谈的过程中双方可能会有不同的见解，因此出现争论的场面也是不可避免的。作为主管人员应该尽量避免激烈的对立和冲突的出现。主管人员切忌用领导的权威对下属进行压制，否则将破坏双方对立起来的互信关系，使面谈陷入僵局。正确的做法是，主管人员应就存在不同见解的问题向员工解释清楚原则和事实，争取员工的理解，同时也多站在员工的角度，设身处地地为员工着想。对于已证明自己错误的观点，主管人员不要怕失面子，要勇于当面承认，只有这样才能赢得员工信任，达到双赢的结果。

7. 重在绩效，而不是性格

在绩效面谈中双方应该讨论的是工作绩效，即工作中的一些事实表现，而不是讨论员工个人的性格。只有当某些性格对员工绩效会产生影响时，才应该指出来，但员工性格不应成为评估绩效的依据，更不能借此进行人身攻击。

8. 优点与缺点并重

那些认为绩效面谈就是如何把员工在绩效完成过程中的不足之处告诉员工并帮助他改正的观点是极其片面的。员工的优点和缺点都是在绩效面谈中应该找出来的，不能只重视一个方面而忽视另一方面，不能由于一个员工绩效很好、优点很多就可以掩盖他的缺点，也不能由于一个员工有比较明显的缺点就抹杀他的优点。

9. 诊断与辅导并重

绩效面谈的目的不是为了对那些没有完成绩效目标的员工进行批评和惩罚，而是为了帮助他们找到绩效不达标的原因，并想办法克服这些影响绩效的障碍，帮助员工在下一绩效周期中提升绩效。因此，绩效面谈不仅谈论过去，更要谈未来发展。

10. 以积极的方式结束面谈

能留下愉快回忆的面谈是十分成功的面谈。为此，除了在面谈中要让员工畅所欲言以外，主管要尽量采取积极的、令人振奋的结束方式，让员工在离开时满怀积极的意念，而不是想着消极的一面心怀不满。在结束时，主管可以握着员工的手，或拍拍员工的肩，语气和蔼而诚恳地说："辛苦了，回去工作吧。"或如："小王，感谢你建设性的态度，相信通过这次谈话，我们能互相帮助，在未来的工作中取得更好的成绩。"此时员工应该有这样的感觉和表达："谢谢您，我很高兴有这么一个机会谈论我的工作成绩和不足，现在我已经知道自己的工作达到怎样的程度，也知道以后该怎么做，而且我知道您会不断地帮助我，我会努力的！"这样的结束是非常令人满意的。

值得注意的一点是，有时由于种种原因导致面谈无法进行下去，即使绩效目的没有达到，也要果断停止。比如双方信任关系出现裂痕；下班的时间到了；员工已经面带倦容，注意力无法集中；出现意外急事打断；对某个问题有分歧；等等。在上述情况出现时，一般应停止面谈，另约时间进行。

四、绩效面谈的策略与技巧

（一）与各种类型员工面谈的策略

面谈没有一个既定模式，因为在这个过程中，参与者是主管与员工，而不是工人与机器，每一个员工的绩效表现和性格都不一样，面谈主管应根据不同员工的特点采取不同的绩效面谈策略，详见表 5-4。

表 5-4　与各种类型员工面谈的策略

员工类型	面谈策略
绩效好、态度也好的	在了解公司激励政策的前提下予以奖励，提出更高的目标和要求。
绩效好、态度差的	通过良好的沟通建立信任，通过日常工作中的辅导，改善工作态度。
一直无明显进步的	转换工作岗位；激励积极性；找出有效的绩效改进方法。
绩效差的	真诚地帮助员工找出原因；工作态度与技能培训；改善工作条件等。
年龄大、工龄长的	尊重为先，肯定贡献，说服他们正视现实。
过分雄心勃勃的	与他们讨论未来发展计划的可能性，帮助他们制订现实的计划。
沉默内向的	耐心启发，提出非训导性的问题，激发谈话兴趣。
发火的	耐心倾听，冷静分析，提出建设性意见。

（二）绩效面谈中的技巧

绩效面谈是一种艺术，如果面谈主管能够充分把握面谈的技巧，通过与下属的双向沟通，就能让下属的工作表现得更加积极，组织也会因此受益无穷。表 5-5 介绍了在绩效面谈时常用的倾听与表达技巧。

表 5-5　绩效面谈中的倾听与表达技巧

倾听技巧	表达技巧
• 使用目光接触 • 展现赞许性的点头和恰当的面部表情 • 避免分心的举动或手势，如看表、翻阅文件、拿笔乱写乱画等 • 适时地提问 • 复述说话者的说话内容 • 避免中间打断说话者 • 不要过多说话 • 听者与说者的角色顺利转换	• 使用开放性的问题，例如："你觉得……怎么样？""你认为……如何？" • 适当地作出反应，以重现或用自己的语言对讲话者做出回应 • 有效地提问。例如："你觉得你在哪方面做得很好，那么你能具体讲讲你觉得好在哪里吗？""你说你希望……那么具体我们能做些什么呢？""你觉得他们这样做不合理，那么你觉得应该怎么做呢？"

在绩效面谈中，除了传递语言信息，同时也在传递非语言信息。面谈双方往往需要通过非语言信息传递各自的想法。非语言信息常常是人们在无意的状态下表现出来，或无意识地接受并做出反应的。因此，当语言信息和非语言信息不一致时，人们则更倾向于相信非语言反映出来的信息。掌握了一些体态语的基本含义，再结合特定的面谈环境，主管人员就可以通过观察员工的非语言信息更好地理解他们的想法，同时也可以更好地控制自己的行为，把握好面谈的进程。

案例分析

绩效反馈面谈示例[①]

以下是某公司市场部总经理刘总与大客户部经理王军在绩效考评结束后进行绩效面谈的过程。

刘:“王军,今天我们打算花大约一到一个半小时的时间来一起对你在过去半年中的绩效情况做一个回顾。在开始之前,我想还是先请你自己谈一谈我们做这个绩效评定的工作目的是为了什么?看看你是怎么理解的,看看我们的理解是否有不一致的地方。好,你先谈吧!”

王:“我自己是这么理解的,不知道对不对?我认为做绩效评定主要是为了发现我自己在哪些地方做得好,哪些地方做得不够好,今后还需要加强,我觉得这对我今后的工作很有帮助。”

刘:“你说的基本正确。做绩效评定一方面是为了肯定你的成绩和优点,并对你的业绩给予实事求是的回报;另一方面,也是为了找出你的差距和今后进一步发展的空间。通过业绩的评定,我可以发现今后如何为你的发展创造条件以及如何利用你的优势为组织作出更大的贡献。

既然我们的出发点都是一致的,那么下面我们来看一看这次绩效评估的评分标准,我们必须首先对打分的标准有一致的意见,才谈得上讨论后面对每一个项目的打分。

我们的打分标准是分成A、B、C、D、E五个等级。C等就是合格的标准,会有比较多的人在这个等级上,而做得比较好、优良就是B等,只有极少数的能达到A等,那真是特别出类拔萃的。”

王:“我在有的项目上可能给自己打高分了。”

刘:“好,我们现在就来逐项讨论一下吧。你先说一下自己的每项工作完成得怎么样,给自己打分的依据是什么?”

王:“我的第一项工作目标是完善大客户管理规范,我觉得我这项工作完成得很好,在规定的时间之间就完成了,而且有了这个规范,现在的大客户管理比以前顺畅多了。所以我给自己打A。”

刘:“不错,我承认你这项工作完成得很好,但我觉得这个规范中还有一些不尽完善的地方需要进一步完善,例如……所以我认为达不到A这样的等级,可以打B。可能我打分过严的缘故。”

王:“是的,我同意您的意见,也觉得B更合适些,我开始给自己打的分太高了。”

刘:“接下去……”

王:“我的第二项工作目标是关于团队建设的,这是我在这段时间花费精力比较多的一件事情,我觉得通过我的调整和组织,不仅完成了销售额,而且还没有增加人手,为公司节省了人工成本,所以给自己打了A。”

---

① 武欣:《绩效管理实务手册》,机械工业出版社2005年版,第201页。

刘:“让我再想一想,我原来给你打的B,可能对你太苛刻了。好吧,这一项就以你的为准吧,打A。接着说后面的。”

王:“关于销售额方面,现在的大客户已经达到了32个,销售额为2.7亿元,客户保持率为85%,因此这一项我觉得是超出了工作标准的,我给自己打了B。”

刘:“这一项没有太多可说的。我跟你的观点一致,因为这是有客观事实依据的。”

王:“最后一项是关于建立大客户数据库的。由于这件事情是企划部负责做的,我们部门只是配合,我觉得我们还是配合得比较好的,因此我给自己打了B。”

刘:“我从企划部的张强那里听说,这次做数据库你给了他很大的帮助,提供了大量有用的信息和建议,还在你们部门人手紧缺的情况下,抽出人员来支持他们,我觉得这样做是非常好的,这种团队合作的精神是应该鼓励的,因此,我给你在这一项上打了A。”

王:“谢谢领导的鼓励。”

刘:“最后的总和后,我给你等级的是B,你看有什么意见吗?”

王:“没有意见。”

刘:“下面我们来讨论一下你的主要优点和不足的地方,以及你今后的发展问题。你先自己谈谈吧!”

王:“我觉得我的主要优点是做事情比较认真、投入,负责任,对待同事、下属都比较热情,跟人合作的能力比较强。我的弱点就是有时做事计划性不够好,不够细心。我今后的发展方向是想成为一个全面的管理者,其实我很想当总裁的,‘不想当元帅的士兵不是好士兵’嘛。”

刘:“我觉得你还有一个最大的优点就是凡事能够从整个组织的大局出发考虑问题,而不是局限在自己的小部门。另外,你的一个有待提高的方面就是如何做一个管理者,你现在是很多事情都由你亲自去做,一个好的管理者应该善于调动别人的力量去完成工作,在这方面你还需要再加强一些。我觉得你具有做管理者的才干和潜能,因此你的当元帅的理想我觉得是可行的。”

王:“谢谢领导。”

刘:“好。现在我们来回顾一下今天的谈话内容。首先我们对本次绩效评定的标准达成了一致意见,然后回顾了你在这半年中的工作绩效,接下去讨论了你的主要优缺点和今后的发展目标。我想,我们今天谈话的主要目的已经达到了,那么,回去以后希望你自己制订一个今后半年的工作计划,我们另找一个时间再进行交流。谢谢你!”

五、绩效申诉

(一)绩效申诉的含义

绩效申诉是指当被考评人对考评结果不清楚或持有异议,可以采取书面形式向人力资源部提起申诉,人力资源部将就申诉问题进行调查,然后就申诉的事项作出说明。如果申诉人对说明不认同或者不满意,人力资源部将就申诉问题连同对问题的意见送交评审小组进行讨论处理,在指定的时间内给出合理的解释或最终的处理意见,并由人力资源部将意见与申诉人进行面谈沟通。绩效申诉是对员工权利的一种保护,也是为了更有利于绩效考评的公平和绩效改进的实施。

（二）绩效申诉的处理程序

如果员工对本期绩效管理工作（过程或结果）有重大疑义，可以在接到正式通知的指定时间内（比如5天或一周之内），向人力资源部提出申诉。

人力资源部经理在处理考核申诉时，一定要非常谨慎，应该将精力集中在申诉渠道和申诉程序的建设上，保证申诉能够公开、公平、公正地得到及时的处理。一般来讲，人力资源部经理本人没有对申诉的最终决策权。其处理程序如下：

(1)让申诉人写一份详细的书面申诉报告。在报告中，要写明申诉的原因、事由、争议问题的内容、争议的原因等。

(2)人力资源部经理收到申诉报告之后，要根据报告的内容进行核实，审核内容的真实性。

(3)真实性确认之后，提交"绩效评审委员会"。为了公平起见，一般该员工的直线经理不参与本次评审。

(4)人力资源部经理组织召开由绩效评审委员组成的评审会议，必要时申诉人可在会议上充分地讲述自己申诉的理由等。评审小组成员对他的陈述及有关方面可以进行提问。

(5)由评审委员会给出本人本次工作绩效的最终成绩。人力资源部人事经理将考核结果汇总，取平均数或加权平均，形成该员工的最终考评结论。

(6)将事实认定结果和申诉处理意见反馈给申诉人。

(7)填写《绩效考评申诉处理表》(见表5-6)，存档。

表5-6　绩效考核申诉处理表

申诉人		所在部门/处		申诉时间	
申诉原因说明：					
情况调查、事实认定说明：					
处理决定：					
结果通报及落实情况：					

申诉处理人：　　　　审批人：　　　　日期：

第二节　绩效评估结果的应用

“大红包”留不住设计师[①]

正达公司主营电动工具的开发、生产与销售。随着公司规模的不断扩大，产品设计对公司业务发展的作用越来越大，然而，让公司总经理颇为头疼的是，最近好几个设计骨干辞职另谋高就了。他很着急，责成人力资源管理部主任王敏对此查明原因，并提出对策。王敏来到设计部了解情况。设计部主任李冬生一听到她的来意就发起了牢骚，“公司的考核制度早该改了，再不改人都跑光了”。王敏笑着说，“不改对你有什么影响？谁不知道设计部的红包是全公司最大的”。李说：“你以为多发钱就没事了？关键是怎么发。我给你举个例子，我们设计部一共五个设计师，赵涛年龄最小，到公司最晚，工资也最低。可他去年一个人就开发了4个新品，是全设计部最多的，卖得都不错。可到年底发奖金所有的人都一样。我去找老板，老板说这已经对他破例了，如果根据级别和进公司的年限他还拿不到这么多。你说这是什么话？赵涛现在向我提出要走，不然就加工资。你说我怎么办？”王敏说：“要不就按每个人设计新产品的数量发奖金得了……”“没这么简单，”李冬生打断她的话，“产品设计不能光看数量，还要看市场销路，看它带来的利润，评价起来比较复杂。还有咱们公司是低工资、高奖金，表面看起来刺激力度很大，可这么低的工资水平根本找不到好的设计师。工资低就把奖金看得特别重，如果奖金波动大，大家无法接受；可拉不开差距，分配不公平又难以留住人。你是人力资源部主任，又是MBA，赶快帮我们想个办法吧。”

上面的案例表明，如何将绩效评估的结果运用到管理实践中是非常重要的。绩效评估的实施能否成功，关键在于绩效评估的结果能否得到很好的应用。当员工切实感受到业绩水平与自身利益密切联系的时候，就会按照组织目标的要求规范自己的工作行为，提高工作绩效。

绩效评估结果的应用主要有三个方面：一是用于员工的薪资调整；二是用于人员的调配；三是用于绩效改进与员工发展。

一、用于员工薪酬的分配与调整

为了增强薪酬对员工绩效的激励，在员工的薪酬体系中有一部分报酬是与绩效挂钩的。对于从事不同性质工作的人，这部分与绩效挂钩的报酬所占的比例是不同的。例如，

① 本书编写组：《最新绩效考核与薪酬管理案例及操作要点分析》，企业管理出版社2005年版，第133页。

销售人员的报酬中较大的比重是由绩效决定的，主要是促使销售人员取得更好的绩效。而一般的行政人员的报酬体系中由绩效决定的部分会相对较小。评估结果在员工薪酬体系中的应用表现在两个方面：一是对奖金的分配；二是对职位工资基数的调整。

（一）奖金分配

奖金分配应与关键绩效指标相联系进行管理。随着职位级别的降低，个人关键指标所占的权重会增大，而公司关键指标所占的权重会减小。由于考核指标的结构、类别与各职位级别相对应，所以对于不同的级别，考核的重点不同、风险不同，奖金发放也不同。为了加强绩效奖金的激励效果，国际上通用的做法是所谓的“超额累进法”。其基本原理是：在一个绩效期内，如果某员工连绩效指标的60%都没完成，那么他当期的绩效奖金为0；如果他的完成额在目标的60%～100%，那么他当期的绩效奖金基本上等于他的绩效奖金定额乘以他的目标达成度；如果他超额完成，那么他当期的绩效奖金会高于他的绩效奖金定额乘以他的目标达成度，也就是说，达到目标之后会加速奖励。图5-1提供了关键指标评估结果与奖金发放的对应参考系。

业绩等级	项目计划	市场占有率	关键绩效评估结果
4	≥85%	100%	全部完成关键目标而且持续超越期望
3	≥75%	≥90%	全部完成关键目标
2	≥60%	≥70%	部分完成关键目标
1	<60%	<70%	未完成关键目标

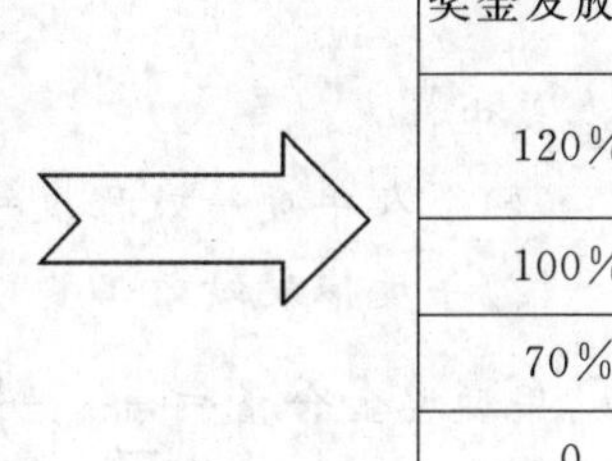

奖金发放比例
120%
100%
70%
0

图5-1　考评结果与奖金发放的对应关系

案例分析

某公司年度奖金的分配方法[①]

说明：

- 年度奖金在超额完成实现利润计划的前提下计发。
- 年度奖金总额按照《工资方案》的规定计算提取。
- 年度奖金按照7∶3的比例分配，即：年度奖金总额的70%以日常绩效工资为依据分配，30%以年度考核结果为依据分配。
- 每人的年度奖金由两部分组成：一是以月度考核为基础的年度奖金；二是以年度考核为基础的年度奖金。

一、以月度考核为基础的年度奖金

年度奖金总额的70%以个人日常实得岗位绩效工资和个人实得旺季生产性津贴为基础计发：

以月度考核为基础应发年度奖金＝（个人日常实得岗位绩效工资＋个人旺季生产性津贴）×日常岗位绩效工资奖金含量

式中：

$$\text{日常岗位绩效工资奖金含量}=\frac{\text{报告年度超额利润奖金提取额}\times 70\%}{\text{报告年度公司日常实发岗位绩效工资}+\text{公司实发旺季生产性津贴}}$$

① 杨飞等：《绩效管理案例与案例分析》，中国劳动社会保障出版社2009年版，第223页。

以月考核为基础应发年度奖金计算表，见表5-7。

表5-7 以月度考核为基础应发年度奖金计算

1	2	3	4	5=3+4	6=年度奖金×70%÷5	7=5×6
序号	姓名	1—12月累计实得绩效工资	4—11月旺季生产性津贴	绩效工资与生产性津贴之和	日常岗位绩效工资奖金含量	应发第一部分年度奖金
合 计						

二、以年度考核为基础的年度奖金

年度奖金的30%按照年度考核结果计发。

公式：

以年度考核为基础应发年度奖金=个人年度绩效工资标准×个人年度绩效程度×年度拟发绩效工资年度奖金含量

式中：

(1)个人年度绩效程度=个人年度考核得分÷100

(2)年度拟发绩效工资

$$\text{年度奖金含量}=\frac{\text{报告年度超额利润奖金提取额}\times 30\%}{\sum(\text{个人年度绩效工资标准}\times\text{个人年度绩效程度})}$$

以年度考核为基础的年度奖金计算表，见表5-8。

表5-8 以年度考核为基础的年度奖金计算

1	2	3	4	5=3×4	6=年度奖金×30%÷5	7=5×6
序号	姓名	个人年度绩效工资标准	个人年度绩效程度	管理岗位年度考核系数	年度拟发绩效工资奖金含量	应发第二部分年度奖金
合计						

(二)固定薪资调整

当员工由于综合能力的提高而就职于高一级别的职位时，其固定工资将随之增加；而在本职工作上，如果员工能不断提高工作绩效时，也将有可能获得比上一级别的人员更高的工资。总体来说，管理固定工资调整与增长调整应考虑以下几点：

(1)职位工资增长将依据工作表现、综合能力水平、升职。

(2)市场与企业内部的公平性。

(3)所有职位划入工资级别，并设定目标薪酬。

(4)目标薪酬为管理实际工资提供参考，员工的实际工资将围绕目标薪酬进行管理。

(5)只有当员工体现出持续的杰出业绩时基本工资才会高于目标水准。

表 5-9 是某公司依据连续五年绩效考核结果所确定的加薪比例。

表 5-9 某公司基于五年综合绩效的加薪比例

带宽位置 绩效等级	＜25％	25％～50％	50％～75％	＞75％
优秀	13％～15％	12％～13％	11％～12％	10％～11％
中等	11％～12％	10％～11％	9％～10％	8％～9％
合格	9％～10％	8％～9％	7％～8％	5％～6％

表 5-9 中的“绩效等级”，是综合了员工连续五年的绩效考核结果，并把绩效状况按分数段划分为三个等级，即优秀、中等和合格；在薪酬带宽的位置内，分别在 25 百分位、50 百分位和 75 百分位设置参考值。25 百分位是指员工的薪酬水平比市场上同等的其他员工中 25％的人高，50 百分位是指比 50％的人高，依此类推。然后再根据被考核者五年的绩效综合水平，划分出每个被考核者的加薪比例。例如，某员工连续五年绩效考核的综合等级为“优秀”，且薪酬水平处于 25 百分位与 50 百分位之间，那么，他的加薪比例就是12％～13％。

二、用于人员调配

将合适的人放在合适的位置是人力资源管理工作的要义。连续的考评结果为员工调配提供了依据。员工调配可以是纵向的升迁或降职，也可以是横向的工作轮换。通过考评结果与任职资格标准的比较，可以发现哪些员工是优秀的，哪些员工业绩较差，从而有计划地采取有针对性的员工调配措施，做到人适其事，事尽其功。如果员工在某方面的绩效突出，就可以考虑让其承担更多的责任。如果员工在某方面的绩效不好，也很可能是目前他所从事的职位不适合他，可以通过职位的调整，使他从事更适合的工作。在晋升中应用绩效评估结果，还应结合对员工胜任力的评估。因为员工在目前职位上绩效表现优秀，并不代表在更高的职位上一样优秀，还要考察他在新职位上的潜力。

图 5-2 反映了员工考评结果与任职资格的比较。对于不同类型的员工应采取不同的调配措施。

- A 类员工工作绩效一直在任职资格标准之上，且呈上升趋势，说明既有实力，又有潜力，是可用之才；
- B 类员工不稳定，暂不宜大用；
- C 类员工走下坡路，要及时分析原因，促其绩效改进，必要时调迁；
- D 类员工一直不符合标准，且停滞不前，应考虑其不适应工作的原因并及时调换职位。

三、用于绩效改进与员工发展

绩效改进是绩效管理过程中的一个重要环节。绩效考核的目的不仅在于将考核结果作为确定员工薪酬、奖惩、晋升或降级的标准，最重要的是要提高员工的能力以达到绩效的持续改进。

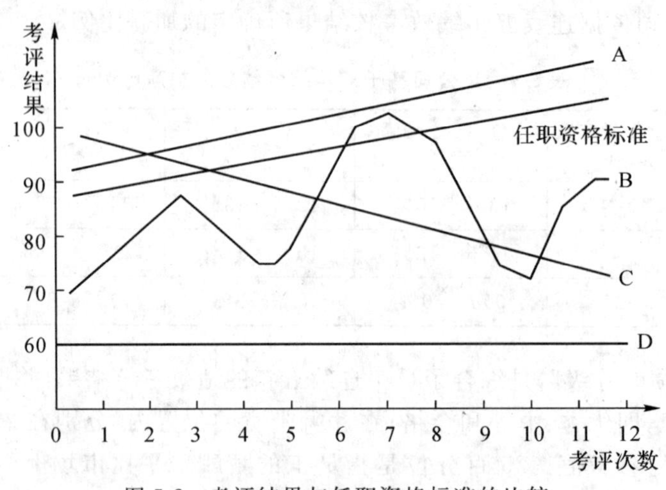

图 5-2 考评结果与任职资格标准的比较

(一)绩效改进的步骤

改进员工绩效通常采用的步骤是:

第一步,主管人员与员工达成关于绩效问题的共识。主管人员应及时发现员工的绩效问题,并就发现的绩效问题与员工达成共识,让员工自己也认识到绩效问题的存在,这是绩效改进的出发点。

第二步,分析绩效问题的原因。通过绩效诊断,分析员工产生绩效问题的原因,是员工个人的问题,还是主管管理过程中出现了纰漏。

第三步,确定绩效改进的目标。主管必须与员工一起确定绩效改进的目标。绩效改进目标必须是明确而清晰的、可以评估的、有时间限制的。

第四步,共同探讨可能的解决途径。主管应帮助员工制订详细的绩效改进计划和实施方案,应考虑到员工在绩效改进过程中如何获得所需要的各种资源和帮助,确保绩效改进落到实处。

第五步,选择正确的绩效改进强化方法。主管在员工绩效改进过程中要注意选择正确的强化方法,当员工绩效有所改善时要及时进行认可和赞许。

(二)绩效问题的诊断

绩效诊断是探究绩效问题产生原因的过程。员工绩效差可能是由多种原因产生的。威廉姆斯提出了一个管理者对下属进行诊断分析的有效工具。他把绩效问题产生的原因归结为知识、技能、态度和外部障碍四个方面,构建了绩效诊断分析图,见图 5-3。

知识	技能
态度	外部障碍

图 5-3 绩效诊断分析

图 5-4 是运用诊断分析方格图对一个推销人员的绩效进行诊断的实例。该推销人员在维持老客户方面绩效较差。通过分析可以看出:他缺乏推销经验,开拓能力不足,关注大生意但缺乏应有的自信心,与工程师的关系较差。该推销人员应加强工作经验的积累,提高自主推销技能。要使其认识到仅仅向技术人员推销是不够的,应与工程师建立良好的关系,以弥补自己技术推销方面的不足,从而增强自信,实现目标。

管理人员诊断出下属的绩效问题后,可以有针对性地采取解决方法。绩效问题产生的原因往往不止一个,而是各种原因复杂地交织在一起。一般来说,当存在外部障碍时,管理人员应采取管理措施在最大限度内限制外部障碍的影响；在对员工进行丰富知识和提高技能的培训之前应首先解决态度问题；当同时存在知识、经验和技能问题时，应优先解决知识和经验问题。各种绩效问题的具体解决方法见图 5-5。

知识	技能
弄清工作的优先顺序 缺乏推销经验	不擅长向非技术人员推销 依赖上级管理人员的帮助 不擅长闯难关
态度	**外部障碍**
愿意在大宗生意上下工夫 对不熟悉的推销领域缺乏信心 愿意成为专家	工程师没能发挥相应作用 目标难度较大，迫使他寻求大宗生意 推销范围过广

图 5-4　推销人员绩效诊断实例

知识	技能
获得经验的机会 自我管理的机会 培训	脱产培训 在职训练
态度	**外部障碍**
任务分配 制定明确的目标和标准 高水平的帮助 高度监督 对抗 咨询	重新规定职责 影响组织内的变革 促进交流

图 5-5　绩效问题解决方法

（三）绩效改进计划的制订

1. 绩效改进计划表

通过绩效诊断，管理者与员工就绩效问题及原因达成了共识，对绩效改进的方法也有了合理的选择，这时需要将这些成果以书面的形式确定下来，形成绩效改进计划表。

表 5-10 是一个概括和简略的绩效改进计划表。在实际应用中，绩效改进往往与员工能力的提高紧密结合，制订出具体详细的员工个人发展计划，以使绩效改进真正落到实处。

表 5-10　绩效改进计划表样式

姓名：　　职位：　　所属部门：　　制订计划时间：

序号	必须改进的方面（以优先顺序排序）	改进的意义	达到的目标	改进的方法	改进的时限
1					
2					
3					
4					

主管签名：
时　　间：

2. 员工个人发展计划

员工个人发展计划是指根据员工有待发展提高的方面所制订的一定时期内完成的有

关工作绩效和工作能力改进与提高的系统计划。个人发展计划通常是在主管人员的帮助下，由员工自己来制订，并与主管人员讨论，达成一致意见的实施计划。主管人员应承诺提供员工实现计划所需的各种资源和帮助。

案例分析

个人发展计划①

刘冬，某医疗设备公司的一名销售代表，他到这家公司担任销售代表有一年时间。这一年中，上级主管给他设定的销售业绩指标是20万元，他完成了这个业绩指标，实际销售额为21.9万元。但是像他这样的销售代表平均的销售额为35万元，刘冬离这个水平还有很大的差距。而且，由于他以前不是在医疗设备的行业中工作，对一些专业知识不够熟悉。分析一下，他目前存在的有待改进的主要是销售技巧，主要体现在与客户沟通时如何倾听客户的需求；另外，对于一些专业领域的知识他还需要进一步学习；再有，他写得销售报告也不是很令主管满意，在这方面需要学习提高。同事们普遍评估他是一个善于与人合作的人，与同事的关系相处得很好，也乐于帮助别人。主管认为他还是比较愿意学习的。在这一年中，与他自己相比，进步还是蛮快的。客户对他的工作态度反映较好，只是有时对客户需求的理解出现偏差。针对刘冬的现状，他在主管的帮助下制订了下面的个人发展计划：

个人发展计划

姓名：刘冬　　职位：销售代表　　部门：业务一部

直接主管姓名：方明　　制订计划时间：2008年3月5日

有待发展的项目	发展的原因	目前水平	期望水平	发展的措施与所需的资源	评估的时间
客户沟通技巧	与客户沟通是销售代表的主要工作，本人在这方面有较大欠缺。	客户沟通评估分数2.5分	3.5分	参加“有效的客户沟通技巧”培训； 自己注意体会和收集客户的反馈； 与优秀的销售人员一同会见客户，观察并学习他们与客户沟通时好的做法。	2008年12月
医疗设备专业知识	销售人员需要了解较多的产品知识，而本人以前对这些方面的知识接触甚少。	专业知识评估分数3分	4分	阅读有关的书籍、资料；参加产品部举办的培训班；多向他人请教。	2008年5月
撰写销售报告	销售人员需要以书面的形式表达销售情况，与主管和同事交流信息。	销售报告评估分数3分	4分	学习他人撰写的销售报告；主管人员给予较多的指点。	2008年8月

（四）绩效改进强化方法的选择

强化的方法最早是由心理学家斯金纳等人提出来的。这种方法利用的是操作性条件

① 武欣：《绩效管理实务手册》，机械工业出版社2005年版，第211页。

反射的原理，即当人或动物做出某种行为之后获得了一个对他有利的结果时，这种行为以后就会重复出现，称为正强化；当做出某种行为后获得了一个不愉快的结果时，这种行为以后就会减弱或消除，称为负强化。

绩效改进过程中的正强化是指当员工达到绩效目标时，给予肯定、认可和表扬等激励。该方法要求根据绩效管理标准，建立一个具体明确、具有挑战性的目标体系，当员工的绩效达到目标要求时，持续实行正强化。

绩效改进过程中的负强化是指当员工出现组织不希望出现的行为时，给予惩罚，以防止该行为的再次发生。

正强化和负强化的应用不是绝对的，在绩效改进过程中要根据具体情况正确地选择强化方法，否则达不到预期的效果。常见的一些误区有：①强化了不该强化的行为。如果一个员工没有把一份工作做好，而这份工作又是非常紧急的，管理者会找另一位能力强、做事效率高的员工完成这项工作。这样，没有做好工作的员工就会认为做不好工作也无关紧要。②高估了薪酬激励的作用。有时员工绩效不佳的原因与薪酬没有直接关系。比如，目标不明确或缺乏反馈常常造成员工无法提高绩效，这时试图仅用物质刺激的方式提高绩效是徒劳的。③滥用负强化。当主管将关注点仅仅放在惩罚负面行为，而忽视对员工的正面行为的关注时，员工就会为了受到关注而故意做出一些负面行为。有时主管人员总是让优秀员工承担艰巨的、令人厌烦的工作，从而形成了越是优秀越受罚的局面。有时主管人员在应用负强化时，惩罚过于严厉，没有给员工纠正的机会，或者因人而异，引起员工不满。

案例分析

爱立信中国的奖金制度①

爱立信中国公司的员工薪金与其职务高低成正比，年龄、工龄、学历等因素也有一定的影响，但不起主要作用。对于同一职务，如果由不同学历的人担任，他们之间的薪金差别可能仅仅在几百元之间。另外，与一些公司做法不同的是，爱立信在计算员工的工龄时，把他来爱立信之前的工作经历也算在内。

爱立信中国公司员工的薪金一般由四部分组成：基本工资、奖金、补贴和福利。奖金分为两类：一般人员奖金和销售人员奖金，有一些关键职员还会得到一定的期股权，期股权的受益者一般为“对公司起关键作用的人”，而不是以职务高低论行赏。

在爱立信，工资围绕着市场转，奖金与业务目标“接轨”。公司业绩与员工工资没有特别关系，但与员工的奖金有很大关系。爱立信员工的奖金与公司的业绩成一定比例，但并非成正比例。奖金一般可达到员工工资的60%，对于成绩显著的员工，还有其他的补偿办法。员工在爱立信得到提薪的机会一般有几个：职务提升、考核优秀或有突出贡献者。被评为公司最佳员工和有突出贡献的员工都有相应的奖金作为激励，突出贡献奖、最佳员工奖、突出改进奖的奖金额度一般不超过其年薪的20%。

爱立信每年都要特别明确地进行绩效评估，员工队伍的工作分几个档级。一般员

① 本书编写组：《最新绩效考核与薪酬管理案例及操作要点分析》，企业管理出版社2005年版，第231页。

工按照公司中的目标应达到良好，可能有5%到10%的员工工作不太好，通过调整还是可以接受的；还有不到5%的员工确实达不到目标。对这两组人员可能采用激励程序，经理会告诉这些员工：你的工作表现不好，要马上改进。对于做得非常好或者有突出贡献的员工，如果还有潜能的话，可能会提升他们去担任更高的职务。对大部分做得不错的人，公司会维持他们在原岗位上继续工作。爱立信对每个职务的薪金都高于一个最低标准，即下限。当然，规定下限并非为了限制上限，而是保证该职务在市场上的竞争力。一般职务上下限的差异为80%左右，关键职务可能会达到100%，而比较容易招聘的职务可能经常只有40%的差异。

每个工作都有硬性指标以供考核。例如，在大部分公司，市场推广工作的成功与否，很难用具体的定量指标来考核，在爱立信却是可以的，一般使用市场分析数据来考查。比如，你花了100万元的广告费，达到了什么样的目标：如做了多少广告、覆盖的用户数量是多少，等等，都有确切的数字可以证明你的成绩，广告影响力的调查通常通过一些第三方公司来做。

思考与讨论题

你如何评价爱立信中国的奖金制度？请阐述理由。

复习思考题

1. 绩效面谈前主管与员工各自应做哪些准备工作？
2. 绩效面谈主要包括哪几方面内容？
3. 绩效面谈通常包含哪些具体步骤？
4. 如何与不同类型的员工进行绩效面谈？
5. 企业如何处理员工的绩效申诉？
6. 企业在薪资分配与调整中如何应用绩效考评的结果？
7. 企业在员工调配中如何应用绩效考评的结果？
8. 企业在绩效改进与员工发展中如何应用绩效评估结果？

第六章　绩效指标与标准

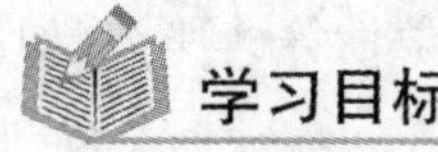

学习目标

通过本章的学习，应当掌握以下内容：

1. 了解绩效评估指标的基本要求；
2. 了解绩效评估指标的分类；
3. 掌握绩效指标确定的基本程序；
4. 掌握选择绩效指标的依据和原则；
5. 了解绩效评估指标量化的两种方法；
6. 掌握绩效指标与绩效标准的关系；
7. 掌握绩效标准制定的方法；
8. 掌握绩效评估指标体系设计的原则；
9. 掌握绩效评估指标体系设计的步骤。

引导案例

A公司的绩效评估

A公司总部为职能部门，下设若干子公司，分别从事不同的业务。近几年来，人力资源部在原有的评估制度基础上制定出了《中层干部评估办法》。并在年底正式进行评估之前，出台当年的具体评估方案，以使评估达到可操作化的程度。A公司的做法通常是由公司的高层领导与相关的职能部门人员组成评估小组。评估的方式和程序通常包括被评估者填写述职报告、在自己单位内召开全体职工大会进行述职、民意测评（范围涵盖全体职工）、向科级干部甚至全体职工征求意见（访谈）、评估小组进行汇总写出评估意见，并征求主管副总的意见后报公司总经理。评估的内部包括三个方面：被评估单位的经营管理情况，包括该单位的财务情况、经营情况、管理目标的实现等方面；被评估者的德、能、勤、绩及管理工作情况；下一步工作打算，重点努力的方向。具体的评估细目侧重于经营指标的完成、政治思想品德，对于能力的定义则比较抽象。对中层干部的评估完成后，公司领导在年终总结会上进行说明，并将具体情况反馈给个人。子公司的领导对于下属业务人员的评估通常是从经营指标的完成情况（该公司中所有子公司的业务员均有经营指标的任务）来进行的；对于非业务人员的评估，无论是总公司还是子公司均由各部门的领导自由进行。通常的做法是，到了年底要分奖金了，部门领导才会对自己的下属做一个笼统的排序。由于被征求了意见，一般员工觉得受到了重视，感到非常满意。领导也觉得该方案得到了大多数人的支持，颇为满意。但是，被评估者觉得自己的部门与其他部门相比，由于历史条件和现实条件不同，年初所定的指标不同，觉得相互之间无法平衡比较，心里始终不服。但接下来几年，员工对评估失去了兴趣，认为那是领导的事，与自己无关，而且对一成不变的评估方法感到了厌倦。

从以上案例中可以看出，A公司的做法是目前大多数国有企业在绩效评估上的典型做法，带有一定的普遍性。这样的绩效考评在一定程度上发挥了其应有的作用，但是，在对评估的理解和评估的实施上却存有许多问题，比如绩效指标的设定缺乏科学性等。那么，如何才能建立科学的绩效指标体系呢？

制定绩效评估制度的一个核心工作就是根据组织的实际情况设计科学的绩效评估指标体系。确定绩效评估指标是进行绩效评估的基本要素，制定有效的绩效评估指标是绩效评估取得成功的保证，因此也成为建立绩效评估体系的中心环节，同时也是企业高管和经理们最关注的问题。

第一节　绩效评估指标

一、绩效评估指标

所谓评估指标，就是指评估因子或评估项目。绩效本身是工作的成绩和效果，只有需要评估时，才考虑如何将能够反映绩效的要素设计为一个个项目即指标，然后给每一个项目确定标准值，最后与工作实际情况对比，给出成绩。在评估过程中，人们要对被评估对象的各个方面或各个要素进行评估，而指向这些方面或要素的概念就是评估指标。只有通过评估指标的设计才能使评估工作具有可操作性。总的评估结果的优劣往往需要用各个评估指标上的评估结果综合体现。比如，评估企业的经营业绩可以通过经济效益、市场地位、客户关系、与政府的关系、员工关系及能力发展等方面的指标来进行。

（一）绩效评估指标的分类

绩效评估指标有多种分类方式，主要介绍以下几种。

1. 根据绩效评估的内容分类

根据绩效评估的内容可以将绩效评估指标分为工作业绩评估指标、工作能力评估指标、工作态度评估指标。

（1）工作业绩评估指标

所谓工作业绩，就是指工作行为所产生的结果。对于业绩的评估结果能直接反映绩效管理的最终目的——提高企业的整体绩效以实现既定的目标。

组织成功的关键要素决定了绩效评估中需要确定的关键绩效结果。这种关键绩效结果规定了在评估员工绩效时应着重强调的工作业绩指标。这些指标表现为该职务的关键工作职责或一个阶段性的目标，也可能是年度的综合业绩。工作业绩通常具体表现为完成工作的数量指标、质量指标、工作效率指标以及成本费用指标。

(2)工作能力评估指标

不同的职务对于人的工作能力要求是不同的，只有在绩效评估体系中加入工作能力方面的评估指标，才能使评估结果真正反映出员工的整体绩效。另外，通过能力指标的行为引导作用，鼓励员工提高与工作相关的工作能力，并通过能力评估的结果作出各种有关人事调整的决定。

(3)工作态度评估指标

不同的工作态度会产生截然不同的工作结果。一个能力很强的人如果出工不出力，就不能实现较高的工作绩效；而一名能力一般的员工兢兢业业，却做出了十分突出的工作业绩。因此，为了对员工的行为进行引导，从而达到绩效管理的目的，在绩效评估中应加上对工作态度的评估。

工作态度与工作能力在一定程度上共同决定了一名员工的实际工作业绩。但是，即使有好的工作态度、较强的工作能力也未必能够得到全部的发挥，转化为相应的工作业绩，这是因为从能力、态度向业绩转化的过程中，还要受到除了个人以外的一些因素的影响，如工作环境是否正常、工作分工是否合理等，这也在一定程度上说明了能力评估与态度评估的必要性。

2. 软指标和硬指标

从绩效评估方式是运用具体数据还是人为的主观判断来划分可以将绩效评估指标分为软指标和硬指标。

(1)硬指标

所谓硬指标，是指可以以统计数据为基础，把统计数据作为主要评估信息，建立评估数学模型，以数学手段求得评估结果，并以数量表示评估结果的评估指标。使用硬指标进行绩效评估，可以避免个人经验和主观意识的影响，具有相当的客观性和可靠性。同时，在处理评估结果时，如果需要完成复杂或多变的计算过程，可以借助计算机等工具来进行，以有效提高评估的可行性和时效性。

但是，当评估所依据的数据不够可靠，或指标难以用数字来衡量时，硬指标的评估结果就难以客观和准确了。另外，硬指标评估的过程往往较为死板，缺乏灵活性。毕竟数据本身并不能完全说明所要评估的事实情况。

(2)软指标

所谓软指标，是指主要通过人的主观评估方能得出评估结果的评估指标。在行为科学中，人们用专家评估来进行，就是由专家组直接给评估对象进行打分或作出模糊判断(如很好、好、一般等)。之所以称之为专家评估，是因为这种主观评估在客观上要求评估者必须对所要评估的对象所从事的工作相当了解，评估完全依赖评估者的知识和经验。它要求评估者能够通过不完整的数据资料，在利用大量感性资料的基础上看到事物的本质，做出准确的评估。为了避免受经验的局限和主观意识的影响，通常由多个评估主体共同进行，有时甚至由一个特定的集体共同作出一个评估结论，以彼此相互补充。

运用这类指标的好处在于不受统计数据的限制，可以充分发挥人的智慧和经验，在评估过程中能够综合更多的因素，考虑得更加全面，避免或减少统计数据可能产生的片面性和局限性。另外，当评估所需的数据不充分、不可靠或指标难以用数字来衡量时，软指标能作出更有效的判断。

如果能够将软指标评估结果与硬指标评估结果共同运用于各种判断和推理，会有效提高绩效评估结果的科学性和实用性。

(3)硬指标与软指标的结合

在实际评估工作中，我们往往将硬指标与软指标的长处加以综合运用，以弥补各自的不足。在绩效评估中，对于硬指标的评估往往需要一个定性分析的过程，而对于软指标的结果也需要模糊数学进行一个定量化的换算过程。因此，我们在建立指标评估体系的时候，应尽量将指标标准量化，收集相关的统计资料，提高评估结果的精确度。同时，还要考虑评估对象的具体情况，将硬指标和软指标有效地结合起来使用。

绩效评估中人们在使用软指标评估时，人的主观判断在很大程度上影响着绩效评估的结果。需要注意的是，软指标与非量化指标并非一个概念。软指标和硬指标的区分强调的是评估方式上的区别，而量化指标和非量化指标则强调评估结论表现形式上的区别。

3.“特质、行为、结果”三类评估指标

通过综合运用特质、行为、结果这三类指标进行绩效评估指标体系的设计，是一种较为常见的方式。下面是对这三类评估指标的比较，如表 6-1 所示。

表 6-1 三类评估指标的比较①

	特 质	行 为	结 果
适用范围	适用于需要对未来的工作潜力做出预测的岗位	适用于评估可以通过单一的方法或程序化的方式实现绩效目标的岗位	适用于评估那些可以通过多种方法达到绩效目标的岗位
不 足	• 没有考虑情景因素，通常预测效度较低 • 不能有效地区分实际工作绩效，员工易产生不公正感 • 将注意力集中在短期内难以改变的人的特质上，不利于改进绩效	• 需要对那些同样能够达到目标的不同行为方式进行区分，以选择真正适合组织需要的方式，这一点是十分困难的 • 当员工认为其对工作重要性较小时考核它意义不大	• 结果有时不完全受被评估对象的控制 • 容易诱使评估对象为了达到一定的结果而不择手段，使组织在获得短期利益的同时丧失长期利益

有些西方学者指出，在这三类绩效评估指标中选择的最好方式就是：将评估指标名称冠以“特质”的标签，在特定的评估目的时使用，其他情况评估指标的定义和尺度则采用行为导向和结果导向相结合的方式。

(二)绩效评估指标的基本要求

绩效评估指标是绩效评估制度中的关键内容。在设计绩效评估指标时应注意满足下面的基本要求。

1. 内涵明确清晰

应对每一个绩效评估指标规定出明确的含义，以避免不同的评估者对评估指标内容产生不同的理解，从而减少评估误差的产生。绩效评估指标的表达应明确清晰，用于定义评

① 杜映梅：《绩效管理》，中国发展出版社 2009 年版，第 19 页。

估指标的名词应准确，没有歧义，使评估者能够轻松地理解它的含义。在必要的时候可通过不同的方式对评估指标做出详细的定义，以统一评估者对每一个评估指标的理解。

2. 具有独立性

尽管评估指标之间有相互作用、相互影响或相互交叉的内容，但一定要有独立的内容，有独立的含义和界定。

3. 具有针对性

评估指标应针对某个特定的绩效因子，并反映出相应的绩效标准。因此，应根据岗位职能所要求的各项工作内容及相应的绩效目标和标准来设定每一个绩效评估指标。

二、绩效评估指标的确立

(一)绩效评估指标选择的依据

由于绩效评估指标应与绩效评估的目的和评估对象的系统运行目标相一致。因此，绩效评估的目的和被评估人员所承担的工作内容和绩效目标就成为绩效评估指标的选择依据。

1. 绩效评估的目的

能够用于评估某一个岗位绩效情况的绩效评估指标往往很多，但是绩效评估不可能面面俱到，因此，根据绩效评估的目的对可能的绩效评估指标进行选择是非常重要的。

2. 被评估人员所承担的工作内容和绩效目标

每位被评估者的工作内容和绩效目标都是通过将企业的总体目标分解为分目标落实到各个部门，再进行进一步的分工而确定的。每个员工都应有明确的工作内容和绩效目标，以确保工作的顺利进行和组织目标的实现。绩效评估指标就应体现这些工作内容和目标，从而引导员工的行为，使员工的行为与组织的目标一致。

3. 取得评估所需信息的便利程度

为了使绩效评估工作顺利进行，方便地获取与评估指标相关的统计资料或其他信息成为选择指标时必须考虑的因素之一。因此，所需信息的来源必须稳定可靠，获取信息的方式应简单可行。只有这样，我们的绩效评估指标体系才是切实可行的，同时，在进行绩效评估时才能有据可依，避免主观随意性，使绩效评估的结果易于被评估对象所接受。

(二)绩效指标选择的基本程序

1. 工作岗位分析

根据评估目的，对被评估者的工作内容、性质以及完成这些工作所具备的条件等进行研究和分析，从而了解被评估者在该岗位工作所应达到的目标、采取的工作方式等，初步确定绩效评估的各项指标。

2. 工作流程分析

绩效评估指标必须从流程中去把握。根据被评估对象在流程中扮演的角色、责任以及同上级、下级之间的关系，来确定其工作的绩效指标。此外，如果流程存在问题，还应对流程进行优化或重组。

3. 绩效特征分析

可以使用图标标出各指标要素的绩效特征，按需要评估程度分档。如可以按照非评估不可、非常需要评估、需要评估、需要评估程度低、几乎不需要评估五档对上述指标要素进行筛选，然后根据少而精的原则按照不同的权重进行选取。

4. 理论验证

依据绩效评估的基本原理与原则，对所设计的绩效评估指标进行验证，保证其能有效、可靠地反映被评估者的绩效特征和评估目的要求。

5. 要素调查

根据上述步骤所初步确定的要素，可以运用多种灵活方法进行要素调查，最后确定绩效评估指标体系。在进行要素调查和指标体系确定时，往往将几种方法结合起来使用，使指标体系更加准确、完善、可靠。

6. 修订

为了使确定好的指标更趋合理，还应对其进行修订。修订分为两种：一种是评估前修订，即通过专家调查法，将所确定的评估指标提交领导、专家会议及咨询顾问，征求意见，修改、补充、完善绩效评估指标体系；另一种是评估后修订，即根据评估及评估结果应用之后的效果等情况进行修订，使评估指标体系更加理想和完善。

（三）选择绩效指标的原则

选择绩效评估指标时应遵循以下三条原则。

1. 目标一致性原则

绩效评估指标应与绩效评估对象的系统运行目标保持一致，这是在选择绩效指标时应遵循的最重要的原则之一。这种一致性不仅包括内容上的一致，同时还包括完整性的含义。评估指标应该能够完整地反映评估对象系统运行总目标的各个方面。

2. 独立性与差异性原则

独立性原则是指评估指标之间的界限应清楚明晰，没有含义上的重复。差异性原则是指评估指标之间的内容可以比较，能明确分清它们的不同之处，在内涵上有明显的差异。

3. 可测性原则

评估指标只有可以进行测量，产生不同的评估结果才具有存在的意义。另外，在确定绩效评估指标时还要考虑到评估中可能遇到的种种现实问题，确定获取所需信息的渠道和是否有相应的评估者能够对该指标做出评估等，也是确定评估指标时需要注意的一点。

三、绩效指标的量化：权重、赋值

（一）权　重

权重即绩效评估指标在评估体系中的重要性或绩效评估指标在总分中所占的比重，是每个绩效评估指标在整个指标体系中重要性的体现。各个评估指标相对于不同的评估对象来说，会有不同的地位与作用。因此，要根据不同评估主体、不同的评估目的、不同的评估对象、不同的评估时期和不同的评估角度，以及各评估指标对评估对象反映的不同程度而恰当地分配与确定不同权重。

1. 确定指标权重的目的

（1）权重突出了绩效目标的重点要项，避免执行人避重就轻；

（2）权重体现出意图引导和价值观念；

（3）权重直接影响员工的工作重点；

（4）权重是企业评估的杠杆；

(5)权重是企业文化的表现和促成,最终将左右和影响企业文化建设。

2. 确定指标权重的原则

(1)以战略目标和经营重点为导向的原则;

(2)所有关键绩效指标或所有工作目标的权重之和为100%;

(3)各指标或目标权重比例应该呈现明显差异,避免出现平均主义;

(4)评估者的主观意图与客观情况相结合的原则。

3. 确定指标权重的方法

通常来说确定指标权重的方法有以下几种。

(1)经验法。即依靠历史数据和专家的经验判断进行权重分配。指标的权重决定于决策者根据自己的经验对各项评估指标重要程度的认识排序。这是最为常用的一种方法。这种方法的优点是效率高、成本低;这种方法的不足是可信度和说服力较差。要弥补这种方法的不足,就要求决策者和专家既要公平公正,又要有较高的综合素质和专业能力。

(2)权值因子判断法。是通过对各个项目进行一对一对比较、赋分的过程。具体分为以下几个步骤:

第一步:将所有考核项目以表6-2的形式列出。

表6-2　考核项目及评分

序　号	评估指标	评估指标						评分值
		指标1	指标2	指标3	指标4	指标5	指标6	
1	指标1	—						
2	指标2		—					
3	指标3			—				
4	指标4				—			
5	指标5					—		
6	指标6						—	

第二步:确定两项目相比较时的分值差额。如,A和B相比时,A显得非常重要:4分;比较重要:3分;同样重要:2分;不太重要:1分;很不重要:0分。除了相同的两个外,任何两个都要比较。

第三步:进行对比打分。如表6-3所示,进行依次比较并打分。

表6-3　对考核项目依次比较和打分

序　号	评估指标	评估指标						评分值
		指标1	指标2	指标3	指标4	指标5	指标6	
1	指标1	—	4	4	3	3	2	16
2	指标2	0	—	3	2	4	3	12
3	指标3	0	1	—	1	2	2	6
4	指标4	1	2	3	—	3	3	12
5	指标5	1	0	2	1	—	2	6
6	指标6	2	1	2	1	2	—	8

第四步：求出平均分和权重。在所有人对所有项目进行了比较并打分之后，如表 6-4 所示，分别计算出评分总计、平均评分、权重，并对权值进行调整。权重＝该项平均评分/60。

表 6-4 评分和权重计算

序号	评估指标	评分人								评分总计	平均评分	权值	调整后
		一	二	三	四	五	六	七	八				
1	指标 1	16	14	16	14	15	16	15	16	122	15.25	0.25417	0.25
2	指标 2	12	8	10	12	16	12	11	8	89	11.125	0.18542	0.20
3	指标 3	6	6	5	5	8	7	9	8	54	6.75	0.11250	0.10
4	指标 4	12	10	10	12	8	11	12	8	83	10.375	0.17292	0.20
5	指标 5	6	6	7	7	5	5	5	8	49	6.125	0.10208	0.10
6	指标 6	8	16	12	10	8	9	8	12	83	10.375	0.17292	0.15
合计	—	60	60	60	60	60	60	60	60	480	60	1.001	1.00

值得注意的是，权值因子判断法仍然是人凭感觉对比打分，这样仍然会出现不同的人因为对每个指标的了解情况不一样而打的分数不一样。那么如何使其更符合客观呢？具体可以这样做：

第一，成立一个评估小组，由评估小组来为各个项目评分；

第二，为了防止由于不同的人对岗位认识的不同而出现打分不同，造成打分不客观的情况，可以通过给每一个人的打分加权重的方式平衡。比如说评估人为 5 个，本岗位的上司因为他比较了解该岗位，他的权重为 40%，这样就保证了相对的准确性。

4. 分配权重时应注意的事项

第一，权重应该根据实际情况的变化而变化，要考虑企业在不同阶段的发展重点。市场的季节性、竞争要素的变化性、资源供给的变化性等都会影响企业的经营状况，员工和部门的业绩也不可避免地会受到影响。因此，绩效考核目标在不同的阶段也应该有所不同，所以考核项目的权重应该体现外界环境变化的要求，根据外界环境变化的要求做出相应的调整。

第二，权重要引导被考核者重视自己的短处，达到绩效改进的目的。

表 6-5 具体反映企业在销售的淡、旺季考核项目权重的具体变化。

表 6-5 企业在销售淡、旺季的权重分配

考评项目	计算方法	权重分配(%)	
		销售旺季	销售淡季
销售目标达成率	(实际销售额/计划销售额)×100%	45	35
销售利润达成率	(实际利润总额/计划利润总额)×100%	20	15
销售费用率	(实际销售费用/实际销售额)×100%	15	15
货款回收率	[实际回收贷款/(发货金额＋应收账款期末余款)]×100%	15	30
呆账发生率	(呆账金额/发货金额)×100%	5	5

（二）赋　值

赋值是按照一定的标准，根据指标之间的差异程度，给每个指标赋予一定的分数。

1. 标准赋值法

设定一个标准，然后按是否达到标准以及达到标准的程度给每项指标赋值的方法。有递减赋值和加减赋值两种。

2. 等级赋值法

按照达到指标标准的程度分若干个等级，按每个等级打分的方法。可分为实际赋值与等矩赋值、弹性赋值与刚性赋值等形式。

3. 常规赋值法

按照事先的约定，给每个评估指标赋值的方法。

第二节　绩效评估标准

什么是标准？一般来说标准是事先确定的标尺。员工不仅要知道自己应该做什么，还应该知道工作的要求即标准。在设定每一指标标准时，首先要确定基准值，如果我们把评估指标的标准分为5个等级，那么处于中间层次的标准就应当视为基准，也就是在正常情况下多数人员都可以达到的水平。

一、绩效指标与绩效标准

一个完整的绩效指标与其标准一般包括四个构成要素，即指标名称、指标操作性定义、等级标志、等级定义，其中，等级标志和等级定义往往合二为一，形成了与绩效指标对应的绩效标准。等级标志是用于区分各个等级的标志性符号；等级定义规定了与等级标志对应的各等级的具体范围，用于揭示各等级之间的差异，如表6-6所示。

表6-6　绩效指标与标准的四个要素示例

指标名称	销售收入增长率				
指标的操作性定义	该绩效周期里，销售收入较上一周期增长的百分比				
等级标志	A	B	C	D	E
等级定义	＞20％	15％～20％	10％～15％	5％～10％	＞5％

绩效指标规定了从哪些方面来对工作产出进行衡量或评价，绩效标准规定了在各个指标上分别应该达到什么样的水平。指标解决的是需要评价“什么”的问题，标准解决的是要求被评价者做得“怎样”、完成“多少”的问题。表6-7中是一些绩效指标与标准的实例。

表 6-7　指标和标准的区别示例

工作产出	指标类型	具体指标	绩效标准
销售利润	数量	• 年销售额 • 税前利润百分比	• 年销售额为 20 万～25 万元 • 税前利润率为 18%～22%
新产品设计	质量	上级评估： • 创新性 • 体现公司形象 客户的评估： • 性价比 • 相对竞争对手产品的偏好程度 • 独特性 • 耐用性 • 提出的新观点的数量	上级评估： • 至少有 3 种产品与竞争对手不同 • 使用高质量的材料，恰当的颜色和样式代表以及提升公司的形象 客户的评估： • 产品的价值超过了它的价格 • 在不告知品牌的情况下对顾客进行测试，发现选择本公司产品比选择竞争对手产品的概率要高 • 客户反映与他们见到过的同类产品不同 • 产品使用的时间足够长 • 提出 30～40 个新的观点
零售店销售额	数量	• 销售额比上年同期有所增长	销售额比上年同期增长 5%～8%
竞争对手总结	质量	上级评估： • 全面性 • 数据的价值	上级评估： • 覆盖了所有已知竞争对手的所有产品 • 提供的数据包括对产品的详细描述，如产品的成本、广告费用、回头客的比例等
	时限	• 预定的时间表	• 能在指定的期限之前提供关于竞争对手的信息 • 总结数据
销售费用	成本	• 实际费用与预算的变化	• 实际费用与预算相差 5%以内

二、基本标准与卓越标准

在设定绩效标准时通常需要考虑：基本标准与卓越标准。

基本标准是指对每个被考核者要求达到的水平，也是每个被考核者经过努力都能够达到的水平。相对来说，基本标准可以准确地描述出来。

基本标准的作用主要是用于判断被考核者的绩效是否能够满足组织的基本要求。达到基本标准考核的结果主要用于决定一些非激励性的人事待遇，如绩效工资等。

卓越标准是指对被考核者未做要求但是有可能达到的绩效水平。卓越标准的水平并非每个被考核者都能够达到，只有一小部分被考核者可以达到。卓越标准不像基本标准那样可以有限度地描述出来，它通常是一种理想的状态。

由于卓越标准不是人人都能达到的，因此卓越标准主要是为了识别角色榜样。对卓越标准考核的结果可以决定一些激励性的人事待遇，例如额外的奖金、分红、职位的晋升等。表 6-8 中列出了一些职位的基本标准和卓越标准。

表 6-8　基本绩效标准与卓越绩效标准

举例职位	基本标准	卓越标准
司机	• 按时、准确、安全地将乘客载至目的地 • 遵守交通规则 • 随时保持车辆良好的性能与卫生状况 • 不装载与目的地无关的乘客或货物	• 在几种可选择的行车路线中选择最有效率的路线 • 在紧急情况下能采取有效措施 • 在旅途中播放乘客喜欢的音乐或在车内放置乘客喜欢的报刊以消除旅途的寂寞 • 提高乘客选择率
打字员	• 速度不低于 100 字/分钟 • 版式、字体等符合要求 • 无文字及标点符号的错误	• 提供美观、节省纸张的版面设置 • 主动纠正原文中的错别字
销售代表	• 正确介绍产品或服务 • 达成承诺的销售目标 • 回款及时 • 不收取礼品或礼金	• 对每位客户的偏好和个性等做详细记录和分析 • 为市场部门提供有效的客户需求信息 • 维持长期稳定客户群

从表 6-8 中可以看到，即便是一个非常普通的职位，例如司机、打字员，也会有很多卓越表现的标准。通过设定卓越标准，可以让任职者树立更高的努力目标。这些卓越的标准本身就代表着组织所鼓励的行为，组织会对绩效卓越的人给予相应的奖励。

三、制定定量指标评估标准的方法

从指标性质可分为定性和定量两种，标准也有定量指标评估标准和定性指标评估标准两类。

定量的指标一般有两种办法制定评估标准。

(一)加减分法

采用加减分的方式确定指标标准，一般适用于目标任务比较明确，技术比较稳定，同时鼓励员工在一定范围内作出更多贡献的情况(见表 6-9)。应该注意的是采用加减分的方式来计算指标值的时候，最大值应当以不超过权重规定值为限，最小值不要出现负数。

表 6-9　定量指标标准设定示例(一)

指　标	评估要素		权　重	评估标准
KPI	1	产量	25 分	按照标准折合为标准产量，90 箱/台班为基数，得分为 20 分，每±5 箱则±1 分，最多加 5 分。折算标准参照相关文件规定。
	2	消耗	15 分	按照标准折合为标准消耗，以 1.50kg 为基数，基数得分为 13 分。每±0.01kg/件则±0.1 分，15 分封顶，8 分保底。折算标准参照相关规定。
	3	质量检验	20 分	自检滞后－2 分/次；白检漏项－1 分/项；记录不真实－2 分/次；记录不及时－1 分/次；记录不规范－1 分/次，不保底。

(二)规定范围法

经过数据分析和测算后，评估双方根据就标准达成的范围约定来进行评估，见表 6-10。

表 6-10　定量指标标准设定示例(二)

指　标	评估要素	权　重	评估标准			
			A	B	C	D
KPI	销售预测	30 分	90%≤销售预测准确率≤100%	80%≤销售预测准确率＜90%	60%≤销售预测准确率＜80%	销售预测准确率≤60%
			30～29 分	28～25 分	24～20 分	19～10 分
	项目管理	20 分	项目进度报表上报及时率≤100%,完整性好;项目分析对计划和预测能提供强有力的依据;对大项目监控得力。	项目进度报表上报及时率≥80%,完整性好;项目分析对计划和预测能提供比较有力的依据;对大项目监控比较得力。	项目进度报表上报及时率＞60%,完整性较好;项目分析对计划和预测能提供一定的依据;对大项目监控效果一般。	项目进度报表上报及时率≤60%,完整性差;项目分析对计划和预测能提供的依据不明显;对大项目监控不得力。
			20～19 分	18～15 分	14～12 分	11～6 分

四、制定定性指标评估标准的方法

定性指标通常对指标的达成状况给予尽可能详尽的描述,然后以评估表的形式加以明确,见表 6-11。

表 6-11　定性指标评估标准示例

评估要素	优秀(A)	良好(B)	合格(C)	需改进(D)
团队凝聚力	部门人员团结、相互间工作配合性好,团队凝聚力强。	部门人员较团结、相互间配合性较好,团队凝聚力较强。	部门人员团结、相互配合性一般,团队凝聚力一般。	部门人员团结、相互配合性较差,团队凝聚力较低。
组织与文化建设	建立了规范的内部沟通制度,能够及时有效地传递和正确诠释公司文化导向,组织氛围良好;积极在部门内部推行导师制,自身也能很好地履行导师职责。	建立了较规范的内部沟通制度,能够有效传递和正确诠释公司文化导向,组织氛围较好;较为积极在部门内部推行导师制,自身也能较好地履行导师职责。	建立了内部沟通制度,能够传递和正确诠释公司文化导向,组织氛围一般;在部门内部推行导师制,自身也能履行导师职责。	内部沟通制度不完善,无法有效传递和正确诠释公司文化导向,组织氛围较差;不能在部门内部推行导师制,自身不能履行导师职责。
项目管理	“建设项目动态表”上报及时率 100%,完整性好;项目分析对计划和预测能提供强有力的依据;对大项目监控得力。	“建设项目动态表”上报及时率大于 80%,完整性好;项目分析对计划和预测能提供比较有力的依据;对大项目监控比较得力。	“建设项目动态表”上报及时率大于 60%,完整性较好;项目分析对计划和预测能提供一定的依据;对大项目监控一般。	“建设项目动态表”上报及时率小于 60%,完整性较差;项目分析对计划和预测能提供的依据不明显;对大项目监控不得力。

表 6-11 中的“标准”是通过语言描述来确定的,因此,也称为描述性标准。描述性标准主要应用于区分被评价者能力或者特质差异以及行为态度。关键事件法和行为锚定等级

法中需要建立大量的行为标准。

建立行为标准不是一件容易的事情。首先，工作行为观察者需要了解被评估者所从事的工作。在长期跟踪、观察并记录被评价者的工作行为后，观察者还要从大量的记录中整理出具有代表性的、典型的工作行为。所谓典型的工作行为，就是能够体现绩优者与绩差者差异的一系列行为。最后，需要通过简洁明了、规范的语言详细描述筛选出的各种工作行为，以尽量使其能够成为衡量员工日常工作行为的尺度。这样，才能成为有效的行为标准。

第三节 绩效指标体系

一组既独立又相互联系，并能够较完整地表达绩效评估的目的和评估对象系统运行目标的评估指标就构成了绩效评估指标体系。组织是由不同层次和类别的员工组成，因此绩效评估指标体系呈现出层次分明的结构。首先，组织绩效评估、部门绩效评估、员工绩效评估是绩效评估指标体系的三个大的层次。另外，对不同岗位的工作性质进行分类，如管理类、技术类、生产类等其评估指标也呈现出层次分明的结构。

绩效评估指标体系作为绩效评估指标的集合，还应考虑如何使各个评估指标更好地整合起来以实现评估的目的。

一、绩效评估指标体系设计原则

(一)定量指标为主、定性指标为辅原则

通常情况下，使用定量化的绩效评估指标有利于确定清晰的标度，从而提高评估的客观准确性。同时，对于定性的评估指标也可以运用一些数字工具进行恰当处理，从而使得定性指标得以量化，使评估的结果更精确。

(二)少而精原则

结构简单的评估指标体系能够有效地缩短评估信息的处理过程乃至整个评估过程，提高绩效评估的工作效率。同时，评估者能够比较容易地了解绩效评估系统，掌握相应的评估方法和技术。这样的评估系统才能比较容易地被评估者接受，评估工作参与人员之间的沟通交流问题也容易解决。

(三)目标一致性原则

绩效指标体系是指组织中相互联系的各个岗位的绩效指标综合。一个完整的绩效指标体系应该包括各个岗位的绩效指标、相应的绩效标准以及相互联系的指标形成的指标体系。在这个体系中它更强调各个评价指标所支持的绩效目标应该具有一致性。针对企业的战略目标建立的评估指标体系，要保证各个绩效指标的确能够支持战略目标在各个层面上的子目标，从而支持企业战略目标的实现。

不仅如此，绩效评价指标之间的目标一致性同时还强调绩效指标的完整性。评价指标应该能够完整地反映评价对象系统运行总目标的各个方面。这样，才能保证总目标的实现。

二、构建绩效评估指标体系的步骤

(一)设计绩效评估指标库

企业负责此方面工作的人员首先应建立一个适合企业特点和战略需要的绩效评估指标库。需要注意的是,这个指标库并不一定完全能够涵盖最终确定的每个岗位的绩效评估指标,许多指标往往是在下一个步骤中通过不同的操作方法逐一产生,并补充到这个指标库中的。指标库的建立在很大程度上体现了企业文化的要求。

(二)针对不同岗位的特点选择不同的绩效评估指标

选择评估指标就是根据被评估人所承担的工作内容和绩效标准,这正好反映在员工的职务职能等级上,这种绩效评估方式称为"分层分类的绩效评估体系"。"分类"主要是依据工作性质不同(职务的种类不同)进行的横向分类;"分层"主要依据职能等级形成的纵向层次。一般来说,如果分的较细,则可按照职位职级的数量而定;如果分的较粗,也可分为高层、中层、基层。

按职务职能标准进行绩效评估的前提就是在企业中建立健全一个明确的职位分类标准。在分层分类评估时,不一定要严格按照职位系列来进行,通常,我们会对比较复杂的职位系列进行一定的合并。特别是分层评估的层次并没有统一的标准,应根据企业的规模和实际情况,特别是管理幅度和管理层次来确定。至于分类的标准则要根据企业的生产经营对人员类别的需要而定。表 6-12 是一份用于分级分类评估的绩效评估指标汇总。

表 6-12　分级分类评估的绩效评估指标汇总

指标 \ 人员类别评估		生产人员			销售人员			研发人员			职能管理人员		
		经理	主管	主办	经理	主管	主办	经理	主管	主办	经理	主管	主办
工作业绩	工作数量		√	√									√
	工作质量	√	√	√				√	√	√			
	工作效率	√	√	√	√	√	√				√	√	√
	目标完成程度	√	√	√	√	√	√	√	√	√	√	√	√
工作能力	业务知识	√	√	√	√	√	√	√	√	√	√	√	√
	执行能力			√			√			√			√
	理解能力		√	√		√	√		√	√		√	√
	文字表达能力								√			√	√
	微机操作能力		√	√			√	√	√	√			√
	规划能力	√			√			√			√		
	组织领导能力	√			√			√			√		
	沟通协调能力		√			√			√			√	
	管理创新能力	√			√			√			√		
	公共关系能力				√	√	√				√		
	培养部下能力	√	√		√	√		√	√		√	√	

续表

指标		生产人员			销售人员			研发人员			职能管理人员		
		经理	主管	主办	经理	主管	主办	经理	主管	主办	经理	主管	主办
工作态度	全局意识	√			√			√			√		
	责任感	√	√	√	√	√	√	√	√	√	√	√	√
	纪律性			√			√			√			√
	积极性			√			√			√			√
	培养部下意识	√	√		√	√		√	√		√	√	
	自我开发意识			√			√			√			√

对不同类型的工作内容，绩效评估所使用的评估指标自然各不相同。另外，由于职位等级上的区别，他们还承担了不同的管理职能（也可能不承担任何管理职能），这种职位等级上的区别也会对绩效评估指标和权重产生影响。

（三）确定不同指标的权重

影响指标权重的最重要的因素是绩效评估的目的。对于不同的评估目的，应该对绩效评估中各个评估指标赋予不同的权重。最后，企业文化倡导的行为或特征也会反映在绩效评估指标的选择和权重上。

需要加以强调的是，这种权重的不同并不一定会表现在每个指标的权重上，而可能仅仅表现在三个常见的评估维度（工作能力、工作业绩、工作态度）的权重上。

比如，现在要对企业人力资源部的部长和总经理办公室的秘书进行绩效考核，那么针对这两个岗位就可以使用如下两张不同的评估指标汇总表（见表6-13、表6-14）。

表6-13 绩效评估结果汇总表（一）

职位编号	×××	职位名称	人力资源部部长		
员工姓名	×××	评估期间			
评估维度	评估指标	权 重	评估主体	平均得分	折合分数
业绩(60/100)	1.业绩目标	70	上级		
	2.工作任务	30	上级		
	小计	100	—		
能力(20/100)	1.业务知识	20	上级、下级		
	2.人力资源规划能力	15	上级		
	3.组织领导能力	15	上级、下级		
	4.沟通协调能力	15	同级		
	5.管理创新能力	15	上级、下级		
	6.公共关系能力	10	上级		
	7.培育部下能力	10	下级		
	小计	100			

续表

评估维度	评估指标	权 重	评估主体	平均得分	折合分数
态度(20/100)	1. 全局意识	20	上级、同级		
	2. 成本意识	20	上级		
	3. 责任感	20	上级、下级		
	4. 积极性	20	上级、下级		
	5. 培育下属的意识	20	下级		
	小计	100	—		
最终得分					

在这个例子中，假设人力资源部部长（以下简称部长）有上级、同级和下级，总经理办公室秘书（以下简称秘书）只有上级和同级，没有下级。

表 6-14　绩效评估指标汇总表(二)

职位编号	×××	职位名称	总经办秘书		
员工名称	×××	评估期间			
评估维度	评估指标	分　数	评估主体	平均得分	折合分数
业绩(60/100)	1. 业绩目标	40	上级		
	2. 工作任务	60	上级		
	小计	100			
能力(20/100)	1. 业务知识	20	上级		
	2. 执行能力	20	上级		
	3. 理解能力	20	上级		
	4. 文字表达能力	25	上级		
	5. 微机操作能力	15	上级、同级		
	小计	100	—		
态度(20/100)	1. 协作性	20	同级		
	2. 服务意识	20	上级、同级		
	3. 自律性	20	上级、同级		
	4. 责任感	20	上级		
	5. 积极性	10	上级		
	6. 自我开发意识	10	上级、同级		
	小计	100	—		
最终得分					

从表 6-13、表 6-14 中可以看出，在评估指标的选择上，设计者充分考虑了不同种类员工的不同工作特征。对工作能力的评估，部长有 7 项指标，秘书只有 5 项指标，对工作态度的

评估，部长只有 5 项，秘书却有 6 项；而且指标的内容也不尽相同，这些指标体现了不同岗位对任职者的不同要求。

另外，在评估指标的权重问题上，这两个评估汇总表中表示出了工作业绩、工作能力和工作态度的权重以及各评估指标的权重，在具体的实践中应根据不同的评估目的和其他客观的情况进行相应的调整。

案例分析

事与愿违的考核

A 公司人力资源部张经理参加了绩效管理培训后，感到受益匪浅，于是就向总经理请示，建议公司引入绩效管理的理念。总经理听了汇报后，觉得张经理说的很有道理，非常支持张经理。对张经理说："公司发展到今天，不能只靠经验管理了，是该引入现代管理理念的时候了，你就大胆干吧，我支持你。"

张经理得到支持后兴高采烈。他召集自己部门的全体成员布置这件工作，要求大家把这次考核作为本年度重要的工作来抓，并责成刚毕业的小李设计绩效考核表，要求全面、实用、可以量化，以保证考核公平、公证的进行。

小李接到任务后，就从网上下载了一个员工通用项目考核表交给张经理，见表 6-15。

表 6-15　员工通用项目考核表

姓名：
部门：　　　职位：　　　　　　考评日期：

考评项目	考评要素	考评内容	标准分	自　评	考评小组	考评得分
职业道德 25	忠于职守	热爱本岗位工作	5			
	工作素质	热爱集体，尊重领导，配合支持工作	5			
	团结精神	关心他人，团结协作	5			
	业务学习	钻研业务，勤奋好学，要求上进	5			
	服务态度	对内外客户服务周到、热情	5			
工作态度 25	遵守制度	遵守公司各项规章制度	5			
	出勤情况	满勤	5			
	工作积极性	对高标准做好职务范围内的业务的热情	5			
	工作责任性	完成本职工作的持续性和责任性	5			
	工作协调性	与同事、上司合作的情况	5			
工作成果 32	完成任务	是否有完成任务的具体计划安排	10			
	成本意识	努力减少时间、物质上的损失	8			
	创新能力	提出改进工作的建议情况	5			
	特殊成果	给公司在某方面解决重大问题	5			
	培养人才	参加培训或对他人进行培训	4			
其他管理 18	能源管理	节约能源（水、电等）	3			
	设备管理	爱护设备，保养好	3			
	财务管理	节约开支，精打细算，遵守财务制度	3			
	物资管理	按计划领用物资，节约，杜绝浪费	3			
	安全防火	安全防火意识强，能主动做好工作	3			
	计划生育	严格执行计划生育政策	3			
总计	—	—	100			

张经理认为该考核表设计全面，使用性广泛，又可以量化，就决定使用这个考核表。

根据学习来的绩效考核的程序，在总经理的支持下，公司召开了绩效管理动员大会，统一大家的认识，总经理要求各部门积极配合张经理的工作。会后由人力资源部员工把表格发给相关人员，要求大家认真如实评分，并在一周内交回人力资源部。一周后，看着收回的考核表，张经理感觉马上就可以大功告成了，满心喜悦，责成小李把考核结果输入计算机。

小李把输入结果报告给张经理后，张经理一看就叫苦不迭。原来在自评上，除满勤一项外，大家几乎都填了满分，尤其是职业道德一项，大家几乎都得到25分。总分无一例外都是95分以上。难道大家都做得一样好吗，这不可能，看来自评没有意义了。再看考核小组的评分结果，只是比自评结果略低一点，分数基本集中在85～90分，也很难拉开档次。怎么会这样呢？张经理陷入沉思……

复习思考题

1.什么是绩效评估指标？绩效评估指标有哪些分类方式？
2.选择绩效评估指标的原则和依据分别是什么？请举例说明。
3.绩效指标选择的基本程序是怎样的？
4.绩效指标量化的必要性和可能性？请举例说明。
5.什么是绩效标准？如何制定绩效标准？
6.请简述构建绩效评估指标体系的原则。
7.构建绩效评估指标体系的基本步骤有哪些？

第七章　绩效指标体系设计

学习目标

通过本章的学习，应当掌握以下内容：

1. 学会目标分解形成指标体系的方法；
2. 学会如何建立 KPI 体系及其确立方法；
3. 了解综合平衡记分卡的内涵和特点；
4. 掌握制定平衡记分卡的方法及其步骤。

引导案例

员工的士气为什么越来越低

M 公司是从事通讯器材制造的中等规模企业。近年来该公司在质量管理方面取得了很大成功，产品以质优可靠的信誉赢得了用户的信赖，企业的利润成倍增长，实现了快速成长。

为了使企业建立起持久的竞争优势，实现永续经营，M 公司的汪总经理决定在管理上再上一个新台阶。为此，企业进行了组织机构调整，同时制定了一系列新的规章制度以及行为规范。

翻阅一下 M 公司的规章制度便不难发现，制度中对员工的各种违章行为都规定了严格的惩罚措施。例如，迟到一次，扣罚当月奖金；上班不穿工作服，罚款 10 元；违反操作规程，罚款若干等。然而，在 M 公司的诸多制度中，却没有一条是对工作业绩良好的员工进行奖赏的。

自从这些规章制度实行以来，公司里变得更加井然有序了。员工们个个都变得小心翼翼，生怕由于不谨慎违反了哪条规定。无论是在办公室还是在车间，除了必要工作交流外，大家经常是保持沉默，过去爱提意见的那些员工也不再发表意见了。尽管如此，仍然经常发生某人被罚款的事件。

汪总经理对这些新制度出台后的效果深感得意。他个人便以身作则，从不搞特殊化。一天深夜，已是凌晨时分，汪总经理还没有休息，他亲自来到车间的生产一线检查工作。正巧，当班的小 A 一边看管着流水生产线，一边顺手从旁边的工作台上拿起一张报纸浏览着。亲临工作现场的汪总经理恰好看到了这一幕，他当时就严厉地批评了小 A。为严肃生产纪律、保证生产质量，汪总经理决定"杀一儆百"。按照公司的生产操作规定，工人违反纪律，不仅本人要受惩罚，而且要“三级连罚”。于是小A本人被罚100元，车间主任被罚200元，生产部部长被罚400元。除罚款以外小A及其与该事件有关的主管人员在全公司范围内通报批评。一时间“小A事件”成了M公司上上下下关注的热点。大家议论纷纷，几乎所有的员工和管理人员都对此事感到不满。公司员工特别是小A的车间主任和生产部长的工作积极性受到了严重的挫伤。

“小A事件”发生后，M公司的员工士气日渐低落。大家都保持着一种“不求有功，但求无过”的工作态度。公司的业绩也不再有新的改进，所有的活动都处于“维持”状态，昔日M公司员工的创新精神已不复存在。

面对M公司这种停滞不前的状态，汪总经理心急如焚。他不明白为什么加强了管理，公司业绩反而不再进展，员工的士气也越来越低呢？

思考题：

1. 请你对M公司的奖惩管理进行评价，找出其存在的主要问题。

2. 为什么“小A事件”发生后，大家都保持一种“不求有功，但求无过”的工作态度？

3. 如果你是总经理的助理，你将如何帮助汪总经理扭转眼前员工士气越来越低的局面？

通过岗位分析提取绩效考评指标，是组织绩效指标体系设计的基础，同时结合组织目标分解、选取关键绩效指标、运用平衡计分卡等框架思路来设计组织绩效考评指标体系会更加科学和方便。

关键绩效指标体系的绩效指标设计方法和平衡记分卡的绩效指标设计方法，是基于组织战略的更加系统的指标体系设计方法。采用这些系统方法，可以使组织将未来愿景通过战略的连接，更好地落实到每个经营单位或战略单位、每个部门乃至每一个人，使整个组织在这个系统的引导和管理下，成功地实现组织的战略设想。

如果在组织战略既定的前提下，基于目标的系统考核方法就成为效率比较高的绩效考核工具。即使组织战略不十分明确的情况下，目标管理的导入较关键绩效指标体系和平衡计分卡的难度小，导入的比率也比较高，同时管理人员和其他员工也比较容易理解和接受。

第一节　基于目标管理的绩效指标体系设计

组织进行绩效评估，需要设计考核指标体系。而考核指标体系设计的方法很多，其中通过目标分解法设计绩效指标体系是常用的一种。所谓目标分解法，就是把组织的总目标层层分解，一直分解到各岗位形成各岗位的目标，再把各岗位的目标设计成考评指标。这些评估指标相互联系、相互作用构成有机的组织绩效评估指标体系。

一、目标管理的含义

（一）什么是目标管理

目标管理是指组织的主管人员或员工亲自参加目标的制定，在工作中实行自我控制，并努力完成工作目标的一种制度或方法。运用目标管理法来考评员工的绩效,其过程非常类似于主管人员与员工签订一个合同,双方规定在某一个具体时间达到某一特定的目标。员工的绩效水平就根据这一目标的实现程度来评定。

目标管理是美国著名管理学家德鲁克((P. F. Drucker)在他发表的《管理实践》(1954年)一书中提出的。所谓目标管理,乃是一种程序和过程,是经过组织中的上级和下级一起协商,根据组织的使命确定一定时期内组织的总目标,决定上下级的责任和分目标,并把这些目标作为组织绩效考核和考核每一部门和个人绩效产出对组织贡献的标准。根据德鲁克的观点,管理必须遵循的一个原则是每一项工作都必须为达到总目标而展开,当组织的高层确定了组织的目标后,必须对其进行有效分解,以便成为部门以及个人的目标,管理者根据分目标完成的情况对下属进行考评和奖励。

目标管理起于20世纪50年代,尤其在60、70年代经济发达的美国应用广泛,风靡一时,目标管理的思想不断发展,目标管理理论也逐渐完善并适应企业的内外部环境,如项目管理理论就是目标管理的延伸和发展。

经过几十年的发展,目标管理的理论体系已经由单纯的单项、片面的目标管理体系发展到基于战略的目标管理体系,企业的网络化、信息化的发展为目标管理工作从效率上提供了更多的技术支持,如著名的企业丰田公司等都获得了企业目标管理的成功。

我国企业于20世纪80年代引入目标管理,并得到了很好的应用,很多高校、企业、事业单位都采用了目标管理法。目前,在国内成功实施目标管理的企业有蒙牛乳业集团、联想、海尔、TCL等国内知名的企业,以及众多大型国有企业子母公司,如邯郸钢铁集团公司等。

(二)目标管理的特点

目标管理是一种科学的管理方法,这种管理方法是通过确定目标、分解目标、安排进度、制定措施、落实措施、绩效考评等来实现企业的自我控制,从而达到管理的目的。目标管理的主要特点是它十分注意从目标出发,从期望达到的目标出发,采取能保证管理目的和成果实现的措施,以调动各方面的积极性,使每个人都为达到自己的目标而主动采取各种可能凑效的方式方法,成为管理的主动者,这个特点贯穿于整个目标管理过程中。

1. 共同参与

目标管理鼓励全体员工都参与管理,因而具有广泛的民主性,是一种民主管理。目标管理在任何阶段都十分重视人,为了调动员工的积极性和主动性,它在实施过程中都注意使管理群体化,让全体员工都参与管理,实行管理的民主化。目标管理十分注重协商、讨论、对话、交流这些方式,厌倦命令、干预、指挥及独断,特别是在制定个人目标时尊重目标执行者的意愿,以目标执行者为主制定目标,使员工提高努力工作实现目标的兴趣与积极性,这使目标管理成为一种民主管理。

2. 系统导向

目标管理吸收了系统论的精华,强调企业的目标管理要具有集合性、层次性和相关性。集合性是指系统至少由两个和两个以上的子系统构成,目标管理包括了目标的制定、目标的实施和目标成果的考评;层次性使得目标管理在目标结构上具有层次性,包括了组织目标、部门目标和个人目标三个层次;相关性是指系统各个要素之间相互作用、相互制约的关系,目标管理突出了制定目标、实施目标和考核成果之间的相互关系,考核成果的结果经过反馈后为下一个周期的目标制定提供依据,制定的一个个目标同时对应的是考核标准。

3. 自我控制

目标管理主张在整个管理过程中实现自我，即实现管理的"自我控制"和"自我调整"，因此，它具有强烈的自觉性，是一种自觉的管理。目标管理不论在制定目标阶段，还是在实现目标和成果评价阶段，都从"人性善"出发，遵循Y理论，始终把握以目标来激励人，去尽量发挥自我的各项能力，最终通过自我控制去实现整体和个人的目标。

4. 适当授权

授权就是使下级具有决定权。目标及达成目标的基本方针一经确定，上级就要对下级大胆放手，给每一个基层部门与每一个员工以实现目标所应有的权限，任由他们自行选择为实现目标所采取的措施和手段，不要擅自指挥与横加干涉，上级要自始至终注意的是不断检查，对各项工作进行有重点的管理，促进目标执行者独立自主的实现目标。

适当的授权有利于减少上级管理人员的负担，提高企业生产经营的效果，同时，培养了下级管理人员，不断提高他们的管理水平。目标管理就是注重对各级管理人员的培训、锻炼和提高。实行授权，可以使下级管理人员对自己的目标任务自觉负责，并自行判断处理问题、自我教育及自我提高。

5. 结果导向

目标管理以目标实现的程度进行成果的评价，注重管理的实际成效，因而具有极强的现实性，是一种成果管理，目标管理也称作"根据成果进行管理的方法"，这是因为这种管理最终是以目标的实现作为奖惩的唯一标准，把企业的绩效提高与员工的个人利益密切结合起来，强调成果的取得，主要是个人的能力、知识和努力，它更加注重成果，不看重资历、年限等，使目标管理成为一种实效的管理。

（三）目标管理的要素

（1）目标是什么？

（2）达到什么程度？

（3）由谁来完成？

（4）何时完成目标？

（5）如何实现目标？

（6）如何保证？

（7）是否达成了既定的目标？

（8）怎样对待完成情况？

二、目标管理的基本程序

目标管理是一个反复循环、螺旋上升的管理方式，因而它的基本内容具有一定的周期性，目标管理正是通过其管理内容的周而复始，才实现了管理效果的不断提高。就其每一个周期而言，它的基本内容有：设置目标、跟踪目标、考核评估目标、制定新的绩效目标。

（一）设置目标

设置目标是目标管理过程中最为重要的阶段。这一阶段可以分为四个步骤。

第一步，预定目标或计划目标。这是一个暂时的、可以改变的预案。这个预定的目标，既可以由上级提出，再同下级讨论；也可以由下级提出，由上级批准。无论采取哪种方式，目标必须由上下级共同商量确定，而且，领导必须根据企业的使命和长远战略，估计客观环境带来的机遇和挑战。

第二步，重新审议组织结构和职责分工。目标管理要求每一个目标都有确定的责任主体，因此预设目标之后需要重新审视现有的组织结构，对新的分解目标进行调整，明确目标责任者和相关人员的责任关系。

第三步，确立下级目标。首先上级要明确组织的规划和目标，然后才有可能商定下级的分目标。在讨论中上级要尊重下级，平等待人，耐心倾听下属的意见，帮助下级建立与组织目标相一致的支持性目标。分目标要具体、量化，便于评估；如果有多个分目标要分清轻重缓急，以免顾此失彼；目标既要有挑战性，又有实现的可能性；每个员工和团队的分目标要同组织中的其他员工和团队的分目标协调一致，共同支持组织总体目标的实现。另外，上下级要就目标完成的时间期限进行沟通并确认，还要确定各项目标的重要程度。

第四步，上级和下级就实现各项目标所需要的条件和目标实现后的奖惩达成协议。分目标制定后，要赋予下属相应的资源配置权力，实现责、权、利的统一。

在设置目标的过程中，通常人们需要考虑的一个问题是：什么样的目标是好目标。判断一个目标是否是好目标，可以参照表 7-1 所示的标准。判断一个目标是否可以评估见表 7-2。

表 7-1 不恰当的目标与恰当的目标

不恰当的目标	恰当的目标
以过程或活动形式来表达	以最终结果来表达
没有具体的完成期限	在确定的时间内完成
对期望达到的目标定义模棱两可	确定目标完成的形式
理论化或理想化	从公司的管理实际出发
没有真正的结果	对公司的成功很重要
过于简练、不清楚或太长太复杂	尽可能地用数字精确说明
重复，一项陈述中包含两个或两个以上承诺	一项陈述只限一个重要的承诺

表 7-2 不可评估的目标与可评估的目标

不可评估的目标	可评估的目标
获得较高的利润	在本年末实现利润增长 15%
大幅度提高生产率	在不增加费用和保持现有质量下，本季度的生产率比上季度增长 10%
提高产品质量	产品抽查不合格率低于 3%
经常与下属沟通	主管每周与下属沟通时间不少于 2 小时
维持电脑网络系统的稳定性	由于技术问题网络中断次数每季度不超过 1 次
保证设备正常运转	设备每次维修时间不超过 1 小时

目标分解的常见错误

目标分解几种常见的错误：

一是指标简单的平移分配，就是将指标进行简单的部门或岗位分摊，没有科学的分解，没有找到因果关系，使指标从一开始就没有多大的成功概率。

二是指标之间没有因果关系。员工只从岗位职责中提炼指标，企业战略指标不能分解到岗位（只到部门负责人），造成个人指标与企业指标没有多少因果关系。

三是不同岗位的指标难度差异大。企业内部的分工和岗位差异是客观存在的，岗位与岗位之间也确实存在不可比性，要实现绩效管理的客观公平，就要在指标难度设计方面做科学的描述。

（二）跟踪目标

目标管理强调结果，强调自主、自治和自觉。但是，这并不等于说领导可以放手不管，相反，由于形成了目标体系，一环失误，就会牵动全局。因此，领导在目标实施过程中的管理不可缺少。首先要定期检查，利用双方经常接触的机会和信息反馈的渠道自然进行；其次要向下级通报目标进展程度，便于相互协调；再次要帮助下级解决工作中出现的困难问题，当出现意外、不可预测事件严重影响组织目标实现时，可以通过一定的程序修改原来的目标。

（三）考核评估目标

达到预定的期限后，下属首先进行自我评估，将实际达到的绩效水平与预先设定的绩效目标相比较，提交书面报告；然后上下级一起评估目标完成情况，决定奖惩。

管理者与员工讨论他们是否完成了目标，并研究为什么能完成或不能完成，组织将这些检查考核工作情况记录下来并成为正式的绩效考核依据。如果目标没有完成，应分析原因总结教训，切忌相互指责，以保持相互信任的气氛。因为，目标管理的考核不是考核行为或态度，而是考核结果，如果目标确立得具体、可量化，那么考核过程就比较简单。

（四）制定新的绩效目标

凡是已成功实现其绩效目标的被考核者都可以被允许参与下一考核周期新的绩效目标的设置过程。而对哪些没有达到既定绩效目标的被考核者，在与其直接上级进行沟通，判明目标未实现的原因，并制订出相应的解决办法和行动矫正方案后，才可以参与新一轮考核周期绩效目标的设定。

上下级讨论下一阶段目标，开始新的循环。

对目标管理的检视

为了确保目标管理真正能够发挥它所应有的作用，还需要认真仔细地对目标管理进行检视，具体标准如下：

1. 目标是否体现工作特征？

2. 目标是否太多？能否合并一些目标？

3. 目标是否可以检验？也就是在完成目标的周期结束后，能否判断自己的目标是否已经实现。

4. 目标是否明确：

(1)数量指标(完成工作的数量如何)。

(2)质量标准(工作结果应达到什么样的质量标准)。

(3)时间指标(是否有明确的完成目标的期限)。

(4)成本指标(完成目标的成本应控制在什么样的范围内)。

5. 目标是否合理又具有挑战性？

6. 目标中是否包括：

(1)目标的改进。

(2)个人发展目标。

7. 个人的目标是否与组织的目标相一致，并且与其他个人的目标不发生矛盾冲突？

8. 是否就目标与需要了解该目标的人员进行了讨论和沟通？

9. 是否有短期目标？

10. 有关目标的基本假设是否明确？

11. 目标是否清楚地予以表达并采取了书面形式？

12. 在实行目标管理的过程中能否及时地提供反馈并采取纠正措施？

13. 实现目标是否有足够的资源和权限？

14. 那些希望实现目标的人是否有机会提出他们的目标建议？

15. 下级人员对分配给他们的职责是否有控制力？

三、目标管理考核法对我国管理实践的具体意义

目前中国企业中普遍使用了目标管理方法来对企业的绩效进行管理，目标管理不但在中国生根发芽，而且还形成了独特的中国式目标管理。

其一，中国传统文化具有强烈的人本主义色彩，这与目标管理隐含“有责任心的工人”的假设是相通的。儒家文化向来被视为正统的传统文化，儒家文化强调“以人为本、以德为先、人为为人”的“三为”思想，其“诚、信、和”的实质内涵和孟子的“性善说”，与德鲁克的有责任心的工人并无根本性的区别。目标管理其“有责任心的工人”的假设是与儒家思想相通的。因而，目标管理一引入中国，就表现为一种人性的召唤，在人们心中激起了强烈的认同感和归属感。

其二，中国传统文化中的道家文化主张“无为而治”，因而在我国企业实践中缺乏目标、定额、限额、计量和原始记录等，管理的基础工作非常薄弱，实际工作中面临着泰罗所说的“如何有效地衡量工人合理的劳动量”的问题。这说明我国企业还需要补上“科学管理”这一课。目标管理引入中国，对我国企业的上述问题具有极强的针对性，目标管理和绩效考核极大地推动了我国企业管理基础工作的完善。今天，完善管理基础工作已经成为改进质量、提高管理水平与提升生产力的重要手段。从某种意义上说，目标管理更好地体现了道家文化“君无为、臣有为”的主张，反映了企业领导者高屋建瓴地制定企业战略目标的管理思想。

其三，中国几千年封建制度所形成的金字塔式科层制结构和人们对上级无条件服从的意识，已经转化为人们的一种责任感和使命感，有力地推动了目标管理在我国组织中的实

施。加拿大管理学家明茨伯格指出:"'机械化'组织即科层制组织的一个显著特征就是对控制的热衷,控制思想自始至终贯穿于整个组织的各个层级。"在目标管理中,德鲁克引导组织控制从管理者控制向员工自我控制的转变。德鲁克用圣贤式的"责任心"标准来代替失业危机感、思想操纵,以及秒表控制的独裁式管理工人和工作的方法,从本质上讲,这意味着把经理所用的自我控制方法推广到基层。目标管理既是一种有效的控制手段,提高了管理控制的质量,又加强了人性化管理,帮助管理者进一步凝聚员工。

其四,目标管理与我国企业所崇尚的全面管理有着天然的联系。我国已故著名管理学家蒋一苇教授认为,全面计划管理、全面质量管理、全面经济核算和全面人事劳动管理等"四全"管理是中国式管理的核心内容,而这些方面的工作都可以与目标管理有机地结合在一起。我国推广目标管理,不仅应用于工商企业组织,而且还把它推广到学校、医院和政府机构等非营利性机构。

其五,目标管理与科学发展观相结合,强调目标管理的生命力在于不断地质疑目标,这是中国式目标管理在新世纪所表现出来的特色。不断对目标提出质疑,从根本上说是试图把握不断变化的社会需求。目标管理是一个有机的过程,它的运行原则是导向具体目标的自我控制,通过个人的发展最终求得组织的平衡发展。个人在组织中既保留了自己的尊严和自由,同时又为组织履行职责,所有这些最终将有助于创造一个自由的、以人为本的社会。

目标管理对我国组织管理水平的提高,特别是对我国企业生产力的提升和促进作用是有目共睹的。组织创新和管理创新是组织管理的永恒主题,随着组织的发展和管理的进步,管理者需要克服目标管理在组织管理中的思维惯性,在组织的发展过程中不断运用新的维度空间对目标管理在组织中的适用性进行分析,与时俱进地发展目标管理的理论与方法。

第二节　基于 KPI 的绩效指标体系设计

1897 年,意大利经济学家帕累托在研究中发现一件奇怪的事情:19 世纪英国人的财富分配呈现一种不平衡的模式,大部分的社会财富,都流向了少数人的手里。后来对他的这项发现有不同的命名,二八法则是其中的一个说法,还有帕累托法则、帕累托定律、最省力法则等说法。尽管帕累托首先发现了二八法则,但是直到第二次世界大战后,一位罗马尼亚裔的美国工程师朱伦才开始引介它。朱伦将二八法则应用于日本企业实践,受到日本企业的大力欢迎,并对第二次世界大战后日本工业的崛起起到了很大的推动作用。美国经济受到威胁,二八法则才受到西方的尊重。

劳伦斯·彼得在研究美日两国知名企业成功运用二八法则的经营实践中,得到的两点收益:其一,明确自己企业中 20%的经营要务是哪些?其二,明确应该采取什么样的措施,以确保 20%的重点经营要务取得突破?那么,二八法则对管理者而言意味着什么?这就要求经营管理者,在平常的经营管理上,不应该事无巨细,而要抓住管理的重点,包括关键的人、关键的环节、关键的岗位、关键的项目,等等。

KPI 的理论基础是二八法则。二八法则运用到绩效管理中,具体体现在 KPI 上,即一个企业在价值创造过程中,每个部门和每一位员工的 80%的工作任务是由 20%的关键行为完成的，抓住了20%的关键，就抓住了主体。

二八法则告诉了一个工作方法，即去寻找用20%的努力就可得到80%的效果的领域；集中精力解决少数重要问题，而不是解决所有问题；在每天中思维最活跃的时间内做最有挑战和最有创意的工作。

一、关键绩效指标

关键绩效指标(Key Performance Indicator)简称为KPI，同平衡计分卡、目标管理法一样，都是一种系统化的绩效考核技术。

KPI是衡量企业战略实施效果的关键指标，其目的是建立一种机制，将企业战略转化为内部过程和活动，KPI不仅使评估体系成为激励约束手段，更成为战略实施工具。

KPI是通过对组织内部某一流程的输入端、输出端的关键参数进行设量、取样、计算、分析，衡量流程绩效的一种目标式量化管理指标，是对工作完成效果的直接衡量方式。关键绩效指标强调对企业业绩起关键作用的指标，抓住关键绩效指标进行管理，通过关键绩效指标将员工行为引向组织目标。其内涵包括以下几个方面：

最能有效影响企业价值创造的关键驱动因素；

最能体现对组织战略目标有增值作用的绩效指标；

直接用于评价员工绩效的可量化的或可行为化的指标体系。

设立KPI的价值及意义在于使经营管理者将精力集中在对绩效有最大驱动力的经营行动上，及时诊断生产经营活动中的问题并采取提高绩效水平的改进措施。KPI的精髓，或者说对绩效管理的最大贡献是指出企业业绩指标的设置必须与企业的战略挂钩，其“关键”两字的含义即是指在某一阶段一个企业战略上要解决的最主要的问题。KPI是指标，不是目标，但能反映目标，KPI是关键指标，不是一般指标。

从表7-3中可以看出基于关键绩效指标体系的绩效考核体系与一般的绩效指标体系的区别。

表7-3 关键绩效指标体系与传统绩效考核的区别

	基于KPI绩效考核体系	传统的绩效考核体系
假设前提	假定人们会采取一切必要的行动努力达到事先确定的目标。	假定人们不会不主动采取行动以实现目标；假定人们不清楚应采取什么行动以实现目标；假定制定与实现战略与一般员工无关。
考核的目的	以战略为中心，指标体系的设计与运用都是为组织战略目标达成服务的。	以控制为中心，指标体系的设计与运用来源于控制的意图，也是为更有效地控制个人的行为服务。
指标的产生	在组织内部自上而下对战略目标进行层层分解产生。	通常是自下而上根据个人以往的绩效与目标产生的。
指标的来源	基于组织战略目标与竞争要求的各项增值性工作产出。	来源于特定的程序，即对过去行为与绩效的修正。
指标的构成及作用	通过财务与非财务指标相结合，体现关注短期效益，兼顾长期发展的原则；指标本身不仅传达了结果，也传递了产生结果的过程。	以财务指标为主，非财务指标为辅，注重对过去绩效的考核，且指导绩效改进的出发点是过去的绩效存在的问题，绩效改进行动与战略需要脱钩。

二、KPI 体系的特征

KPI 是通过对组织运作过程中关键成功要素的提炼和归纳形成的。一般有如下特征。

（一）系统性

KPI 是一个系统。公司、部门、班组有各自独立的 KPI，但是必须围绕公司使命、愿景、战略、整体效益展开，而且是层层分解、层层关联、层层支持。KPI 是一个完整的系统，在这个系统中，组织、管理人员和员工全部参与进来，管理人员和员工通过沟通的方式，将企业的战略、管理者的职责、管理的方式和手段以及员工的绩效目标等确定下来，在持续不断沟通的前提下，管理人员帮助员工清除工作过程中的障碍，提供必要的支持、指导和帮助，与员工一起共同完成绩效目标，从而实现组织的战略目标。

（二）可控与可管理性

绩效考核指标的设计是基于公司的发展战略与流程，而非岗位的职责。可控与可管理是指设计的 KPI 必须有明确的定义和计算方法，易于取得可靠和公正的初始数据，同时能有效进行量化和比较。

（三）价值牵引和导向性

下道工序是上道工序的客户，上道工序是为下道工序服务的，内部客户的绩效链最终体现在为外部客户的价值服务上。

表 7-4 是某公司所建立的关键绩效指标体系的例子。

表 7-4　某公司经层层分解后确定的公司级关键绩效指标（KPI）汇总

业务重点	策略目标	关键绩效领域	公司级或一级关键绩效指标
市场领先	市场拓展	大客户增长	大客户对大项目的贡献率
			大客户增长率
			大客户新兴市场占有率
		新客户数量增长	新客户数量增长
		新业务收入增长	新业务营业增长率
		拓展海外市场	海外销售额
	品牌影响力	市场宣传有效性	目标市场促销投入资金增长率
			目标市场铺货率
			行业排名进位率
	销售增长率	当期营业额	当期营业收入增长率
	完善营销网络	目标市场一级分销商	目标市场一级分销商增长率
		目标市场占有业务代表数量	目标市场业务代表平均占有率

续表

业务重点	策略目标	关键绩效领域	公司级或一级关键绩效指标
客户服务	客户满意	客户满意度	返修率 电子解款方式、目标市场普及率 对客户要求的响应程度
		客户资源管理	客户资源管理
利润增长	应收账款	回款速度、期限	按合同回款及时率
		呆账、坏款数量	坏账率 呆账率 坏账准备金
	费用控制	办公费用	办公费用总支出减少额
		业务招待费	业务招待费减少额
	纯利润	纯利润目标	纯利润目标达成率
组织建设	人员	关键少数	工作效率
	素质	总公司政策执行情况	培训效率与结果
	文化	员工安心工作	员工综合满意指数

案例分析

某家电公司在导入 KPI 过程中遇到的问题

某家电公司的销售副总近来很不开心。他花了很大力气才说服了几个大客户和经销商从他们公司大批量购买公司生产的新型空调。这批订货必须在炎热天气到来之前抵达那些主要城市。但是新的生产线这几个月仍处于调试阶段。如果不能在5月15日前发货，这些客户就有权取消订单。如果真是这样，不仅公司的销售业绩会大幅度下降，而且新生产线的投资也会遭受很大损失。现在是4月中旬，他已被告知第一批新产品无法在交货期前发货。

此时，该公司的生产副总却相当高兴，因为眼看今年已过了将近一半，他的三项生产指标（质量、生产成本和生产率）看上去完成得非常出色。新产品的生产达标是一个费时费力但效率很低的过程，会影响部门的绩效指标完成，因此他下令减少了本应配给新产品生产线的生产投入。销售不是他考虑的问题，他分内的工作只是保证产品质量、降低生产成本和完成生产任务，这也是他今年被考评的几个关键绩效指标。

财务兼行政副总的日子也很不错。他的关键绩效指标之一是缩短应收账款的周期，降低公司的财务费用。他采取的措施是缩短客户的付款期限，另外他还发出通知，对违反新定期限的客户取消任何放款条件。其实他也知道这种办法对销售不利，但销售不是他考虑的问题。他所要关心的是为公司尽快收回应收款，减少利息成本。

这是某公司在实施 KPI 绩效考评体系后出现的情况，每一个副总的考评指标仅与他自己的部门职责有关，如果仅考核单个部门，似乎合情合理。但从公司的战略发展考虑，却是一场灾难，公司正处在巨额亏损的边缘。各位副总的目标相互之间存在的严重失衡，严重阻碍了公司目标的实现。

这个家电公司的案例反映了在实施KPI绩效管理时，部门往往关注自己的职责，导致部门之间不衔接的现象。那么如何避免这一现象发生，使KPI更加完美呢？

建立企业内部价值链，明确内部顾客的期望。所谓内部顾客，即接受部门产品或服务的其他部门。一个组织要成功地实施战略必须有横向的协作为基本条件，这是因为任何一个工作流程都是横向的、跨部门的。所以企业的成功取决于跨部门的横向合作。那么在设计部门KPI时，要考虑谁是他们的内部顾客，必须明确他们的要求和期望。这样才能保证部门之间的有效合作、相互支持，否则只能是条块分割、各自为政，本部门利益的获取是建立在其他部门利益的损害上，造成组织的内耗。

在以上案例中，生产、销售和财务部门的工作相互脱节的原因，在于各位副总只站在自己的部门利益着想，没有考虑组织的总体战略和其他部门的利益，在他们的KPI体系中没有为其他部门承担责任的绩效指标。财务副总没有因为缩短付款期限影响销售受到惩罚；生产副总没有因为停止新生产线的生产致使订单无法履行而承担责任，使该公司面临夏季新产品投资失败的危机。如果生产副总的KPI体系中加入为销售部门承担责任的指标如销售订单完成率；财务副总的KPI体系中加入为其他部门承担责任的指标如其他部门的满意度，高层管理人员每月再对这些指标的完成情况进行跟踪和评估，并与各位副总的薪酬结合起来，就会解决各部门之间脱节的现象。

总之，KPI绩效管理方法旨在将企业战略转化为内部过程和活动，以不断增加企业核心竞争力和持续地取得高绩效。虽然实际应用过程中会出现部门之间工作脱节的现象，只要在设计部门KPI体系时，各部门领导清晰地理解组织的战略、考虑其他部门(内部顾客)的期望，承担为组织目标实现的其他指标，就能有效地克服这一现象，达到KPI绩效管理着眼于组织的战略目标，各部门的力量形成合力。

三、KPI的确定

(一)明确公司目标与业务重点

1. 公司目标

公司目标是为了实现组织使命而必须达到的要求，公司目标一旦确立，将不能随意变动，除非公司要做的工作发生了重大变动。常见的公司目标有：

(1)在目标市场上处于第一位或是第二位；

(2)成为地区内或国内该行业的主要经营者；

(3)公司经营成功；

(4)获得高增长的现金流量；

(5)建立高品牌知名度，以便在将来创造一种高边际利润的业务；

(6)提供基础性服务。

值得注意的是，公司目标一般只有一种，否则将导致公司的注意力不集中。

2. 业务重点

业务重点是为了公司目标的达成而必须完成的重点任务。这些业务重点是公司的关键绩效领域，也就是说，公司要想达到目标，就必须要把这些业务重点做好。因为公司目标是通过业务重点体现出来的。值得注意的是，对以下几个问题的深入思考，有助于把握公司的业务重点。

我们公司存在的价值是什么?

公司要想成功并实现设定的预期目标,我们应该重点做好哪些工作?

哪些工作是最关键的?

常见的业务重点是:市场领先;客户满意;利润保证;技术创新;产品领先。

从前面的分析我们知道,公司目标是通过业务重点体现出来的,那么由这些业务重点分解出来的绩效重点就称为关键绩效领域,即 Key Process Area,缩写为 KPA,再对关键绩效领域进行分解,就产生了关键绩效指标,即 KPI。对于组织而言,KPI 不是一两个指标,而是由公司目标层层分解得来的一个体系。所以,"KPI 体系"就是指公司宏观目标经过层层分解产生的可操作的一系列的关键绩效指标。

那么如何建立 KPI 体系呢?事实上,建立 KPI 体系也就是确定指标分解的思路,是解决如何把公司目标分解成可操作的绩效指标的问题。

(二)确定关键绩效指标的具体方法

1. 标杆基准法

标杆基准法是企业将自身的关键绩效行为与最强的竞争企业或那些在行业中领先的、最有声望的企业的关键绩效行为作为基准进行评估与比较,分析这些基准企业的绩效形成原因,在此基础上建立企业可持续发展的关键绩效标准及绩效改进最优策略的程序和方法。

在 KPI 指标和指标值的设定上,参考较强的竞争企业或那些在行业中领先的、最有声望的企业的做法是很有必要的,它能够帮助企业明确目标和方向,清楚自身的差距,以便更好地确立重点、改进工作。但是,在具体 KPI 指标的设计上,一定要注意考虑到企业自身的特点与发展阶段,应该在充分了解标杆企业绩效体系的真正立足点的基础上(比如企业文化、战略意图、核心竞争力、发展历史、领导作风等),分析企业自身的优势和劣势,设立符合自身发展实际的绩效指标。

2. 成功关键因素分析法

成功关键因素分析法就是要寻找一个企业成功的关键要点是什么,并对企业成功的关键要素重点监控。通过寻找企业成功的关键,层层分解从而选择评估的 KPI。基本思想是通过分析企业获得成功或取得市场领先地位的关键因素,提炼出导致成功的关键绩效模块,再把业绩模块层层分解为关键要素。为了便于对这些要素进行量化评估与分析,须将这些要素细分为各项指标,即 KPI。

3. 策略目标分解法

策略目标分解法采用的是平衡计分卡的思想,即通过建立包括财务指标与非财务指标的综合指标体系对企业的绩效水平进行监控。

(1)确定企业战略

企业各级目标的来源必须是企业的战略目标,只有经过战略目标的层层分解,才能保证所有部门和员工的努力方向与企业保持一致。企业的战略目标是根据企业发展状况和环境的变化不断调整的,在不同的发展时期有着不同的经营重点。

(2)业务价值树分析

业务重点是为了实现企业的战略目标必须完成的重点,这些业务重点就是企业的关键绩效领域。战略目标确定以后，我们就要通过业务价值树分析，对战略方案和计划进行评估，并按照它们对企业价值创造的贡献大小进行排序，分别建立企业的价值体系，并以此找出企业中数目有限的关键战略价值驱动因素，进而确定关键的岗位和部门。

(3)关键驱动因素分析

通常我们要进行两方面工作：第一是进行关键驱动因素的敏感性分析，找出对企业整体价值最有影响的几个财务指标；第二就是将滞后的财务价值驱动因素与先行的非财务价值驱动因素连接起来。一般情况下，是借用平衡计分卡思想，通过策略目标分解来建立这种联系。

四、构建 KPI 体系的程序

建立 KPI 指标的要点在于系统性、计划性和流程性。各个层级的绩效考核指标，无论是应用于组织、部门、团队或是个人，绩效考核的指标体系应该达到这样一种状态：

能清晰描述出绩效考核对象的增值工作产出；

针对每一项工作产出提取了绩效指标和标准；

划分了各项增值产出的相对重要性等级；

能追踪绩效考核对象的实际绩效水平，以便将考核对象的实际表现与要求的绩效标准相对照。

按照这样的指标体系标准，我们可以参考图 7-1，从以下几个步骤设计。

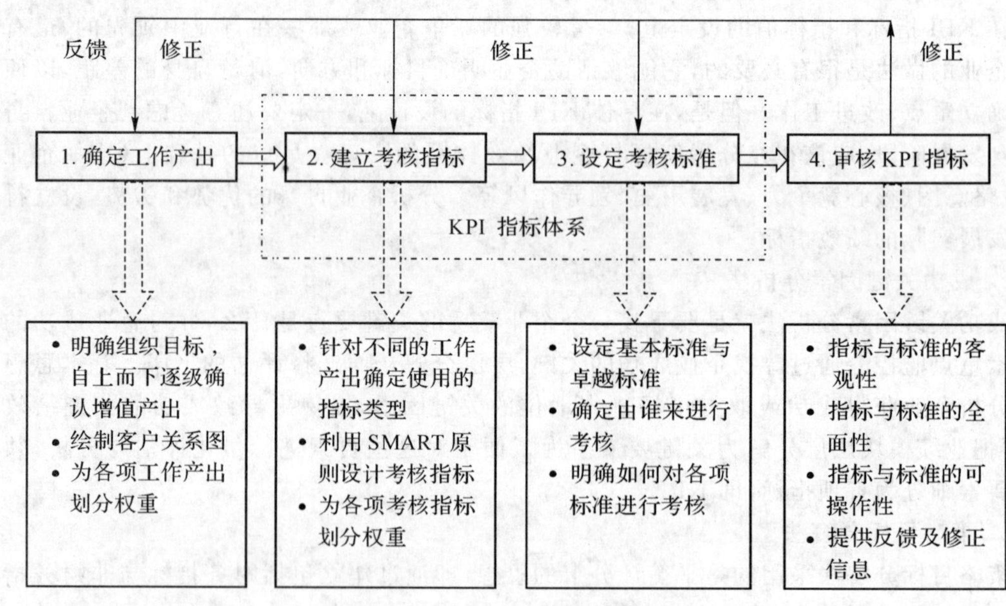

图 7-1 关键绩效指标体系的设计

(一)确定工作产出

所谓确定工作产出，主要是界定某个个体或团队的工作结果是什么。工作产出是设定关键绩效指标的基础。工作产出可以是一种有形的产品，也可以是某种作为结果的状态。例如，作为一名总经理秘书，她的工作产出可能会包括打印录入文件、起草报告信函、差旅安排、会议服务等；对于一名客户服务经理来说，工作产出可能会是满意的客户、下属的生产力、下属工作满意度等。

通常来说，以客户为导向来设定工作产出是一种比较适宜的方法。在设定工作产出的时候，我们需要问这样一些问题：

- 被考核者面对的组织内外客户分别有哪些？
- 被考核者分别要向组织内外客户提供什么？
- 组织内外客户所需要得到的产品或服务是什么样的？
- 这些工作产出在被考核者的工作中各自占多大比重？

1. 确定工作产出的四个原则

为使工作产出的确定更加符合组织的战略目标，促进组织工作绩效的改进，在确定工作产出时，应该遵循以下四个基本原则。

(1)增值产出的原则

工作产出必须与组织目标相一致，即在组织的价值链上能够有直接或间接的工作产出，这也符合效益性原则。

(2)客户导向的原则

凡是被评估者的工作产出输出的对象，无论组织内部还是外部的都构成客户，确定工作产出都须从客户的需求出发。这里尤其强调的是组织内部客户价值链的概念，这是把组织内部不同部门或个人之间工作产出的相互输入输出也当作是客户关系。例如，人力资源部为其他部门提供招聘选拔人员，那么其他部门就是人力资源部的客户，人力资源部的关键绩效指标就有组织内部客户满意度的指标。

(3)结果导向的原则

一般来说，定义工作产出首先要考虑最终的工作结果，对于有些工作，如果最终结果难以确定，则应采用此过程中的关键行为。例如，在高科技企业里对研发人员进行绩效考核时，就很难用最终的结果来衡量，研发人员的工作产出周期长，短时间内难以出成果，所以研发结果的价值在于留下有价值的技术资料，那么他的工作就是为企业带来了增值的行为。

(4)确定权重的原则

对以上说到的各项工作产出必须设定有相应的权重，在设置权重时要根据各项工作产出在组织目标中的相对重要性，而非花费的时间多少来设定权重，要区分关键的少数指标和无关紧要的多数指标。例如，总经理秘书这个职位，主要职责有为总经理起草文件、收发传真、接听电话、接待来客等，其中起草文件可能花费的时间不是最多的工作，而后面几项工作所花费的时间更多，但是从重要性来说，为总经理起草公文的重要性程度更高，因此，对这项工作产出应设定较高的权重。

2. 绘制客户关系示图，明确工作产出

我们通常将某个个体或团队的工作产出提供的对象当作是这个个体或团队的客户，这样的客户通常包括内部客户和外部客户。客户关系示图就是通过图示的方式表现一个个体或团队对组织内外客户的工作产出。在这个客户关系示图中，我们可以看到一个个体或团队为哪些内外客户提供工作产出，以及对每个客户提供的工作产出分别是什么。那么在进行绩效考核时，就可以考虑内外客户对这些工作产出的满意标准，以这些标准来衡量个体或团队的绩效。

例如,某销售部秘书的客户关系如图 7-2 所示。这个销售部秘书的主要工作职责有:

协助销售部经理处理日常事务,包括起草文件、收发信件、接待客人等;

协助销售部的业务人员处理日常事务,包括会议后勤、差旅安排和其他一些日常事务;

汇总部门的财务票据和数据,提供给财务部门。

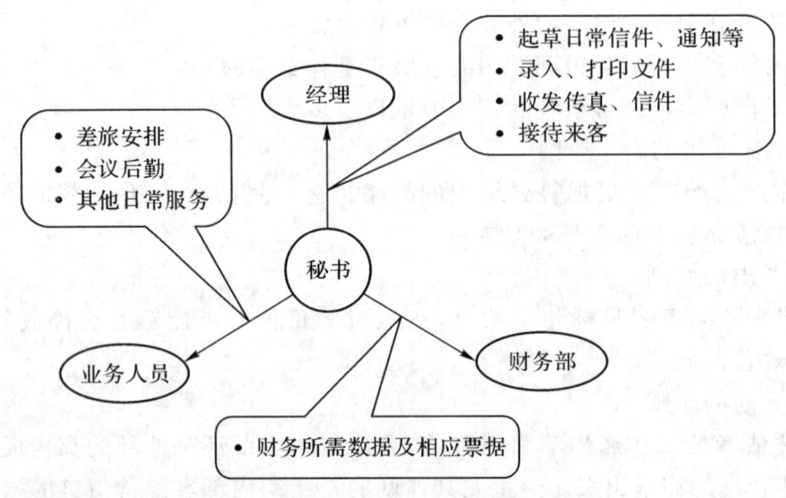

图 7-2 销售秘书的客户关系

因此,从图 7-2 中我们可以看出,这个部门秘书所面对的客户主要有三类:一是部门经理;二是部门内的业务人员;三是财务部门的相关人员。

秘书向部门经理提供的主要工作产出有:起草日常信件、通知等;录入、打印文件;收发传真、信件;接待来客。

在这里,经理是秘书的上司,在客户关系示图中,我们也将其作为秘书的一个客户。那么,我们衡量秘书对部门经理的工作完成得怎么样时,就可以考虑在上面这四项工作产出上经理的满意度。秘书的绩效标准也就是这几项工作产出的质量、数量、时效性等。例如,文件的录入、打印准确性如何;起草的文件是否能达到经理对质量的要求,等等。

秘书向部门中的业务人员提供的工作产出主要是:差旅安排;会议后勤;其他日常服务。

秘书向业务人员提供的工作产出主要是为业务人员的业务工作提供一些辅助性的支持。秘书为业务人员的差旅安排提供的服务主要有预订机票、酒店、安排车辆等,那么在这方面判断一个秘书的工作做得怎么样时,主要考虑他的服务是否给业务人员的工作带来了方便,这主要通过业务人员的满意度来体现。秘书为业务人员提供会议的后勤服务,主要包括预定会议室、安排会议设备、会议过程中为参会者提供会场服务等,在这方面衡量秘书的工作做得怎么样时,主要可以通过会议是否顺利进行以及参会人员的满意度来体现。另外作为部门秘书,还要为业务人员提供其他一些日常服务,例如与行政部门协调借用设备等有关事宜。

另外,由于该公司财务部门规定各项财务报销和费用支出都统一由部门秘书经手,因此部门秘书要向财务部门提供相关的数据和票据。因为财务部门是秘书所面对的客户,所以在提供工作产出时就需要按照客户的要求来提供。秘书在这个方面工作做得怎么样,需要财务部门进行判断。

客户关系示图的方法不仅适用于对个体的工作产出进行分析，也同样适用于对团队的工作产出进行分析。

（二）设定评价指标

1. 关键绩效指标的类型

在确定了工作产出之后，我们需要确定对各项工作产出分别从什么角度去衡量，或者说确定从哪些方面来评价。通常来说，关键绩效指标主要有四种类型：数量、质量、成本和时限。表 7-5 中列出了常用的关键绩效指标的类型、一些典型的例子以及从哪里可以获得验证这些指标的证据来源。

表 7-5　关键指标类型示例

指标类型	[illegible]例	证据来源
数量	[illegible]量 [illegible]售额 利润	业绩纪录 财务数据
质量	破损率 独特性 准确性	生产记录 上级考核 客户考核
成本	单位产品的成本 投资回报率	财务数据
时限	及时性 到市场时间 供货周期	上级考核 客户考核

在制定具体的绩效评估指标时，一般从两方面进行考虑：对结果的关注和对过程行为的关注。但是对处于不同层次的人员，由于他们各自承担的责任范围不同，结果指标和行为指标所占的权重也是不同。处于企业高层的管理者，往往更多的是对结果承担责任，工作内容更多的是决策和管理，需要的是灵活性和艺术性，对其在达成结果的过程中的行为很难进行严格规范，因此绩效指标也应该是以结果指标为主。而基层员工往往不能直接对结果承担责任，或者说基层员工对结果的影响主要是通过其完成任务过程中表现出来的行为规范性来决定的，因此对基层员工来说过程控制就显得非常重要，我们在设计绩效指标时对基层员工来说往往行为指标占了较大权重，而结果指标占的权重则较小。并且，越是高层管理的 KPI 数目越少，结果性越强，量化性越高；越是基层管理的 KPI 数目越多，过程性越强，数量与质量性皆有，指标一般应当比较稳定。即如果业务流程基本未变，则关键指标的项目也不应有较大的变动。

另外，我们在确定关键绩效指标时，有一个重要的 SMART 原则。SMART 是五个英文单词首字母的缩写：S 代表具体（specific），是指绩效考核要切中特定的工作指标，不能笼统；M 代表可度量（measurable），是指绩效指标是数量化或者行为化的，验证这些绩效指标的数据或者信息是可以获得的；A 代表可实现（attainable），是指绩效指标在付出努力的情况下可以实现，避免设立过高或过低的目标；R 代表现实性（realistic），是指绩效指标是实实在在的，可以证明和观察；T 代表有时限（time-bound），注重完成绩效指标的特定期限。

2. 提炼评估指标的方法

一般来说，我们提炼评估指标的方法包括：以战略为导向设计评估指标、以工作分析为基础设计评估指标、综合业务流程设计评估指标。

(三)设定评价标准

指标一定有相应的标准相对应，不存在有指标而没有标准，并且指标的类型也就决定了标准的类型。另外，每项绩效指标又可以同时存在多项标准进行衡量。设计绩效标准时一般会从以下几个方面去考虑。

1. 数量

数量是指那些直接显示绩效成果的数字化标准，包括销售产品的数量、销售收入、利润额、市场占有率、生产产品的数量、裁减员工的[illegible]也包括比例性的指标等。通常适用销售部门、生产部门等。

2. 质量

质量是指绩效成果内在的、质的数字化标准，包括产品合格率、不同等级产品的分布率、逾期应付账款率、库存率、现金周转率等。通常适用生产部门和销售部门等。

3. 成本

成本反映了实现直接绩效成果的代价，包括人工成本、产品成本、销售成本、管理费用等，有时会区分单项工作核算，如招聘成本、培训成本等，适用于各个部门。但成本相对比较固定，控制在预算内的一般不作为绩效目标，因为在有效控制系统中，员工将无法超出预算，超出预算的一般都会需要获得额外的批准。但是成本随产量或销售收入增长的，表述为“较上年成本降低 20%以上”或“费用增长比例低于收入增长比例”的可以纳入绩效考评标准。

4. 时间进度

时间进度是指要求责任人在特定的时间内达到特定的进度，如：7 月 1 日前完成销售收入的 50%；10 月 1 日前完成一号楼的主体结构施工等。对于一些日常性的工作，不能用全年、日常作为时间标准，而应当是完成每一次动作需要的时间。比如收发员的职责是按时收发信件和报纸，他的时限不是“全年”或“每天”这样的词语，而是“每天 8:30 以前将所有的信件报纸分发给收件人”。

5. 频率

频率主要用在行为产出，也有的用在产品产出。通常要求在一定的时间内，员工实施该行为的次数，如“每十分钟巡视一遍大堂，保证出现的垃圾及时清理”，“每十天与客户联络一次，发现有关最新需求和服务问题”等。

6. 客户满意度

客户满意度是指绩效产出满足客户需求的程度。包括客户满意度、客户流失率、投诉率、客户服务周期等，也可以设定员工满意率等内部客户的满意度指数。适用于服务部门和企业内部职能部门等。

7. 行为与技能指标

行为与技能指标是指员工在产出财务、产品和服务时是否按照特定的行为标准体现了应当具备的技术能力。通常应当有明确的描述和定义。

标准不同于目标，目标是指通过努力才可能实现的。标准是指常规性、可重复性的，一般是基本要求，也有可能是最低要求。比如前台的工作“电话铃响起三声内应当接起”、出纳的工作“收到票据2个工作日内予以报销”等都属于最低要求。

(四)审核关键绩效指标

在设定了关键绩效指标和标准后，还需要进一步对这些关键绩效指标进行审核，以确认这些关键绩效指标是否能够全面、客观地反映被评估对象的工作绩效，以及是否适合于评估工作。

审核关键绩效指标主要可以从以下五个方面进行。

1．工作产出是否为最终产品

由于通过关键绩效指标进行评估主要是对成果的评估，因此在设定关键绩效指标的时候也主要关注最终结果。在有最终结果可以界定和衡量的情况下，尽量不去追究过程中较多的细节。

2．多个评估者对同一个绩效指标进行评估，结果是否能取得一致

如果关键绩效指标真正是依据SMART原则设定的，那么它就应该具有清晰明确的评价标准。在这样的基准上，不同的评估者对同一个绩效指标进行评估时就有了一致的评估标准，能够取得一致的评估结果。

3．所有指标的总和是否可以解释被评估者80%以上的工作目标

关键绩效指标是否能够全面覆盖被评估者工作目标的主要方面，也就是我们所抽取的关键行为的代表性问题。因此，在审核关键绩效指标的时候，需要重新审视一下被评估者主要的工作目标，看看我们所选的关键绩效指标是否可以解释被评估者主要的工作目标。

4．关键绩效指标是否具有可操作性

我们不仅要设定关键绩效指标，还需要考虑如何依据这些关键指标对被评估者的工作行为进行衡量和评估，因此，必须有一系列可以实施跟踪和监控关键绩效指标的操作性方法。如果无法得到与关键绩效指标有关的被评估者的行为表现，那么关键绩效指标也就失去了意义。

5．是否留下超越标准的空间

需要注意的是，关键绩效指标规定的是要求被评估者达到工作目标的基本标准，即是一种工作合格的标准。因此，绩效标准应该设置在大多数被评估者通过努力可以达到的范围之内，对于超越这个范围的绩效表现，我们就可以将其认定为卓越的绩效表现。

五、构建KPI体系实例

关键绩效指标(KPI)从本质上讲，就是衡量企业战略实施效果的关键指标，其建立的目的就是设计一种机制，以使企业战略转化为内部过程和活动，从而不断增强企业的核心竞争力并获得持续发展。

(一)选择公司级KPI的流程

对于KPI的选择方法，就是先要寻找出企业成功的关键点或者是那些能够配合组织目标的业务重点。

一般选择KPI指标有四个步骤(见表7-6)。

第一步，从组织目标中找出业务重点。

第二步，分解业务重点，细分策略目标。

第三步，从策略目标中细分 KPA。

第四步，分解 KPA，按选择 KPI 的原则选择 KPI。

表 7-6　选择 KPI 指标的步骤

内容步骤	要　领	该步骤应解决的问题
第一步： 从组织目标中找出业务重点	企业要想达成组织目标，必须在这些业务重点保持较高水平	在这一过程中，要对以下问题进行思考，以把握业务重点： • 本公司存在的价值是什么？ • 公司要实现设定的预期目标，应该重点做好哪些工作？ • 哪些工作是最关键的？
第二步： 从业务重点中分解策略目标	确定完成这些业务重点的策略目标	为了找到相关的策略目标和手段，KPI 的设计者要在这一步骤中回答这样几个问题： • 每个业务重点的内容是什么？ • 每个业务重点实施的关键措施或手段是什么？ • 衡量业务重点达成的标准是什么？ • 为了达成业务重点，管理者和员工应该在何处投入自己的时间、精力和才能？ 注意：在平衡计分卡的 KPI 体系中，对业务重点的分解要从固有的四部分，即财务、客户、内部运营、学习分别进行分解。
第三步： 从策略目标中分解 KPA	从相关的策略目标中分解 KPA	KPA 与 KPI 不同，显然，KPA 不能称做是 KPI，但 KPA 为 KPI 的设计者提供了一种描述性的工作要求。
第四步： 从 KPA 中确定 KPI	按筛选原则选择 KPI	对每个绩效领域，可能有众多的指标可以给予反映。因此，从 KPA 中选取的 KPI 可能很多，这时，我们需要对众多指标进行筛选，选出符合筛选原则的 KPI。这时，需要思考的问题是： • 该指标是否重要？ • 是否可操作？ • 是否可控制？ • 是否具有关联性？

案例分析

某公司通过策略目标分解确定关键绩效指标

经过战略规划后，A 公司的组织目标确定为行业内优秀公司。为实现这一组织目标，该公司确定了当期内四项业务重点：利润增长、市场领先、客户服务、组织建设。

对各业务重点进行分解，即寻找实现业务重点的策略目标。比如，对市场领先这一业务重点所确定的策略目标为品牌推广、销售增长、市场拓展、完善营销网络四项。

A 公司对市场领先这一业务重点分解出策略目标后，就要对这些策略目标继续进行分解，即分解出关键绩效领域（KPA）。比如，对“市场拓展”这一策略目标进一步细化，就会细化出 KPA，即新业务收入增长、新客户数量增长、大客户数量增长、海外销售额，详见表 7-7 由组织目标确定 KPA。

A 公司细化出相关的 KPA 后，就要继续对这些 KPA 分解，即分解出 KPI。这时分解出的 KPI 可能很多，那么就需要对这些 KPI 进行筛选。

表 7-7　由组织目标确定 KPA

公司目标	公司业务重点	公司策略目标（从业务重点中寻找策略目标和手段）	从策略目标中选择 KPI
行业优秀公司	利润增长	…	…
	市场领先	品牌推广	…
		销售增长	…
		市场拓展	新业务收入增长
			新客户数量增长
			大客户增长
			海外销售额
	客户服务	…	…
	组织建设	…	…
…	…	…	…

（二）挑选 KPI 的原则

对于 KPI 的挑选方法，从一些先进公司的经验来看，大致有这样一些原则，如表 7-8 所示。

表 7-8　挑选 KPI 的原则

原　则	具体内容
是否具有重要性	• 重要性是对公司整体价值利润的影响程度； • 通过对公司整体价值创造业务流程的分析，找出对其影响较大的指标； • 需要注意的是，在不同的市场形势、公司目标和发展阶段，同一指标的重要性可能不同。
是否具有可操作性	• 即指标必须有明确的定义和计算方法，易于取得可靠和公正的初始数据。
是否具有可控性	• 即指标的可控性。也就是说，该指标是该职位人员控制范围以内的，而不是该职位不能控制的，这样才能公平、有效地激励人员完成目标。
是否具有关联性	• 指标之间必须是有机统一的，共同服务于组织战略。

对于 KPI 选择的四个原则，下面详细谈谈这几个原则在使用时应注意的问题。

事实上，为了对以上四个原则进行更清晰的把握，对每条原则都需要进行细化。也就是说，人们设计了一些具体问题，设计者在使用上述原则的时候，可以用这些具体的问题对自己进行提问。而这些具体问题就是将上述原则的细化了的标准，所以，设计者以此可以对初步选定的指标进行测试和修正。

1. 关于重要性原则，设计者一般要问自己下面这样的问题

该指标是否与公司的组织目标一致？

该指标是否与某个特定的业务重点联系？

该指标承担者是否清楚公司的业务重点？

该指标承担者是否清楚指标如何支持公司目标的实现？

对于“重要性”这个原则，还有一个公司生命周期的问题要注意。也就是说，在不同的历史阶段，同一指标的重要性可能不同。例如，在企业生命周期的不同阶段，各项财务绩效指标所起的重要程度不同，如表 7-9 所示。

表 7-9　企业生命周期的不同阶段对财务指标的不同侧重

<table>
<tr><th rowspan="2">企业的生命周期</th><th colspan="3">财务指标</th></tr>
<tr><th>增加收入</th><th>降低成本/提高生产力</th><th>资产利润</th></tr>
<tr><td>成长期</td><td>• 销售增长率
• 新产品收入占总收入的比重
• 新增客户收入占总收入的比重</td><td>• 员工人均运营收入</td><td>• 投资(占销售收入的比重)
• 研发投资(占销售收入的比重)</td></tr>
<tr><td>成熟期</td><td>• 目标市场份额、产品线赢利率
• 新服务收入占总收入的比重</td><td>• 成本占竞争对手成本比例
• 成本下降的比率
• 非直接成本(如销售费用)</td><td>• 流动资产比率
• 资本支出回报率
• 资产利用率</td></tr>
<tr><td>衰退期</td><td>• 不同产品线赢利率
• 不同客户赢利率
• 无赢利的客户比重</td><td>• 单位成本</td><td>• 投资回收率
• 投资金额</td></tr>
</table>

2. 关于“可操作性”的原则，设计者一般需要问自己这样一些问题

- 该指标是否可理解？
- 是否用通用商业语言定义？
- 能否用简单明了的语言说明？
- 是否有可能被误解？
- 该指标是否可实施？
- 是否可以用行动来改进该指标的结果？
- 员工是否明白应该采取何种行动对指标结果产生正面影响？
- 该指标是否可信？
- 是否有稳定的数据来支持指标或数据构成？
- 数据能否被操纵以使绩效看起来比实际更好或更糟？
- 数据处理是否引起绩效指标计算得不准确？
- 该指标是否可降低成本获取？
- 有关绩效指标的数据是否可以直接从标准报表上获得？
- 获取指标的成本是否高于其价值？
- 该指标是否可以定期衡量？

3. 关于“可控性”原则，设计者一般要问自己下面这样的问题

- 该指标是否可衡量？
- 指标可以量化吗？
- 指标是否有可信的衡量标准？

4. 关于“关联性”原则，设计者一般要问自己下面这样一些问题

- 该指标是否与整体绩效指标体系一致？
- 该指标和组织中上一层的指标相关联吗？

六、确定关键绩效指标通常存在的问题及解决方法

表 7-10 中列出了设定关键绩效指标通常存在的问题，以及如何纠正和解决这些问题的方法。

表 7-10　确定关键绩效指标常见问题及解决方法

常见问题	问题举例	解决和纠正方法
工作的产出项目过多	列出 15～20 项的工作产出。	去掉与工作目标不符合的工作产出，识别出这些活动的结果对组织的增值贡献，并把这些贡献作为增值产出合并同类项。把一些工作产出归到一个更高的类别。
绩效指标不够全面	对某项工作产出可以从质量、数量和时限几个方面进行衡量，而在关键绩效指标中仅仅给出了数量标准，如“发展客户的数量”。	设定针对各方面的全面的绩效指标。
对绩效指标的跟踪和监控耗时过多	正确回答客户问题的比率。	跟踪“正确率”比较困难，可跟踪“错误率”。
绩效标准缺乏超越的空间	绩效标准中使用“零错误率”、“100%”、“从不”、“总是”、“所有”等。	如果 100% 正确的绩效标准确实必须达到，那么就将其保留；如果不是必须达到的，就修改绩效标准以留下超越标准的空间。

知识拓展

表 7-11、7-12、7-13、7-14 为 KPI 指标样例。

表 7-11　行政主任 KPI 评估指标一览表

KPI		评估周期	评估标准	KPI 说明	权　重	信息来源	评估目的
行政工作差错率		季度	无差错（100 分）	固定资产管理、公司发文、安全工作中出现的差错	30%	人力资源部对相关部门员工投诉、行政主任工作数量统计	确保日常行政工作不出现差错
行政工作服务满意度	文体活动组织（30%）	季度	完全满意（100 分）	各部门员工对行政部组织文体活动、安排对内和对外会议会务、物业管理服务工作是否满意	55%	本岗位提交报告	了解各部门对行政工作完成的满意程度
	会议会务安排（40%）						
	物业管理（30%）						
劳动纪律检查报告的次数		季度	3 次/月（100 分）	每月组织安排 3 次劳动纪律检查	15%	本岗位提交报告	按时进行劳动纪律检查

表 7-12　薪酬福利专员 KPI 评估指标一览表

KPI	评估周期	评估标准	KPI 说明	权重	计算方式	信息来源	评估目的
工资差错次数	季度	0	以公司财务部、人力资源部经理认定为准	30%	出现一次差错，减少 10 分	由公司财务部、人力资源部经理提供账目表单	保证公司工资按时准确发放
员工福利差错次数	季度	≤3 次	以公司人力资源部经理收集的差错次数为准	25%	出现 3 次差错为 0	人力资源部经理工作记录	保证员工福利工作开展顺利
劳动合同	季度	完整	以人力资源部经理收集到的差错次数为准	20%	差错次数每增加 1 次，减少 5 分	人力资源部经理工作记录	保证开发中心行政后勤管理工作顺利进行
人员档案管理	季度	完整	部门经理和其他人员抽查	10%	差错次数达到 5 次，分数为 0	人力资源部经理工作记录	保证人员基本资料的完整
人员状况分析报告	季度	有建设性	以人力资源部经理收集到的书面材料为准	15%	每条被采纳的建设性意见加 10 分	人力资源部经理	协助部门经理分析人员状况

表 7-13　财务副总经理 KPI 评估指标一览表

KPI			评估周期	评估标准	KPI 说明	权重	信息来源	评估目的
公司整体财务计划及执行报告	报告上交的及时性	20%	年度	100 分	包括公司三年财务计划及年度财务计划、每季度对应财务执行报告	35%	财务副总经理年度财务计划季度财务报告	保证公司健康运营，财务状况良好
	报告内容的完成性	30%						
	报告质量	50%						
成本状况分析报告	报告上交的及时性	10%	半年	100 分	是指公司全面的成本控制流程状况，包含开发中心、技术部、生产部几个节点	65%	财务副总经理成本状况分析报告	理顺成本，控制流程，更有效地降低成本
	报告内容的完整性：是否包括节点控制、现有流程协调、流程改进建议三个部分	30%						
	分析报告的质量	60%						

表 7-14　销售代表 KPI 指标

序号	PKI	KPI 说明	评分标准	权重	信息来源
1	销售计划完成率	销售计划完成率＝实际回款额/当月计划回款额	本项得分＝销售计划完成率×100	40%	销售统计报表

续表

序号	PKI	KPI说明	评分标准	权重	信息来源
2	毛利润完成情况	实际完成情况与公司目标比较;实际毛利率=实际完成毛利润/计划完成毛利润	实际完成毛利率为90%~100%时,得分为100分;实际完成毛利率小于90%时,每降低1%扣10分;实际完成毛利率大于100%时,每增加1%加10分。	30%	销售统计报表、财务部
3	应收账款	应收账款比率=实际应收账款总额/计划应收账款总额	应收账款比率为100%时,本项得分为100分,每减少1%加1分,每增加1%扣1分。	15%	银行存款日记账、应收账款明细账
4	市场分析	客户及竞争对手信息的手机与分析报告(属于季度工作总结范围)	本项指标满分100分。根据被考评人提交报告的及时性(权重20%)、数据准确性(权重30%)、全面性(权重30%)、分析的透彻性(权重10%)、建设的合理性(权重10%)进行打分。	5%	本岗位提交报告
5	客户满意度	客户投诉的次数	本项指标满分100分。因为被考评人工作原因导致客户投诉1次扣5分,考评期内累计发生类似投诉15次以上或连续发生10次以上,本项得分为0。	5%	客户投诉记录
6	退货率	退货率=累计退货金额/累计销售收入	退货率在1%为100分,每增加1%扣2分,每减少1%加2分。	5%	售后退回统计报表

第三节　基于平衡计分卡的绩效指标体系设计

一、平衡计分卡的含义

传统的目标管理是以企业制定的目标为基准,实行反向管理,组织人员和资源,用奖罚激励去实现制定的目标。20世纪80年代,美国银行(Bank of America)曾一度制定了全美国最雄心的目标绩效管理激励奖罚制度,以发放贷款的数额决定贷款员的表现,表现最佳者可获超过中等表现者50%以上收入的奖励。结果美国银行得到了他们该得到的东西:大批的坏账。虽然当时是实现了管理目标,但随后银行却因此遭受了巨大损失。这说明了目标管理有引导员工注重短期行为的倾向性,对实现企业愿景不利。

20世纪80年代,哈佛大学商学院的卡普兰(Robert S. Kaplan)教授和波士顿咨询公司的咨询顾问诺顿(Dvid P. Norton)对绩效测评方面处于领先地位的12家公司进行了为期一年的研究后,发明了平衡计分卡(The Blanced Score Card,简称BSC),并最早发表于1992年2月1日的《哈佛商业评论》。

调查资料显示,到目前为止,在《财富》杂志公布的世界前1000位公司中有40%的公司采用平衡计分卡系统。在最近由William M. Mercer公司对214家公司的调查中发现,

88%的公司提出平衡计分卡对于员工报酬方案的设计与实施是有帮助的，并且平衡计分卡所揭示的非财务的评估方法在这些公司中被广泛运用于员工奖金计划的设计与实施。

平衡计分卡是企业的“导航仪”。如果我们用一个比喻来形容平衡计分卡的运行原理，平衡计分卡就好比飞机驾驶舱内的导航仪，通过这个“导航仪”的各种指标显示，管理层可以借此观察企业运行是否良好，随时发现在战略执行过程中哪一方面亮起了“红灯”，在执行复杂的飞行任务中，飞机驾驶室的仪表板若只有一项指针数据，航行是非常危险的。仪表板必须能同时提供许许多多的重要数据，例如，油料、航速、高度、气压、目的地、温度、经纬度等，以及对未来环境的预测模拟，好让飞机驾驶员作出反应与判断，才能安然抵达目的地。与此同时，飞行员也无需对飞行的所有参数都进行实时监控，他主要监控那些决定飞行目标的指标(关键绩效指标)，而对于其他的参数只要等报警时才会去关注。这样做的目的是为了使飞行员集中有限精力抓住飞行的主要方面，以确保飞机顺利到达预定的飞行地点。

二、平衡计分卡的基本内容

从平衡计分卡(BSC)的产生可以看到，平衡记分卡是一种绩效管理方法。它通过四个逻辑相关的角度及其相应的绩效指标，考察公司实现其愿景及战略目标的程度。这四个角度分别是：财务、顾客、内部运营角度、学习和发展。

(一)平衡计分卡的指标体系

1. 财务角度

虽然传统的仅仅偏重财务指标衡量企业业绩的考评体系存在着种种缺陷，但这并不等于否定或者需要废除财务衡量指标。相反，财务指标在平衡计分卡中不仅占据一席之地，而且是其他角度的出发点和落脚点。

一套平衡计分卡应该反映企业战略的全貌，从长远的财务目标开始，然后将它们同一系列行动相联系(这些行动包括财务过程、客户、内部运营、学习和成长)，最终实现长期经营目标。假如质量、客户满意度、生产率等方面的改善和提高最终无法转化为销售额的增加、营业费用的减少、资产报酬率的增加等财务成果，那么做得再好也无济于事。

常见的一些衡量财务类的指标如下。

(1)财务效益状况指标

- 净资产收益率＝净利润/净资产
- 总资产报酬率＝净利润/总资产
- 销售(营业)利润率＝销售利润/销售净收入
- 成本费用利润率＝利润总额/成本费用总额

(注：成本费用＝销售成本＋销售费用＋管理费用＋财务费用)

(2)衡量资产运营状态指标

- 总资产周转率＝销售收入/总资产
- 流动资产周转率＝销售收入/流动资产平均余额×12/累计月数
- 存货周转率＝销售成本/存货平均值
- 应收账款周转率＝赊销净销售额/应收账款平均值

(3)衡量偿还债务的指标

- 资产负债率＝总负债/总资产
- 流动比率＝流动资产总值/流动负债总值
- 速动比率＝速动资产/流动负债
- 现金流动负债率＝现金存款/流动负债
- 长期资产适合率＝固定资产/固定负债×自有资本

(4)衡量成长性的指标

- 销售(营业)增长率＝本年度销售额/上年度销售额
- 人均销售增长率＝(本年度销售额/本年度员工数)/(上年度销售额/上年度员工数)
- 人均利润增长率＝(本年度利润/本年度员工数)/(上年度利润/上年度员工数)
- 总资产增长率＝本年度总资产/上年度总资产

(5)常用其他财务指标

- 投资回报率＝资本周转率/销售利润率
- 资本保值增值率＝期末净资产/期初净资产
- 社会贡献率＝工资＋利息＋福利保险＋税收＋净利
- 总资产贡献率＝(利润＋税金＋利息)/平均资产总额×12/累计月数
- 全员劳动生产率＝工业增加值/员工数× 12/累计月数
- 产品销售率＝销售产值/生产总产值
- 附加价值率＝附加价值/总产值

2. 客户角度

为了满足股东、满足投资者，使他们获得令人鼓舞的回报，必须关注顾客。因为，向顾客提供产品和服务，满足顾客需要，企业才能生存。顾客关心时间、质量、性能和成本，企业就必须在这些方面下工夫，提高服务质量、保证服务水平等。

常见的客户类指标有：

(1)市场占有率(市场份额)

(2)客户维持率(旧顾客续约率)

①旧客户的人数增减情况。

②进一步了解顾客的忠诚度，即衡量既有顾客的业务成长率。

③新客户开发率(新顾客成长率)。

④顾客满意度：

- 老顾客续约率；
- 新顾客成长率；
- 服务水平与态度指标，如对客户要求反应速度与品质、客户称赞次数、顾客满意等。

⑤顾客获利率。

(3)产品和服务的属性

①时间：

- 迅速和正确地回应以争取新顾客并留住旧顾客；
- 缩短新产品或服务上市的前置时间，以满足目标顾客的期望(从掌握顾客新需求至开发新产品或服务递交到顾客手中的时间——愈短愈好)。

②品质：

- 每百万个产品的不良率；
- 服务保证；
- 产品被退回的次数及比率。

③价格。

④形象和商誉。

3. 内部运营角度

为了满足顾客，获得令人鼓舞的市场价值，从内部运营角度思考，我们应具有什么样的优势？我们擅长什么？一个企业不可能样样都是最好的，它必须在某些方面满足顾客需要。把企业必须做好的方面找出来，把需要提高竞争优势的方面找出来，制定评估指标，督促这些方面越做越好，企业才能练出过硬的本领。

常见的反映内部运营的指标有：

(1)新产品推出能力，如新产品占总销售额比例、新产品推出速度、五年来总营业净利润与研究发展费用的比例；

(2)设计能力，如设计水准、工程水准、一年内设计修改次数；

(3)技术水准；

(4)制造效率，如产品及原材料损耗率、订单交货速度、准时交货次数、单位成本、品质标准、生产力；

(5)安全性，如发生意外事故的次数、受伤次数；

(6)售后服务指标，如顾客满意度、成本、品质、速度。

4. 学习和发展的角度

为了提升企业内部运营的效率、满足顾客、持续提升并创造股东价值，企业必须不断的成长。由此，围绕组织学习与创新能力提升，设置有关“人”的学习和发展类指标，其意义在于衡量相关职位在追求营运效益的同时，是否为长远发展营造了积极健康的工作环境和企业文化，是否培养和维持了人员竞争力。学习和发展类关键绩效指标用来评估员工管理、员工激励及发展等以保持公司长期稳定发展的能力。

常见的学习和成长类指标有：

(1)员工能力，如员工满意度、员工流动性、员工生产力、劳动效率、员工培训次数、奖励与员工士气；

(2)信息系统状况，如信息覆盖率、信息系统的灵敏度(包括反应时间、周期、成本)、信息系统的更新程度；

(3)员工提案改善建议次数、因员工所提建议而节省成本的金额、对员工授权和分权程度；

(4)新产品数量、新产品推出速度、新产品销售额占总销售额的比例；

(5)制造改善情况、废料降低情况。

尽管有这样一些常见的指标可供参考，但不同的企业在具体各类目标及测评指标的选择上，需要考虑其所处行业，企业竞争的内、外部环境，以及企业发展战略的特殊性。不同的企业有不同的特性，因而有不同的战略；不同的战略又有不同的目标，因而需要不同的指标体系。所以说，每个公司的平衡计分卡都应该是度身订做的、独一无二的，图 7-3 是平衡积分卡的基本框架，而图 7-4 是某公司平衡积分卡的基本框架。

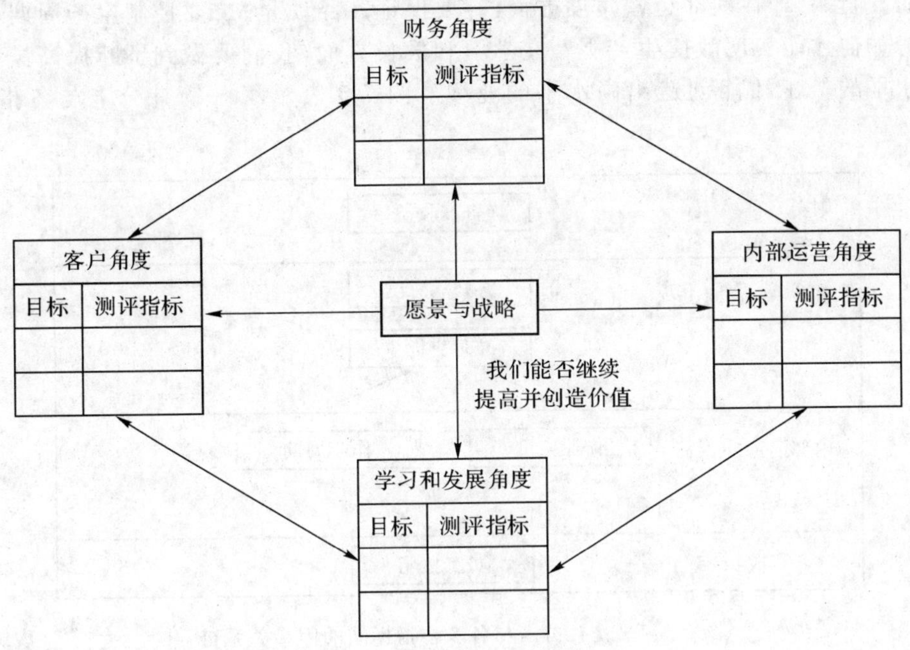

图 7-3　平衡积分卡的基本框架

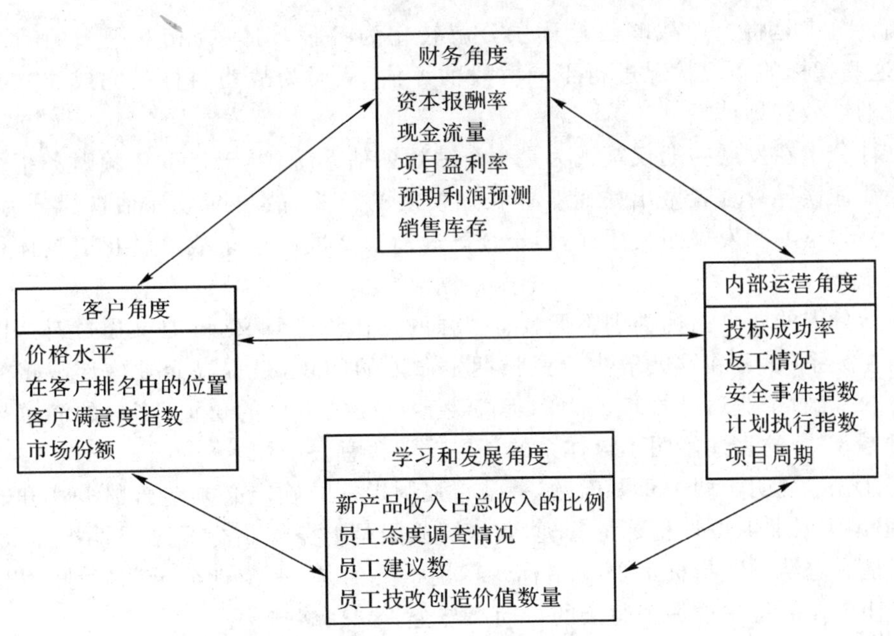

图 7-4　某公司的平衡积分卡基本框架

(二)平衡计分卡与各指标间的关系

虽然平衡计分卡中财务、客户、内部运营、学习和发展这四个相对独立的角度系统地对企业的经营绩效进行考核，但从这四个角度出发设计的各项指标彼此间并不是毫无关系，而是在逻辑上紧密相承，具有直接的因果关系。在财务方面，为了获得较高的投资回报率，必须得到较高的客户满意度。如何才能得到较高的客户满意度呢？在客户方面，努力做到提高准时交货率，即在内部运营角度方面：一要保证产品质量；二要控制生产周期，实现敏捷生产。如何才能实现敏捷生产呢？在学习和成长方面，我们要做到不断提高员工技能，只有高水平的员工才能创造出高水平的业绩。图7-5表示了平衡计分卡与各指标间的关系。

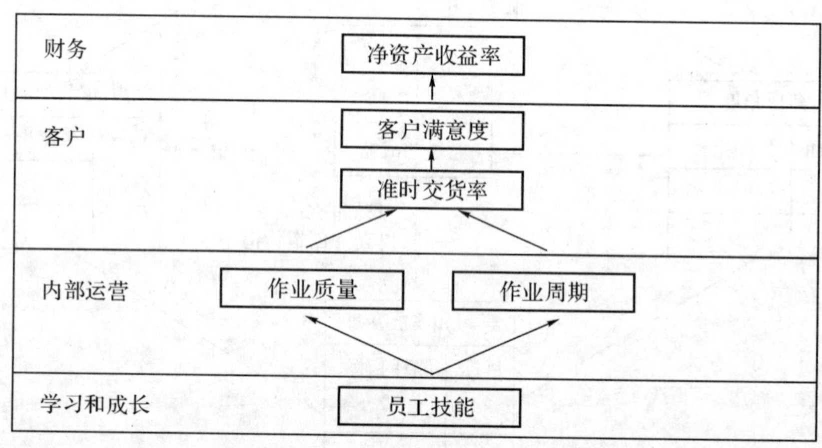

图7-5　平衡计分卡与各考核指标间的因果关系链

（三）平衡计分卡是战略管理系统

平衡计分卡是将企业战略目标逐层分解转化为各种具体的、相互平衡的绩效评估体系，并对这些指标的实现状况进行不同时段的评估，从而为战略目标的完成建立起可靠的执行基础的绩效管理体系。

平衡计分卡在发展初期仅被视为是一个绩效评估系统，鉴于过度依赖财务指标的传统绩效衡量往往误导管理者做出妨碍企业长期发展的行为，故将绩效评估指标分为财务、顾客、内部运营、学习和发展四大层面，但至今已逐渐演变成一个将战略转化成具体行动的战略管理系统。

平衡计分卡的四个指标类别不但具有很强的操作指导意义，同时又通过对这四个方面深层的内在关系（学习和发展解决企业长期生命力的问题，是提高企业内部战略管理的素质与能力的基础，企业通过管理能力的提高为客户提供更大的价值；客户的满意导致企业良好的财务效益）的表述阐明了该体系的深层哲学含意。

平衡计分卡说明了两个重要问题：一是它强调指标的确定必须包含财务性和非财务性的；二是强调了对非财务性指标的管理，其深层原因是财务性指标是结果性指标，那些非财务性指标是决定结果性指标的驱动指标。特别重要的是，平衡计分卡明确地提出，绩效管理就是要让企业的每一位员工每天的行动都与企业的战略挂钩。

三、平衡计分卡的特征

作为一个适应信息社会需要的新型绩效管理体系，平衡计分卡与传统的绩效管理体系相比，其本质特征主要体现在以下四个方面。

（一）以战略为核心

平衡计分卡为企业的战略管理与绩效考核之间建立系统的联系提供了思路与方法，其方法主要是通过与企业关键成功因素(Critical Success Factors 简称 CSF)和关键绩效指标(KPI)相结合来设置绩效管理体系，描述企业的战略框架，通过财务、客户、内部运营、学习和发展四个方面指标之间的相互作用来表现组织的战略管理轨迹，从而实现绩效考核与绩效改进以及战略实施与战略修正的目的。

(二)过程管理与目标管理并重

平衡计分卡的另一个本质特征是既注重对经营目标完成程度的管理，又注重对经营目标实现过程的管理。平衡计分卡一方面通过财务方面的指标来对企业目标完成程度进行管理；另一方面则以目标实现过程中的因果关系链为基础分别设置客户、内部运营和学习和发展等三方面非财务指标来对企业目标完成过程进行管理，进而达到过程管理与目标管理并重的效果。

(三)财务指标与非财务指标并存

平衡计分卡在吸收原有绩效管理体系的优点的基础上又增加了客户、内部运营及学习和发展等非财务指标来弥补其不足。财务与非财务指标的并存有助于企业一方面通过财务视角保持对企业短期业绩的关注；另一方面可以通过非财务视角明确揭示企业如何实现其长期的战略发展目标，并且在对非财务信息的分析过程中，企业也可以借此找出财务表现的根源。

(四)短期目标与长期目标平衡

由于平衡计分卡使用非财务指标和因果关系链，因此能够帮助企业寻找导致其成功的关键因素(CSF)和相应的关键绩效指标(KPI)，在此基础上确定企业可付诸行动的长期战略目标，使其不脱离实际，具有可行性，进而将长期目标层层分解为短期目标。这样当企业实现了经过自上而下分解的短期目标时，实质上是在向长期战略目标靠近。因此，平衡计分卡克服单一财务指标的短期性和片面性，达到了兼顾短期和长期目标的目的，保持了两者之间的平衡。

四、引入平衡计分卡的基本程序

引入平衡记分卡是个非常慎重的工作，绝不是一朝一夕就可以解决的。根据设计者的实践，他们认为引入平衡记分卡的时间周期在两年以上，才能发挥它的作用。

使用平衡记分卡的企业，不再只将财务指标视为公司绩效的唯一指标。以平衡记分卡为基础建立企业的绩效考核体系，一般需要经由以下四个基本程序(见图 7-6)。这四个程序既可单独，也可共同为把长期的战略目标与短期的行动联系起来发挥作用。

第一个程序是说明愿景。它有助于经理们就组织的使命和战略达成共识。虽然最高管理层的本意很好，但“成为出类拔萃者“、“成为头号供货商”或“成为强大组织”类似的豪言壮语很难转化成有用的行动指南。对负责斟酌愿景和战略表述用语的人来说，这些术语应当成为一套完整的目标和测评指标，得到所有高级经理的认可，并能描述出推动成功的长期因素。

第二个程序是沟通。它使各级经理能在组织中就战略要求进行上下沟通，并把它与各部门及个人的目标联系起来。在传统上，部门是根据各自的财务绩效进行测评的，个人激励因素也是与短期财务目标相联系的。平衡计分卡使经理们能够确保组织中的各个层次都能理解长期战略，而且使部门及个人目标之间保持一致。

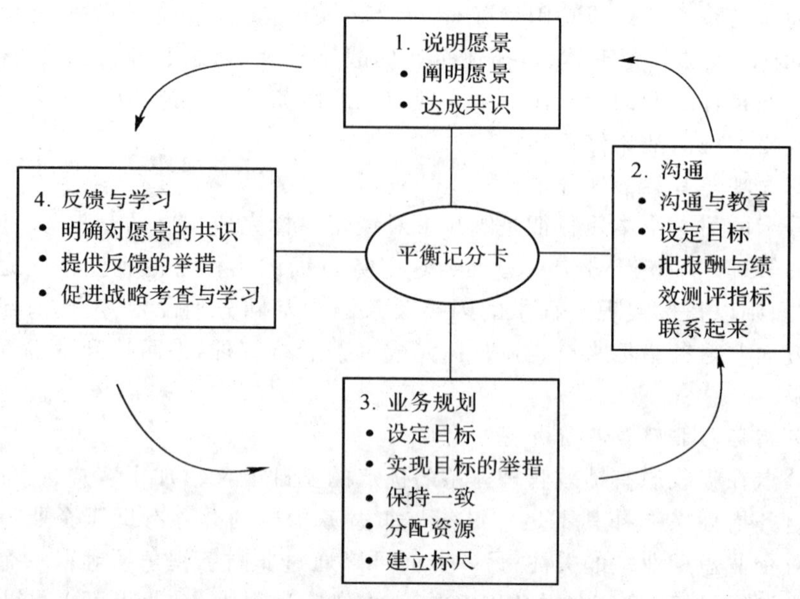

图 7-6 平衡计分卡的四个基本程序

第三个程序是业务规划。它使公司能实现业务计划与财务计划的一体化。今天，几乎所有的公司都在实施种种改革方案，每个方案都有自己的领袖、拥护者及顾问，都在竞相争取高级经理的时间、精力和资源支持。经理们发现，很难将这些不同的新举措组织在一起从而实现战略目标。这种状况常常导致对各个方案实施结果的失望。但是，当经理们用为平衡计分卡所制定的雄心勃勃的目标作为分配资源和确定优先顺序的依据时，他们就会只采取那些能推动自己实现长期战略目标的新措施，并注意加以协调。

第四个程序是反馈与学习。它赋予公司一项称为战略性学习的能力。现有的反馈和考查程序都注重公司及其各部门、员工是否达到了预期的财务目标。而当管理体系以平衡计分卡为核心时，公司就能从另外三个角度（客户、内部运营以及学习和发展）来监督短期结果，并根据最近的业绩考核战略的执行情况。因此，平衡计分卡使公司能够修改和调整战略以随时反映学习所得。

五、企业平衡计分卡的设计：一个具体案例

（一）Z公司的考核难题

Z公司是一家使用竹子为主要原料生产纸张的集团公司，它在云南、四川、广西、贵州等都有下属造纸企业，该公司每年每个当地子公司少说也得消耗几十至上百万吨竹子，原料时常短缺。这并不是因为竹资源不够，而是竹资源外流：被当地有些小造纸厂收购走了；或是用于做脚手架、编竹篮甚至当柴烧；农民由于农忙或阴雨天不愿去砍竹子等。当竹原料不够时，企业只有停工，或者改变工艺流程用木材。而改变工艺流程就要改变设备条件，增加费用，这样做有的企业所付出的成本还不如停工合算。所以，该公司各个厂每年都有停工期，最长的要停5个月。

该公司在每个地方的造纸厂都是当地收购竹子的大户，能够稳定市场价格，为政府增加农林税等各项财政收入。因此许多当地政府也对造纸厂收购竹子给予政策支持。另外，当地野生竹子不够用,必须有计划地建立人工植竹基地,种竹子也得靠当地政府和农民进行,所以,每个造纸厂就必须与当地政府密切合作,把企业和政府的关系处理好,解决一些与竹原料相关的事情成为各个造纸厂重要的业务内容。

因此,各厂的产量除了与工人努力、管理水平有关以外,还与竹原料的供应有关。这里面涉及的相关事情有:增加农民种竹的积极性、处理和当地政府的关系等。

那么,在这种情况下,该从哪些方面来考核每个下属造纸厂的业绩呢?

(二)运用平衡计分卡的思想解决Z公司的考核问题

(1)Z公司战略目标比较清晰,可表述为:发展企业,应用竹子造纸并获得最大利润。

(2)内部管理优化:利用竹子作原材料可降低成本费用,还可提高效率,这方面必须考核。

(3)创新学习:支持内部管理优化,帮助企业进步,也算是一个绩效方向。

(4)财务方面:成本降低是创造利润的基础。没有利润一切毫无意义。

(5)客户方面:产品与市场上其他家是同质的,价格又是市场价,客户服务仅仅是完善管理的一个职能,客户关系对价格的弹性影响不大,因此对各厂发展的影响不大,不予考虑。

(6)考虑企业实际情况,竹原料供应对企业的影响最大,这个状况不改善,企业就很难发展。而竹原料供应最直接的是竹子采购价和采购费用。它与企业的工作方式、成本费用有关,也与政府支持、督促、组织农民种竹、砍竹、卖给造纸厂有关。因此,该公司的平衡计分卡与卡普兰的一样,也是四个方面,不过把客户角度换成了“竹原料供应”角度。这个平衡记分卡如图7-7所示。

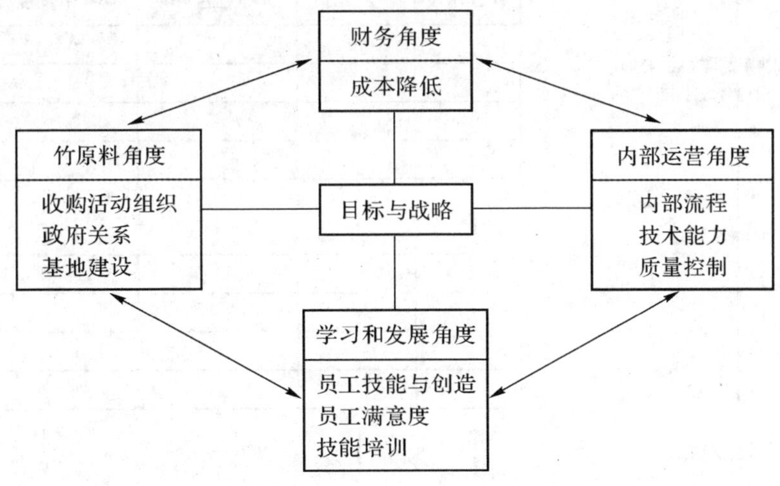

图7-7 造纸厂的平衡计分卡框架

(三)总 结

综合上例平衡计分卡的制定过程能够反映出所讲的战略管理控制过程,每个企业根据自身的情况可能有不同的建立方式。

1.确定实施综合平衡计分卡的具体经营单位

综合平衡计分卡并不适用于所有类型的经营单位。一般来说,有自己客户、销售渠道、生产设施和财务绩效测评指标的经营单位适于建立综合平衡计分卡。

2.首轮单独面谈

由于综合平衡计分卡体现了企业长期发展战略,参与者必然要包括对公司总体目标有全面了解的高层管理人员。在首轮面谈之前,经营单位的多名高管人员(通常是6～12人)都将收到关于平衡计分卡的背景材料以及描述公司的愿景、使命和战略的内部文件。综合平衡计分卡的推进者(有时是外部顾问,也可能是公司中组织这一行动的总经理)与每位高级管理人员进行大约90分钟的面谈,以掌握他们对公司战略目标的了解情况,并得到综合平衡计分卡的初步建议。此外,推进者还可以与一些大股东会谈,了解他们对最好的供货商的具体期望。

3.首轮高层管理人员讨论会

在首轮高层管理人员讨论会上,最高管理层将与推进者共同设计综合平衡计分卡(见图7-8)。在这一过程中,参与者根据各方提出的关于企业战略的各种说法进行讨论,并最终形成一致的看法。之后,由参与者回答这一问题:“我成功地完成了我的使命和战略,对股东而言,对客户而言,从内部业务程序方面看,从创新、发展方面看,我的绩效会有何不

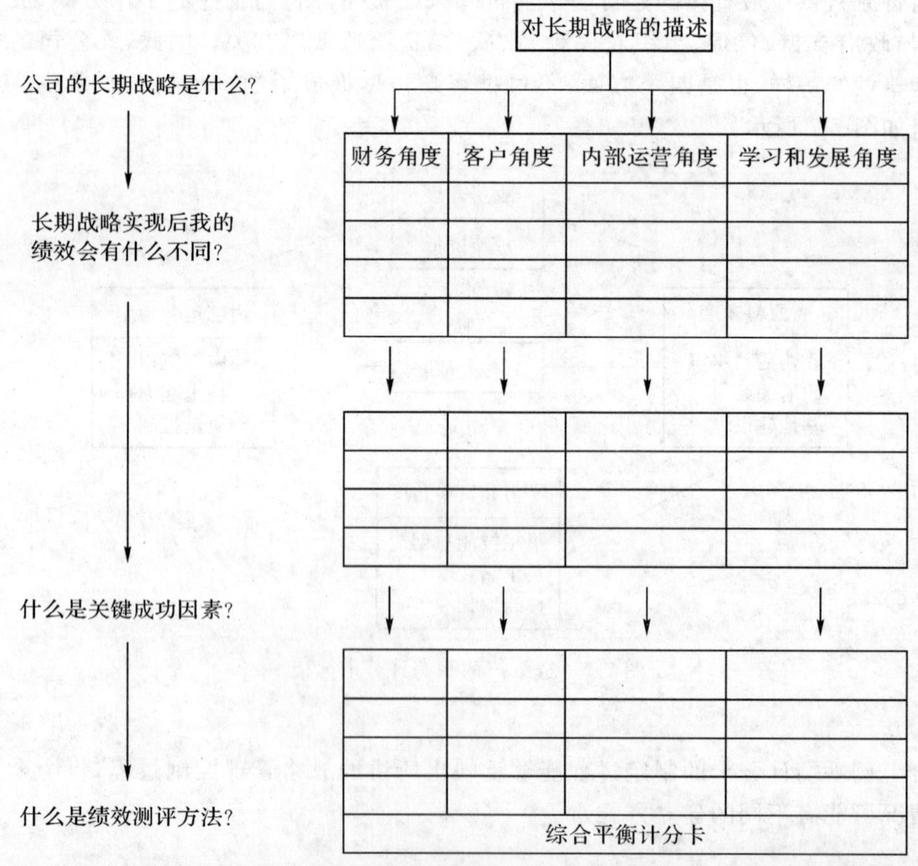

图7-8 综合平衡计分卡制定过程

同?”这个问题的答案将有助于确定综合平衡计分卡的具体内容。在讨论会中可以播放与股东和客户代表会谈的录像带,以便让讨论者可以从外人的角度考虑问题。在确定了关键成功因素后,成员就能够确定初步的综合平衡计分卡,其中应包括用于评估战略目标的绩效评估指标。由于角度不同,小组提出的测评指标常常会多于四个。此时,不一定非要将选择范围缩小,但可充分了解各方的意见,以弄清提出的某些测评指标是否被成员视为处于次要地位的要素。

4. 第二轮单独面谈

在首轮讨论会结束后,推进者应对讨论得出的结果进行考查、巩固和证明。之后,推进者应就这一暂定的平衡计分卡与每位高级管理人员进行第二轮的单独面谈。在这轮面谈中,推进着还可就在实施平衡计分卡时可能遇到的问题征求意见。

5. 第二轮高层管理人员讨论会

高层管理人员和其直接下属(包括为数众多的中层经理)集中对企业的愿景、战略陈述和暂定的平衡计分卡进行讨论。这一轮的讨论会参加者较多,以分组讨论的形式进行。各组讨论提出与本组有关的测评指标,并开始构思具体的实施计划。在讨论会结束时,参与者要为所提出的测评指标——设定弹性目标,包括拟定改进进度。

6. 第三轮高层管理人员讨论会

高层管理人员举行聚会,就前两次讨论会所制定的目标和测评方法达成最终的一致意见,为平衡计分卡中的每一指标确定弹性目标,并确认实现这些目标的具体行动方案。团队必须商定一项实施方案,包括如何向员工宣传平衡计分卡,如何把平衡计分卡结合到企业文化中,并开发相应的信息系统以支持平衡计分卡的实施。

7. 实施

由一个新组建的团队制订出实现平衡计分卡的具体计划。这个计划包括如何在测评指标与数据库和信息系统之间建立联系,如何在整个组织内宣传平衡计分卡,并尽快为分散经营的各单位开发出二级指标。通过这一过程,该团队将构造出全新的执行信息系统。这个系统能把最高级经营单位的测评指标向下贯彻,使之与各下级单位和各现场具体的经营指标相联系。

8. 定期考查

每季度或每月收集与各平衡计分卡测评指标相关的信息,完成一份综合性的报告供最高管理层进行考查,并与分散经营的各分部和部门进行讨论。在每年的战略规划、目标设定和资源分配程序中,都应包括重新调整综合平衡计分卡的指标。

知识拓展

部门平衡计分卡的设计

部门平衡计分卡是部门一段时期发展的绩效关联定位和绩效测评,它从整体上支持企业的战略发展,但部门平衡计分卡却并不能直接从企业平衡计分卡上分解得到,因为它们是两个不同主体。

企业平衡计分卡是企业面临环境及针对自身情况建立的平衡计分卡,企业有多个部门,特定部门只是企业管理或业务的一个单元,它们面临的环境是不一样的;它们的发展结果、结果产生的循环也是不一样的，这就决定了部门平衡计分卡与企业平衡计分卡是完全不同的两套体系。

但是部门的长期发展必须与企业的战略发展相一致，部门的目标是企业目标的分解，从发展和目标上，企业与部门是一致的。由于企业目标是企业的关键业绩方向，隐含在企业平衡计分卡之中，所以上述的一致性体现在部门平衡计分卡中，即部门的关键业绩方向与企业平衡计分卡相一致，也就是部门关键业绩是企业平衡计分卡的一部分或者说是企业关键业绩的分解。

各部门的关键业绩与企业平衡计分卡建立关联，次一级部门的关键业绩又与上一部门的平衡计分卡建立关联，这样就建立了企业各级目标关联的目标体系。在这个目标体系中，下一层级组织的关键业绩目标是上级组织平衡计分卡的一部分或是其分解，上级平衡计分卡依靠下级组织将自己的平衡计分卡落实。由于各级组织的平衡计分卡在一段时期内主要绩效体现在其关键业绩上，因此这个目标体系就成为关键业绩之间建立的目标体系。这个目标体系与关键绩效指标建立的目标体系是不一样的，前者是以关键业绩目标向下分解，而每一组织的多类目标是以关键业绩目标为核心，有逻辑推动关系；后者只是依层级向下的分解。这个目标体系传导到终点即为岗位的关键业绩，也涉及岗位平衡计分卡。

部门平衡计分卡可以通过以下几个角度来建立：

第一，部门关键业绩角度。设立这个部门，上级第一位的要求是什么？它与整个企业的关键业绩目标的关系是什么？每个部门所承担的任务很多，但在一段时间内，上级对它有一个主要要求，完成这个主要要求，就算取得关键业绩。

第二，部门职能角度。工作固有的要求是什么，本部门必须完成哪些职能才能在组织中做得更好？部门存在于组织及其工作流程之中，在工作体系中，把对工作的固有要求做好，就能够完善企业的工作，为企业目标作贡献。

第三，部门绩效管理角度。怎样管理部门，能使工作绩效提升？部门绩效的产生需要一定的工作管理，对促进和保证提高绩效的充分必要条件做得怎样？

第四，创新学习角度。我们怎样提升能力以满足环境的变化？

通过这些分析，我们可以画出部门平衡计分卡(见图 7-9)。

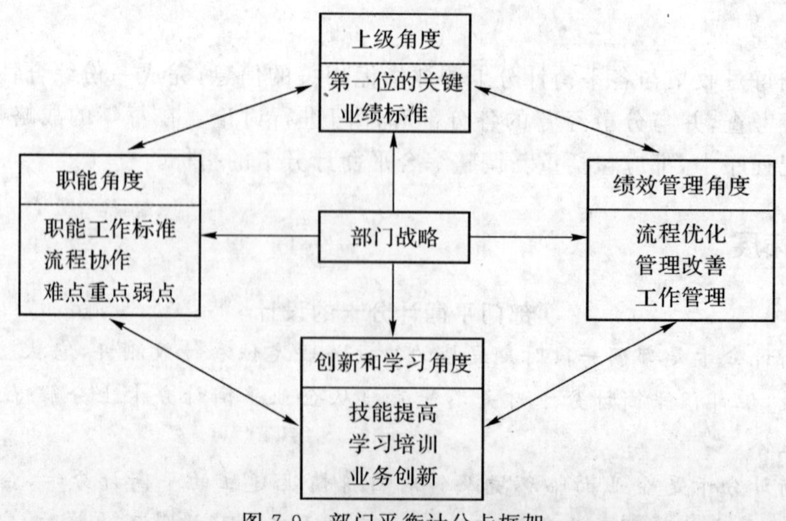

图 7-9 部门平衡计分卡框架

个人平衡计分卡的设计

个人平衡计分卡的设计和部门平衡计分卡的设计方法是一样的，可以从以下四个角度来分析：

第一，上级角度。设立个人所承担的岗位的主要目的是什么？即这个岗位的关键业绩目标是什么？按计划目标，主要达到什么成果？

第二，岗位角度。在组织系统中，工作需要你做什么？即该岗位的主要工作职责是什么？

第三，绩效角度。如何管理工作和应对工作你才能起到作用？即怎样应用知识技能、怎样对待工作和管理才能提高你的绩效？

第四，创新学习。怎样持续应对变化而创造价值？利用培训等手段，员工既要提高自己应对变化的能力，又必须超前于变化。为了更好地服务于企业战略，个人的创新、改进、学习和训练做得如何？

通过这些分析，我们可以画出个人平衡计分卡的样式（见图7-10）。

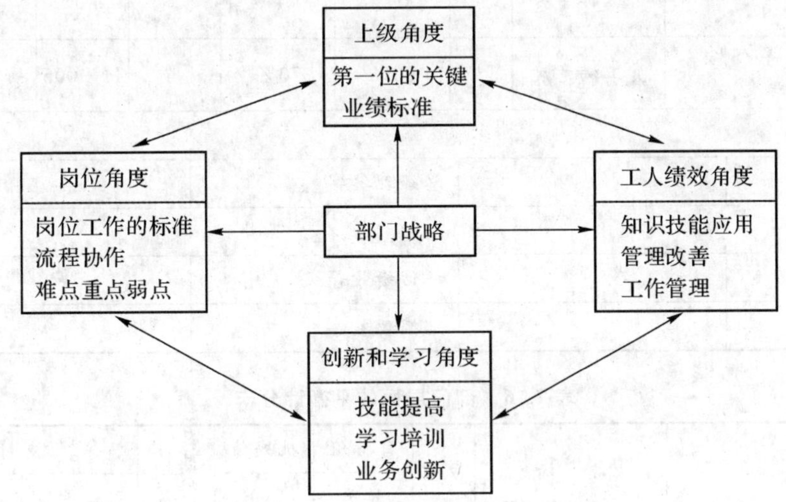

图7-10　个人平衡计分卡框架

公司、部门和个人平衡计分卡样例

公司、部门及员工个人的平衡计分卡分别如表7-15、7-16、7-17所示。

表7-15　公司层面的平衡计分卡

维度	目　标	指　标	权重	目标值	挑战值	评估得分	支持计划	
				1分	2分		编号	计划名称
财务	持续增加股东价值	净资产收益率	20%	13.8%	14.8%			
	2005年实现利润7000万元	利润	15%	5000万元	6000万元		Q—001	新材料开发计划
							Q—003	设备改进计划
	2005年产品销售收入达到2.5亿元	销售收入	15%	2亿元	2.3亿元		M—002	大客户开发计划
							M—006	新产品销售计划

续表

维度	目　标	指　标	权重	目标值	挑战值	评估得分	支持计划	
				1分	2分		编号	计划名称
客户	2005年高端市场占有率达到30%	高端市场占有率	10%	20%	25%		M—002	大客户开发计划
							M—005	顾客满意工程
	2005年能使90%关键客户达到满意	关键客户满意度	10%	90%	95%		M—005	顾客满意工程
内部运营	2005年能使97%订单需求得到满足	订单需求满足率	10%	90%	93%		Q—003	设备改进计划
	2005年因产品质量原因发生的退换货率控制在0.5%以下	退换货率	10%	0.3%	0.1%		Q—003	设备改进计划
							Q—004	ISO9001体系认证
学习发展	2005年实现95%关键职位员工能力素质达标	任职资格达标率	5%	70%	80%		H—004	职业培训计划
	2005年获得75%的员工满意度	员工满意度	5%	60%	70%		H—005	福利改进计划

计划结果确认：

董事长签字		总经理签字	

评估结果确认：

评估总得分		评估绩效等级	
董事长签字		总经理签字	

表 7-16　部门层面的平衡计分卡

维度	目　标	指　标	权重	目标值	挑战值	评估得分	支持计划	
				1分	2分		编号	计划名称
财务	控制生产成本，提高利润	成本费用预算达成率	30%	95%	98%			
客户	提高最终客户满意度	顾客满意度（质量，交货期）	10%	85%	90%		M—005	顾客满意工程
内部运营	为提升产品赢利能力提供足够的优良极品	优良品率	20%	90%	93%		Q—004	ISO9001 体系认证
	生产能力提升	生产能力目标达成率	10%	100%			Q—003	设备改造计划
	降低退换货率，减少质量损失	产品一次交验合格率	25%	95%	99%		H—004	职业培训计划
							Q—004	ISO9001 体系认证
学习发展	驱动公司整体的任职资格达标	任职资格达标率	5%	70%	80%		H—004	职业培训计划

计划结果确认：

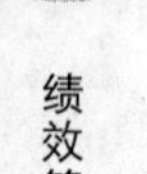

续表

维度	目　标	指　标	权重	目标值	挑战值	评估得分	支持计划	
				1 分	2 分		编号	计划名称

分管领导签字		部门经理签字	
总经理签字		计划管理部签字	

评估结果确认：

评估总得分		评估绩效等级	
部门经理签字		分管领导签字	
总经理签字		计划管理部签字	

表 7-17　员工个人层面的平衡计分卡

维度	目　标	指　标	权重	目标值	挑战值	评估得分	支持计划	
				1 分	2 分		编号	计划名称
财务	控制生产成本，提高利润	个人单位材料成本费用预算达成率	40%	95%	98%			
内部运营	为提升产品赢利能力提供足够的优良极品	优良品率	20%	90%	93%			
	降低退换货率，减少质量损失	产品一次交验合格率	30%	95%	99%			
学习发展	驱动部门整体的任职资格达标	个人培训计划完成率	10%	70%	80%			

计划结果确认：

本人签字		直接上级签字	
间接上级签字		人力资源部签字	

评估结果确认：

评估总得分		评估绩效等级	
本人签字		直接上级签字	
间接上级签字		人力资源部签字	

六、平衡计分卡与其他考核方法的比较

(一)平衡计分卡与传统考核方法的比较

平衡计分卡的优势体现在以下几个方面：

(1)平衡计分卡打破了传统绩效考核方法财务指标一统天下的局面，从客户角度、内部运营角度、学习和发展角度与财务角度来设计绩效考核体系，消除了单一考核指标的局限性。

(2)平衡计分卡使得为增强竞争力在看似迥异的事项会同时出现在一份管理报告中：如以顾客为导向，缩短反应时间，提高质量，重视团队合作，缩短新产品投放市场的时间，以及面向长远而进行管理，等等。

(3)平衡计分卡是一个基于战略的绩效考核系统，它表明了源于战略的一系列因果关系，发展和强化了战略管理系统。具体体现在：利用平衡计分卡阐明战略并在整个组织中传播以达成共识；利用平衡计分卡把部门目标、个人目标与企业的战略发展目标相联系；利用平衡计分卡对战略计划加以确认和联系，进行定期的和有条不紊的战略总结；利用平衡计分卡将战略目标与长期具体目标和年度预算相衔接，还可以为了调整和改进战略而及时获得有效反馈。

(4)平衡计分卡是考核系统与控制系统的完美结合。平衡计分卡不仅克服了传统考核体系的片面性、主观性；而且实现了考核体系与控制体系的协调统一(见图7-11)。

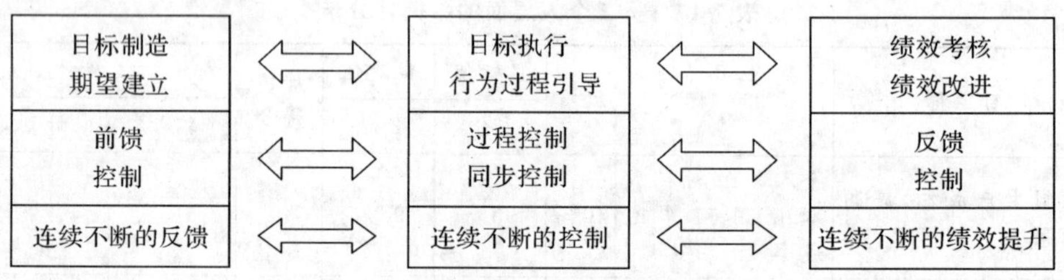

图7-11　考核体系与控制体系的协调统一

(5)平衡计分卡防止了次优化行为。平衡计分卡迫使高级经理将所有的重要绩效测评指标放在一起综合考虑，从而使其能注意到，某一方面的改进是否以牺牲另一方面为代价，提高了公司发展的整体协调性。例如，产量和一次通过量可能上升，但这种上升也许是由于产品结构发生了改变——标准化的、容易生产但毛利较低的产品的产量增加了。

(二)平衡计分卡(BSC)与关键绩效指标(KPI)的比较

平衡计分卡(BSC)与关键绩效指标法(KPI)的比较见表7-18。

表7-18　平衡计分卡(BSC)与关键绩效指标(KPI)的比较

对比要素		平衡计分卡(BSC)	关键绩效指标(KPI)
管理趋势	管理思想	全方位、立体测评	若干关键成功因素测评
	应用对象	战略、企业、部门、岗位	战略、企业、部门、岗位
	应用业务	越大越复杂越有作为	范围相对独立
	对业务的影响	本位一体化最优、团队及其成员、顾客、供应商	重点突出、方向明确
行为方法	制作思路	战略目标、分层单独制定	从战略目标起，由上至下
	测评指标数	每个组织15～20个	5～8个
	操作难易	难	较容易
	制作方法	战略目标——分多个角度——关键指标	鱼骨图列出关键成功因素、关键绩效指标等

续表

对比要素		平衡计分卡(BSC)	关键绩效指标(KPI)
结果特征	对企业的影响	对管理体系、方向有影响	对流程关键环节有影响
	时间特征	指出方向、向前看	指出部分方向、向前看
	可比性	自身不同时期部分可比	纵向、部分横向可比
	副作用	影响到管理系统	容易让工作不全面
	对绩效的影响	保持长期绩效、不偏倚	对工作主要方面有进展

(三)目标管理法与关键绩效指标体系和平衡计分卡的考核方法比较

关键绩效指标体系和平衡计分卡的考核方法,是基于组织战略的系统考核方法。如果在组织目标简单且明确的前提下,基于目标的系统考核方法就成为效率比较高的绩效考核工具。

第一,如果每一个 KPI 指标都可以单独拿出来看作是一个可操作化的具体任务的话,那么这个指标就可以看作是一种目标,对该目标的管理就是目标管理。

第二,目标管理中设立的目标最多不会超过 5 个,而每个部门和岗位的 KPI 指标可能会有十多个,这些指标并不能单独拿出来作为一个具体目标而操作,他们在一起反映的是一个组织经营绩效各个方面的测度。KPI 指标可以没有上下密切的联系。

下面举一个例子来说明两者的区别:

如果对一个销售工作制订的 KPI 是收入、利润、回款等三项,按目标管理,这个销售可能就是一个完整的工作任务,所采取的每个措施都对 3 个 KPI 结果值有影响,最终形成考核期的 3 个 KPI 结果,它是一个目标管理工作的结果值。可是按 KPI 体系,它是观察 3 个指标独立的变化,采取达到措施也可能只改变其中一个 KPI 结果。如果硬要与目标管理靠拢的话,只能说是 3 个或 1 个责任人,管理 3 个 KPI,进行 3 个目标管理,但采取的却是同一条措施,这就没有意义了。

第三,如果目标设置或 KPI 设置是分别从四个(财务、客户、内部运营、学习成长)方面来设置的,就有些像是平衡计分卡了。

七、运用平衡计分卡的前提和障碍

(一)运用平衡计分卡的前提

通过理论探索与实践检验,我们认为,要运用平衡计分卡,一般应具备以下四个前提条件。

第一,组织的战略目标能够层层分解,并能够与组织内部的部门、工作组、个人的目标达成一致,其中个人利益能够服从组织的整体利益,这是平衡计分卡运用的一个重要前提。

第二,平衡计分卡所揭示的四个方面指标——财务、客户、内部运营过程、学习和发展之间存在明确的因果驱动关系。但是这种严密的因果关系链在一个战略业务单位内部针对不同类别的职位系列却不易找到,或者说针对不同职位类别的个人,计分卡所涵盖的四个方面指标并不是必须的。

第三,组织内部与实施平衡计分卡相配套的其他制度是健全的,包括财务核算体系的运作、内部信息平台的建设、岗位权责划分、业务流程管理以及与绩效考核相配套的人力资源管理的其他环节等。

第四，组织内部每个岗位的员工都是胜任各自工作的，在此基础上研究一个战略业务单位的组织绩效才有意义。

（二）运用平衡计分卡存在的障碍

首先，如何实现实体考核到个体考核的衔接。平衡计分卡强调战略目标的层层分解，并且通过落实在四个方面的指标上为目标的分解提供行动依据与步骤，但是平衡计分卡所提出的方法模型主要针对经营实体，很难适用于个人。但是，绩效考核既包括实体，又包括个体。在运用平衡计分卡时必须考虑如何发展该模型，使得我们能够实现战略业务单位实体考核到个体考核的衔接。

其次，如何有效地处理战略业务单位的平衡计分卡和公司级平衡计分卡的关系。平衡计分卡是适用于一个战略业务单位（Strategic Business Unit，简称 SBU）的绩效考核模型。但是平衡计分卡在一个由若干战略业务单位（SBU）构成的组织（企业集团）中，如何实现组织的战略目标与各战略业务单位的目标之间的动态调整问题上还未形成完善的理论框架。

再次，技术层面的障碍。第一个问题是，平衡计分卡所包含的各个指标值如何确定？第二个问题是，平衡计分卡各指标的权重如何设置？第三个问题是，如何实现卡普兰和诺顿提出的“结构问题”，或者说“驱动关系的问题”？

复习思考题

1. 什么是目标管理法？

2. 目标管理给现代绩效管理带来什么样的影响？

3. 如何在企业中推行目标管理考核法？

4. 目标管理考核法的优势和不足体现在哪些方面？

5. 目标管理考核法对我国管理实践的影响是什么？

6. 什么是 KPI？KPI 是如何产生的？

7. KPI 设计的基本思想是什么？

8. 确定 KPI 有哪些原则？为什么？

9. 构建 KPI 考核体系有何价值？KPI 体系有什么特征？

10. 如何构建一套科学、合理的 KPI 体系？

11. 平衡计分卡是如何产生的？平衡计分卡具有哪些功能？

12. 平衡计分卡的基本思想是什么？平衡计分卡的指标体系包括哪些方面？

13. 平衡计分卡与传统考核方法相比具有哪些优势？

14. 试比较平衡计分卡和关键绩效指标法这两种系统考核技术的异同。

第八章　绩效管理中的问题与对策

学习目标

通过本章的学习，应当掌握以下内容：

1. 了解绩效管理设计中存在的误区；
2. 了解在绩效管理实践中存在的常见问题；
3. 了解绩效管理体系设计的改善措施。

在企业管理实践中，几乎没有哪个企业对自己绩效管理体系感到满意，他们不清楚、不明白为什么要进行绩效考核？为什么绩效管理要与战略挂钩？为什么绩效实施过程中管理人员和员工要进行充分的沟通？为什么绩效考核中充满了矛盾和冲突？为什么绩效反馈是绩效管理不可缺少的一部分？为什么企业实施严格的绩效考核反而使员工更加不积极工作？凡此种种，绩效管理的问题几乎困扰着每个企业。

第一节　绩效管理中存在的问题

一、绩效管理在技术设计中存在的误区

（一）定量指标比定性指标好用

管理者往往对绩效管理制度有一种不很现实的期望，希望通过指标体系的设计，将所有的工作过程和任务都进行量化，以此减少管理人员在考核过程中的主观因素，达到绩效考核的公正和公平。其实，绩效管理的指标体系很难实现全部的定量化。例如对于销售人员，尽管可以直接用销售额去衡量其业绩，但是考虑到企业的长期战略目标，对销售人员开发新客户的能力，与客户沟通的效果，服务客户的态度及水平的定性评价也很重要。对于一些依靠知识、经验及技能从事创造性工作的员工，如研发人员，定性的评价可能比定量的考核更重要。因此，一个良好的绩效管理制度的设计，一定要将定量的考核与定性的评价有机地结合。任何一个好的管理制度，都不能替代优秀的经理人的作用。管理者应当承担起、而不应是逃避绩效管理的责任，对员工的绩效做出客观公正的、定性与定量相结合的评价。

绩效是客观的，评价绩效是人做的事情，人判断事物是主观的，是以个人的思想指导行为的，必然带有主观片面性，试图使绩效评价完全客观是不可能，也是不现实的。

（二）单纯强调个人绩效，可能会偏离组织目标

如果在某个企业当中，强调的是个人的绩效指标而忽视团队的绩效指标，那么常常会导致组织中缺乏合作的气氛，每个人都习惯于从自己的角度出发考虑问题，不能将相关的人员或团队当做客户来对待。例如，在一个广告公司中，绩效评价是按照每个业务员拉到的客户数量和广告费用来评定的，这样就出现了业务人员纷纷“圈地”，相互之间戒备、保密等倾向，反而使一些大客户丢失。在这种情况下，如果这个广告公司对绩效管理系统进行了改变，增加了团队绩效的指标，并且把将客户资料提供给他人作为在绩效评价中所鼓励的一种行为，这样团队的合作精神就有了好转，整个企业的组织氛围也得到了改善。

由于经理人员要通过领导一个团队来实现工作目标，因此我们常常说判断一个经理人员的工作完成得怎么样，很大程度上是通过判断他的下属的工作完成得怎么样来体现的。对于经理人员来说，特有的工作产出包括提供的指导、资源，下属人员的管理、发展，为团队做出的决策等。考核经理人应该是他的下属的工作成果的总和加上他个人的工作成果。

单纯强调个人绩效，可能会损害组织整体和长远目标的实现。

（三）并不是“越是先进的管理手段就越是有效的管理手段”

并不是越是先进的管理手段就越是有效的管理手段。例如按照平衡计分卡的绩效管理模型建立的指标体系，需要处理大量的财务、运作流程及市场的数据并使信息在企业内部快速地流动，才能使绩效指标及时地反映企业的经营状况，提高经营绩效反馈和调整的效率，缩短企业响应市场变化的时间。但是也并不意味着不具备良好的信息系统的企业就不能建立绩效管理系统，如企业仍然可以借鉴平衡计分卡的管理思想，根据企业的发展战略，确定关键的业务环节进行绩效控制，与此同时建立相应的信息系统，使绩效管理与信息系统相辅相成、相互促进，逐步地得到发展和完善。

（四）绩效标准不是越高越好

只有当绝对需要完美无缺的绩效标准时，才使用这样的标准。有些工作要求不出任何差错，例如飞机驾驶，但是使用这些“零错误”的绩效标准就意味着没有了超越期望的空间，因而也就无法区分优差绩效者。事实上，对于大多数工作来说，“零缺点”几乎是不可能的，但是犯错误的比例可以越来越小。因此，可以首先设定一个切合实际的目标，例如70%的准确率的标准，当70%的标准达到时，再将标准提高到75%～80%，当这个标准再一次达到时，就再一次提高标准。这种不断提高的标准比一次性设定“零错误”标准要更加实际和具有激励作用。

（五）绩效计划制订注意结果与过程的统一

在制定绩效目标的过程中要注意结果与过程的统一，这一要求包含两种含义：

（1）绩效目标中应当包含实现目标的手段或者行动计划，员工要叙述通过什么样的措施来实现业绩目标。这种叙述一方面对于主管进行绩效进度控制有很大的帮助——在没有结果产出的时候，他可以根据行为产出——工作过程来判断工作的进展；另一方面对于产出过于依赖外部环境的工作，如销售人员的业绩可能受到不可控的市场因素的影响，特别是石油、化工行业，如果在确定绩效目标的同时列举实现它的行为措施，当绩效因外部因素受影响时，可以根据他是否按照既定行为计划采取行动而酌情评价他的产出结果。

(2)要在关注结果产出的同时,关注结果形成过程中员工的价值观与行为表现。比如关注员工是否按照公司规定的销售模式来进行销售,是否违背法律规定采取贿赂手段进行销售等。这一点在现实中存在一定的争议,有的公司认为只需要关注结果产出,不需要关注具体的手段、方法。

不同的企业文化决定了不同的选择。一些日本企业往往会肯定行为必然导致结果,如果你按照特定的行为方式去做,就一定会得到特定的结果,如果因为外界的偶然原因没有实现结果,那不是员工的过错。大多数美国公司比较倾向于结果,如何实现结果则尊重员工的个人创造性。也有的企业认为绩效是行为与产出的结合,管理行为可以促进产出的合理实现。

(六)保持各项绩效指标一致性

在设置目标的过程中,要注意保持各项绩效指标之间的一致性,避免出现前后矛盾和重合的现象。前后矛盾指某两项绩效指标或其衡量标准之间存在互相矛盾的方面。例如,有的产品的成本固定,但绩效目标规定员工一方面要提高产品产量,按照市场部门的要求提供产品,同时又要对总成本进行限制,这样就会造成矛盾。重合是指某两项绩效目标之间有包含关系,完成了其中一项,另外一项就会相应地得到完成。例如,员工本来就是根据一定的增长比例设定了销售收入指标,同时又设定了成长性指标,要求销售收入同比增长20%以上。当员工完成销售收入目标的同时,他也就完成了成长性指标。重合性指标造成绩效目标权重的浪费。绩效指标是否重合与行业特征有关,有的行业的销售价格由国家定价,销售收入与销售量就是等比关系,比如电信行业、电力行业等,这些行业往往只选择销售量为销售目标,但是大部分行业的销售收入与销售量可以分别计算,销售收入的增长和销售量的增长不构成重合关系。

(七)设计的指标或方法过于复杂,考评成本太高,导致各级管理者无法坚持下去

简单有效与复杂完美之间常常会存在矛盾,专业人员总是力图使所有的员工都满意,使所有的程序都无懈可击,这是专业人员追求专业性的理想所导致的。作为企业管理者,必须在简单有效与复杂完美之间进行权衡,不能为了一个不是很重要的指标花费很高的成本进行衡量——有时这种花费超过了这项工作本身的收益,导致评价工作过于复杂。什么问题都要解决也是不实际的,所有工作内容都考评也是不可能或是没有意义的,应该抓住主要方面,一般员工考核项目不超过3～5个为宜。

二、绩效管理实践中存在的常见问题

(一)企业对绩效管理最为主要的责任主体是高层,而不是人力资源部门

提升绩效是企业管理的出发点,也是企业管理的落脚点,是企业所有经营管理者共同的核心职能,绩效管理的任务绝对不只是人力资源管理部门的工作,而应该是所有管理者的职责,尤其是高层管理者的最为重要的职责之一。尽管,目前绩效考评已被绩效管理所替代,绩效管理的主要负责部门由原来的企业高层及核心部门被目前的人力资源管理部门所替代,但是,绩效管理的职能绝对不是仅由人力资源部门所能承担的。

责任主体不明确会使人力资源部门或财务部门陷入绩效考评的陷阱,他们要在对很多工作不熟悉的情况为那些岗位设计目标体系,一方面超乎想象的超大工作量使他们疲于应付,另一方面,经常会因为所列举的目标体系很难符合实际,而被员工所轻视。如果绩效管

理的责任完全由人力资源管理部门来承担，人力资源部门肯定是费力不讨好，而那些应当承担绩效管理职责的主管人员会袖手旁观，不去承担他们理应承担的职责。

一方面，责、权、利体系不一致的后果是员工常常不能兑现自己的诺言，因为他承诺的目标不在他的权力体系内。另一方面，因为绩效管理结果与价值分配没有有效地联系起来，致使那些业绩优秀的“雷锋”没有得到应有的激励，长期发展下去，员工会对绩效管理失去信心，使其“空心化”。

在探索建立绩效管理制度的过程中，由于绩效管理与战略性的人力资源管理的选、育、用、留等环节，尤其与“用”的环节有密切的关系，很多企业直觉地将绩效管理作为人力资源管理的一个部分，交由人力资源管理部门负责。这从理论上讲没什么错误，但这种做法在实践中会造成很多问题，使绩效管理流于形式，还可能会在部门之间、员工之间产生很多矛盾。产生问题的根源，是企业的管理者将绩效管理等同于绩效评价。绩效评价仅是对员工工作结果的考核，是绩效管理的一个部分而不是全部。绩效管理是企业将战略转化为行动的过程，是战略管理的一个重要构成要素，其深层的目标，是基于企业的发展战略，通过员工与其主管持续、动态的沟通，明确员工的工作任务及绩效目标，并确定对员工工作结果的衡量办法，在过程中影响员工的行为，从而实现公司的目标，并使员工得到发展。

从严格意义上讲，企业的人力资源管理部门和其他职能部门一样，是为业务部门提高运营效率提供支持和服务的，是企业人力资源管理政策的执行者。显然，绩效管理的功能超出了人力资源管理部门的职能范围，其真正的责任人，应当是企业的CEO及各级管理人员。人力资源管理部门在绩效管理过程中的角色，是在具体的操作中，承担横向的组织和协调工作。

(二)人力资源部门在企业中地位及角色定位不准确，导致管理混乱

人力资源经理主要履行以下四种不同的职能。

1. 参谋职能

要想了解参谋职能，我们先学习职权和职权的分类。职权是指作出决策、指挥他人工作以及发布命令的权力。每一个职位都有某种特定的内在的权力，任职者可以从该职位的等级或头衔中获得这种权力。因此，职权与组织中的一定职位相关，而与担任该职位管理者个人特性无关，它与任职者没有任何直接的关系。离职者不再享有该职位的任何权力。但职权仍保留在该职位中，并给予新的任职者。

职权分为直线职权和参谋职权。直线职权是指给予一位管理者指挥其下属工作的权力。正是这种上下级职权关系贯穿着组织的最高层到最底层，从而形成所谓的指挥链。在指挥链中每个链环处，拥有直线职权的管理者均有权指挥下属人员的工作并无需征得他人意见而作出某些决策。

而参谋职能是支持、协助直线管理者并减轻他们信息的负担的职权。当组织规模得到扩大变得更为复杂后，直线管理者会发现没有足够的时间、技能或办法使工作得到有效完成，为此配置了参谋职权。人力资源部经理是其他直线经理的参谋而具有参谋职权。人力资源部门具有参谋职能。

2. 直线职能

首先，人力资源部经理需要直接指挥本部门以及一些相关服务领域中(比如工厂中的餐厅)的员工活动。换言之，人力资源部经理在人力资源部门内部行使直线职能。人力资

源经理在一般情况下不能在本部门之外行使直线职权，但却可以行使一种暗示职权。人力资源部经理常有机会就甄选、测试、调配、晋升等人力资源方面的问题同公司的高层管理者接触。结果，人力资源部经理的“建议”就经常被看成是“来自上面的意思”。这种暗示职权对于那些深受人事问题困扰的基层管理人员来说显得尤其有分量。

3. 协调职能

人力资源部经理履行协调人事活动的职能，这一职能通常称为职能控制。此时，人力资源部经理以及人力资源管理部门就如同“高层管理人员的左膀右臂”一样，确保直线管理人员遵守企业的人力资源目标、政策和程序。

4. 人事(服务)职能

为直线管理者们提供支持和建议是人力资源部经理最基本的工作之一，比如人力资源经理需要协调直线管理人员完成招聘、培训、评价、报酬、咨询、晋升以及辞退等方面的工作。

人力资源部经理还负责管理各种福利计划(如健康和意外保险计划、退休金计划以及带薪休假计划)等；培训直线管理者遵守公平就业机会和职业安全方面的法律规定，并且在处理各种争议以及劳资关系的时候扮演重要角色，要为直线管理人员提供“有关当前发展趋势和解决问题的新方法方面的最新信息”。

另外，人力资源部经理以及人力资源管理部门还要扮演员工利益保护者的角色；帮助企业来界定管理层应当如何对待员工、以确保员工能够抵御不公正管理实践的侵害。同时，还要在自己所承担的对企业高层管理人员的主要责任范围内，在一定程度上代表员工的利益。

实践中，或者是人力资源管理部门本身对自己的定位不清楚，或许是企业高层对此不清楚引起的管理混乱，造成管理效率低下的现象普遍存在。

(三)绩效管理体系建立需要基础和过程

绩效管理系统的建立需要几个相互配套的基础，绩效管理是建立在工作分析基础之上的。如果没有类似的基础，如在没有作工作分析的情况下进行考评，包括试图用一张图表去考核所有的员工，会导致工作绩效评价的内容与工作无关、绩效评价的标准模糊或偏离工作本身的要求。如以员工态度评价、个性特征测试代替绩效考评，导致结果无法真正反映员工的业绩产出。这样的绩效管理往往导致员工对于业绩标准的错误性理解，致使员工失去方向，企业陷入混乱。

绩效管理是建立在企业有明确的战略目标基础上的。缺乏战略目标的绩效管理往往会导致员工各自为战，仅仅根据自己的工作职责确定绩效目标，这样的绩效管理只能保证企业良好的运转，却不能保证企业良好的发展。很多岗位上的员工，其绩效目标应当是变革性的，没有战略目标的指引，他们的目标就失去方向，成为日常琐事的记录和评价。

管理人员对绩效管理系统的认识是否到位，是否具备相关的技能，是建立绩效管理系统最难解决的问题，特别是领导团队的认识和技能至关重要。因此，我们建议，企业在建立绩效管理系统之前，首先要进行广泛的培训和研讨，最好请第三方对自己的绩效管理进行“审计”之后，再搞针对性的培训。培训不仅仅是事前的观念引导，在整个过程中，相关的培训还很多，如：如何设定目标，如何避免评价中的错误，等等。

为了成功地实施绩效管理，主管人员需要一系列绩效管理的技能。

尽管主管人员可以请绩效管理的技术专家帮助进行绩效计划、设计评估和建立反馈体系，但由于他们需要直接与下属员工进行沟通，因此至少需要一系列与人际有关的技能，例如教导、激励、解释、倾听、提问、说服等。如果不具备这些基本的人际沟通技能，绩效管理就无法进行。

在实施一套绩效管理系统的时候，往往刚开始，人们需要花费很多精力去做绩效计划并设定绩效指标和标准，这些工作既让人觉得很枯燥费力，又不会立即带来效益，因此容易让人感到厌烦和灰心丧气。而只有当第一次或第二次绩效反馈面谈结束后，员工亲身体会到了绩效管理系统为自己带来的好处，才会逐渐地喜欢上绩效管理，对绩效管理的满意度就会逐渐提高。

（四）绩效管理与激励体系

在许多员工的心目中，绩效管理永远与薪酬变化联系在一起，因此在他们看来，绩效管理与薪酬变化是同一件事情。这样，当薪酬系统存在某种问题的时候，就会使绩效管理系统受到影响，即使绩效管理系统本身很好，员工也会感到不愉快和不满意。单纯通过绩效管理系统的改进来提高对员工绩效的管理，提高员工的工作满意度是远远不够的，还必须考虑薪酬体系的问题。但是在员工的心目中往往存在一个误区，即他们认为依据绩效付薪酬往往是指薪酬的提高；如果告诉他们当他们的绩效下降或绩效不足时，薪酬也会随之下降，他们对绩效管理就远远没有那么热衷了。

绩效管理系统必须获得激励体系的良好支持才能充分地发挥作用。但是绩效不应仅与工资和奖金挂钩，这样会使员工认为实行绩效管理就是涨工资或减工资。应使激励的手段多样化，如员工个人能力的发展、承担更多的工作责任、获得职位的提升以及获得公开的精神奖励等。随着资本市场的成熟和规范，还可以尝试股票期权等激励方式。

奖励优秀的员工总比处理绩效表现不好的员工要容易得多。为保持并发展企业的竞争力，有效地管理绩效低下的员工可能更为重要。如GE实行严格的ABC管理法，规定必须有10%的员工为C类，这些人会被降职或淘汰。在海尔，通过考评将员工划分为优秀、合格及试用三类，并将三类员工的比例保持在4∶5∶1，试用的员工必须设法提高绩效，否则必将会被淘汰。还有一些企业采用末位淘汰制。这些做法均是市场竞争的残酷性在企业内部的反映，管理者必须正视绩效不良员工的管理问题，使绩效管理制度真正地运作起来。

（五）不到万不得已，不要直接改变绩效管理系统

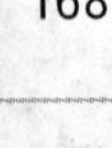

直接改变绩效管理系统会带来较多的抱怨与抵触，因为使用者可能已经习惯了原有的管理方法。可以通过其他方式进行逐渐的改变。例如，可以通过培训的方式教会管理者如何通过衡量员工的绩效和给予反馈来改善沟通，在培训中揉进新的管理方法。一旦主管人员认为新的管理方法有优势的时候，他们就会问人力资源专业人员这种新的方法是否能够运用到现有的绩效管理系统中。这样，绩效管理系统自然而然地就得到了转变，并且这样的转变过程不会带来震荡。

（六）自上而下地实施绩效管理系统有利于这一系统的实施，但有一定的风险

自上而下地实施绩效管理系统也就意味着首先要培训公司的高层领导，使他们学会帮助下属建立绩效标准，并对下属的绩效进行评估。这样，作为他们下属的管理人员就会以他们的做法为榜样，按照上司的做法去建立绩效标准。按照这种自上而下的方式，绩效管理系统比较容易贯彻实施。但是，如果高层领导对绩效管理系统不够认同或者有抵触情

绪，这个系统就很难向下推行。

在绩效推进的过程中，主管和员工常常会产生各种疑问，甚至因此而产生抵制。常见的问题如下。

1. 时间不够

主管人员和员工会认为工作已经很忙了，绩效管理无疑是额外增加的负担。这时必须说服主管人员，他们不应该忽略自己的管理职责：管理人员的责任就是了解、辅导、评价、激励下属的工作，如果下属的工作没有完成，他也就没有完成目标。主管人员之所以忙碌，很多时候是因为他们不能正确地领导下属工作，而是越俎代庖，对下属不满意的工作就自己亲自完成，造成自己很忙，而下属因为没有正确的方向在瞎忙，如此恶性循环，只能使主管人员陷入无力自拔的怪圈。

2. 回避矛盾

员工可能会认为绩效评价就是找毛病，对于考评暴露出的问题会很敏感。主管人员则倾向于回避矛盾，对于考评暴露出来的问题十分头疼，他们宁可自欺欺人、掩盖问题，使大家一团和气。在考评时或者"个个都是好员工"，给予每个员工都很高的评价，或者虽然坚持客观评价，但是评价完毕后把结果隐藏起来，不与员工沟通。这样做的后果是，当企业因为绩效原因要辞退某个员工时就会陷入被动——员工会要求提供辞退的理由：既然业绩一贯优秀，为什么要解雇我？或者员工会提出：没有人将我的考评结果通知过我，这不符合劳动法的要求。有的主管不愿意让员工在绩效考评报告上签字，致使绩效报告不能生效，导致企业在劳动争议中处于不利地位。

3. 忽略管理过程

认为绩效管理就是绩效考评，忽视中间的管理过程，到了绩效考评时应付应付就过去了。这种问题需要经过长期的、反复的灌输和辅导才会得到改善。

4. 忽略书面正式考评

很多中小企业的主管认为员工人数很少，他们的工作表现自己"心中有数"，不需要进行严格的书面考评。首先，这种说法忽视了绩效考评的契约化特征，仍然坚持主管人员评价的神秘化色彩，不符合现代企业管理的要求。其次，绩效管理讲究持续不断地进行考评，持续不断地改进业绩，如果没有正式的考评和书面记录，一年后主管就会忘记员工的原来的业绩情况，忽略员工的进步。

5. 困惑于无法量化的目标

主管和员工会困惑于无法量化的目标，他们害怕因为双方对实现目标标准的理解不一致而造成冲突，特别是涉及价值观与态度一类的指标时，尤其如此。企业必须明确，员工一级对一级负责，公司赋予了主管对员工评价的权力，主管对员工不满意，员工可以提出异议，但是当没有事实做支撑时，公司将尊重主管的评价标准。

（七）对管理者和员工缺乏培训

对管理者和员工缺乏必要和充分的培训，会导致双方或一方对绩效管理的意义、绩效考评方法、考评标准等缺乏沟通和正确理解。因为如果培训不充分，就不能有效化解主管和员工对绩效管理的抵制，不能使其有效运行绩效管理程序，不能正确处理绩效管理中暴露出来的矛盾，最后导致对绩效管理产生厌烦的情绪。

第二节　解决绩效管理中问题的对策

一、促进绩效管理体系设计的改善

（一）从完成工作的结果出发来制定绩效指标和标准

这里有一个重要的分歧，即对绩效的评估到底是针对最终的结果还是过程中的行为。由于对行为进行监控需要耗费大量的时间，而且对于到底什么样的行为是好的行为往往存在着争议，因此评估完成的工作结果要容易得多，而且对于一项工作而言什么是好的结果也比较容易取得一致的见解。所以，我们主张主要从完成工作的结果出发来制定绩效指标和标准。

（二）妥善处理绩效激励与薪酬激励的关系

如果想将绩效与薪酬联系起来，即依据绩效评价的结果作出与薪酬有关的决策，那么必须保证绩效管理系统可靠，这里面临的是一个两难问题。

当不把绩效评价与薪酬联系在一起时，员工就不会特别注意绩效评价，这样就会有一部分员工对绩效评价不严肃、不认真对待。而一旦将绩效与薪酬联系起来，绩效评价将变成一个格外敏感的问题，员工也会非常认真地对待这件事情。那么，如果绩效评价的结果不够可靠，容易引起争议的话，由此而作出的与薪酬有关的决策势必带来更大的矛盾冲突。

唯一有效的办法是加强培训，提高认识，尤其是管理层把工夫下在日常的管理中。

（三）“量化”并不是设定绩效指标的目标，“可验证”才是真正好的指标

人们常常抱怨绩效管理中不能将绩效指标进行量化，从而导致绩效管理的主观性。于是人们总是期望能通过某种方式将绩效指标进行量化，将所有的绩效表现都用数量化的指标进行衡量。其实，试图将所有的事物都用数字来衡量既不可能，也没必要。在很多情况下，有意义的绩效指标可以是描述性的，但这些描述必须是通过某种途径可以进行验证的。因此，量化并不能针对所有的绩效指标，但所有的绩效指标必须做到可以验证则是必须的和可行的。

（四）应用 KPI 过程中应注意没有通用的 KPI

不同岗位应有不同的 KPI 指标组合，不同部门的 KPI 指标应有不同的特点和着重点。如某公司财务部门的 KPI 指标有总利润、成本（费用）降低率和存货周转率，是以利润、成本为中心；生产部门的 KPI 是总产量和品种产量，是以产量为重点；销售部门的 KPI 是销售收入、产销比和资金回收率，是以收入和资金回收为中心；人力资源部门的 KPI 是全员劳动生产率，是以人员投入和劳动效率为核心。

一般而言，公司高层决策管理人员应对组织的战略目标负责，中层管理人员要重点保证组织的正常运营，而基层人员的工作重心是完成其承担的各种具体指标。

（五）可量化的量化，难以量化的细化，但评估手段要量化、可操作

可量化是设计考核指标的原则，但是并不是所有的工作都可以量化，如对管理部门、服务部门和后勤部门服务质量的考核就难以量化，但是根据部门的业务属性、工作特点进行

细分是必要的，细分后再确定相应的量化指标。如某公司供应部门的一项KPI指标是确保按时供货，不得发生因供货不及时而影响生产的事故发生，对该项指标的评估是通过考核最低库存和不同品种的供货周期来进行的。

(六)激励指标与控制指标相结合

如某公司对研发人员的KPI设计，其激励指标为新产品销售额、老产品毛利总额，约束指标为研发人员人均毛利、因设计质量发生的费用、BOM准确率、内部客户满意度等。

(七)指标设定固化

通常，KPI指标设定之后，应该具有一定的稳定性，不应轻易更改。否则，整个KPI系统的操作将失去其系统的连续性和可比较性。正常情况下，一套合理的KPI指标设定之后应适用于整个经营周期。但是，这并不是说，KPI指标设定之后就具有了刚性，不能改变。实际上，公司阶段性目标或工作中的重点不同。相应各个部门的目标也随之发生变化，在阶段性业绩的衡量上重点也不同，因此，KPI存在阶段性、可变性或权重的可变性。如果KPI与公司战略目标脱离，则它所衡量的职位的努力方向也将与公司战略目标的实现产生分歧。KPI指标与实际工作不对应是绩效考核流于形式的一个重要因素。

二、应对绩效管理实践困境的对策

(一)让员工自己收集关于他们绩效的数据

通常，让员工自己收集关于他们绩效的数据是可行的，并且越来越应该这样做。在绩效管理中，收集与被评估者绩效标准有关的数据是一项浩大的工程，由主管人员进行收集往往会耗费大量的时间和精力，并且数据的准确性常常会引起争议。如果让员工自己来收集与绩效标准相关的数据，一方面会节省管理人员的时间和精力，另一方面由于员工参与数据收集的过程，他们也不会怀疑数据的准确性。这样对绩效结果的反馈也会更加及时，效果也更好。当然，由员工自行收集绩效数据还需要相应的监控机制，并且对做假的行为设定严厉的惩罚措施，以保证大多数员工能够诚实地提供绩效数据。

(二)绩效管理技术专家的现场指导将有助于绩效管理计划的实施

当一套新的绩效管理系统付诸实施时，往往需要了解这一系统的技术专家深入到各个部门中帮助主管人员与员工使用该系统。因为新的绩效管理系统的实施需要切合企业文化，而且管理者和员工都需要在界定那些难以衡量的工作上得到指导，同时也需要在如何进行绩效沟通方面的指导，所以现场的指导将有助于解决这些问题。

(三)“试点”在一定情况下是必要的

具体企业的绩效管理体系的设计和实施工作是一个系统工程，需要经过一个循序渐进的过程，不可能一蹴而就。一般来说，它应该遵循试点、运行、修订、全面推广的过程。

所谓试点，就是要先在某一个单元，比如一个部门、一个小的工厂进行绩效管理体系的试设计和试运行。采用试点的方式可以使风险降低到最小，所取得的成功经验又有助于体系的全面高效推广。试点应当具有代表性，是整个企业的一个缩影而不是一个局部，如果单纯选取一个职能部门或者一个生产单位，就不能发现绩效管理体系在不同部门应用的特点。所以，也可以各选取一个职能部门和一个生产单位作为试点，使得试点具有全面性。

绩效管理体系应该在试点真正地运行起来。首先需要对主管和员工进行广泛的培训，使他们能够理解绩效管理体系的意义和实施方法，并进行实际的操作。但是可以只进行一个较短的周期，比如两个月，或者两个季度，至少要走完两次完整的绩效管理流程，这样才可以更加充分地发现问题。通过这种在试点的运行试验，体系推行和运营过程中可能出现的问题和难点就可以充分暴露出来，这便于设计人员和推进人员在随后更大规模的推广中予以改进和掌握。在进行试点的过程中，设计人员就要对出现的问题及时进行解决，对有关体系方面的问题进行修订，使得绩效管理体系更加适合整个企业的需要。绩效管理体系的设计往往由专门小组来进行，这个小组由重要的企业负责人牵头，包括财务、人力资源、业务方面的精英。在体系设计的过程中专门小组需要广泛听取在各种部门、各个层级员工的建议。员工参与设计可以使系统更好地得到大家的认同，同时也可以使体系更加完善。

（四）全面推行绩效管理需要高层领导鼎力支持

在全面推行的过程中离不开领导的支持和亲自参与、充分的自上而下的培训、人力资源部门及时的技术支持，尽管如此，绩效管理体系仍然需要三年左右的时间才能与人力资源的其他功能有机地衔接起来，才能内化为员工自觉的管理行为，成为企业主要的管理程序之一。

（五）绩效管理体系的制度化和规范化

要注重使绩效管理体系制度化和规范化，形成正式的文字。在实施的每一年发现的新问题，都要及时提出解决方案并补充到制度中去。可以每年更新一次绩效管理操作手册，便于员工及时掌握有关新的变化。

（六）组织内部的透明和公开化有助于绩效管理系统的实施

在实施绩效管理时，员工最大的担心就是自己被蒙在鼓里。因此，通过各种各样的方式向员工公开有关绩效管理的事宜十分必要。这种沟通既可以通过主管人员与员工的直接交流，也可以通过信件、内部网页、会议等各种媒体。通过这样的沟通，使员工了解将要进行的是怎样的一件事情、为什么要做这件事情、做这件事情对自己会有什么样的影响等。

（七）全体参与者都需要在绩效管理系统中承担起积极的角色

绩效管理是主管人员和员工双方的责任。往往有人错误地认为绩效管理仅仅是主管人员对员工应该做的事情，员工在这一行动中完全是被评估者。如果持有这样的态度，那么在具体的操作中就会表现为主管人员将设定好的绩效标准强加给员工，员工对这些强加的绩效标准很容易产生抵触情绪。因此必须让员工主动地参与到绩效标准的设定和绩效管理过程中。在这个过程中，主管人员对员工的期望和员工自身的愿望得到充分的沟通的同时，员工的绩效得到提高，这样才能更好地实现绩效管理的目标。

（八）进行阶段性的绩效回顾和沟通十分必要

如果说一年进行一次绩效回顾和沟通，并对被评估者的绩效进行评估，那么有相当一部分被评估者会对评估的结果感到诧异和生气，他们可能会抱怨管理者为什么不早一点将自己的绩效问题告知本人。因为在一年的过程当中，员工可能会存在绩效问题，同时也会有很多改进绩效的机会，所以应该让他们及时地了解自己的绩效并改进自己的绩效。也许有的经理人员会抱怨，一年之中自己哪有那么多时间与下属员工进行沟通，但正是因为缺少及时的沟通，他们可能每年会花费大量的时间来解决由于下属员工的绩效问题所带来的问题，而且花在这些事情上的时间可能比与员工进行几次绩效沟通的时间要多。

（九）绩效管理系统中各环节的有效整合

绩效管理是一个循环的动态的系统，绩效管理系统所包含的几个环节紧密联系、环环相扣，任何一环的脱节都将导致绩效管理的失败，所以在绩效管理过程中应重视每个环节所包含的工作，并将各个环节有效地整合在一起，力求做到完美。

绩效计划是主管与员工合作，对员工下一年应该履行的工作职责、各项任务的重要性等级、授权水平、绩效的衡量、需要经理提供的帮助、可能遇到的障碍及解决的办法等一系列问题进行探讨，并达成共识的过程。因此绩效计划在帮助员工找准路线、认清目标方面具有一定的前瞻性。

持续的绩效沟通就是经理和员工共同工作，以分享有关信息的过程。这些信息包括工作进展情况、潜在的障碍和问题、可能的解决问题的措施以及经理如何才能帮助员工，等等。由此来看绩效管理就是一种双向的交互过程。而且这种交互沟通必须贯穿于绩效管理的整个过程。通过沟通，企业要让员工很清楚地了解绩效考核制度的内容、制定目标的方法、衡量标准、努力与奖酬的关系、工作业绩、工作中存在的问题及改进的方法。当然，更要聆听员工对绩效管理的期望及呼声，这样绩效管理才能达到预期目的。

绩效考核本身也是一个动态的持续的过程，所以，不能孤立地进行绩效考核，而应将绩效考核放在绩效管理系统中考虑，重视考核前期与后期的相关工作。绩效计划和持续的沟通是绩效考核的基础，只有做好绩效计划和沟通工作，绩效考核工作才能顺利进行。因为只要平时认真执行绩效计划并做好绩效沟通工作，考核结果就不会出乎考核双方的意料，最终考核产生分歧的可能性会很小，也就减少了员工与主管在考核方面的冲突。绩效诊断与绩效改进是绩效考核的后继工作。绩效考核的一个重要目的是发现员工工作中的绩效问题并进行改进，所以考核工作结束后，要针对考核结果进行分析，寻找问题，并提供工作改进的方案以供员工参考，帮助员工改进工作绩效。另外，在考核中还应将当前评估与过去的绩效联系起来，进行纵向比较，只有这样才可能得出客观准确的结论。

绩效诊断与绩效改进作为一种有效的管理手段，它提供的绝对不仅仅是一个奖罚手段，更重要的意义在于它能为企业提供一个促进工作改进和业绩提高的信号。所以在进行绩效考核时，不能停留在绩效考核资料的表面。绩效考核所得到的资料可能仅仅是某些潜在管理问题的表面现象。正确地进行绩效管理，关键不在于考核本身，而在于企业的管理部门如何综合分析考核的资料并将之作为绩效改进的一个切入点，这才是最有价值和最有积极意义的，这也就是绩效诊断与改进。如果通过绩效考核发现了绩效低下的问题，最重要的是找出原因。员工是查找原因的重要渠道，这时，企业要努力创造一个以解决问题为中心的接纳环境，鼓励员工实事求是地指出企业存在的问题，积极出谋划策，改善企业的绩效低下问题。一旦查出原因，主管和员工就要齐心协力排除问题。此时，主管要充当导师、帮助者的角色。

一个循环结束以后，又回到起点—再计划阶段。此时，绩效管理的一轮工作就基本完成了。应在本轮绩效管理的基础上进行总结，制订下一轮的绩效管理工作计划，使得绩效管理能持续进行下去，达到企业绩效再上一个台阶的目的。

这些环节的整合，使绩效管理过程成为了一个完整的、封闭的环。其中，绩效计划属于前馈控制阶段，持续的绩效沟通属于过程控制阶段，而绩效考核、绩效面谈与绩效改进的实施则属于反馈控制阶段，其中，制订绩效改进计划是前馈与反馈的联结点。这三个阶段的整合，形成了一个完整的绩效管理的循环。

也只有当这个环是封闭的，绩效管理才是可靠的和可控的。同时也是不断提升和改善的保证。因为连续不断的控制才会有连续不断的反馈，连续不断的反馈才能保证连续不断的提升。

案例分析

绩效主义毁了索尼

2006年索尼公司迎来了创业60周年。过去它像钻石一样晶莹璀璨，而今却变得满身污垢、暗淡无光。因笔记本电脑锂电池着火事故，世界上使用索尼产锂电池的约960万台笔记本电脑被召回，估计更换电池的费用将达510亿日元。

多数人觉察到索尼的不正常，恐怕是在2003年春天。当时据索尼公布，一个季度就出现约1000亿日元的亏损。市场上甚至出现了"索尼冲击"，索尼公司股票连续两天跌停。但回过头来仔细想想，从发生"索尼冲击"的两年前开始，公司内的气氛就已经不正常了，身心疲惫的职工急剧增加。回想起来，索尼是长期内不知不觉慢慢地退化的。不少索尼员工对发生的这些感到难以接受，但一位高层管理人员道出了索尼出现这种状况的原因。

1."激情集团"消失了

首先，"激情集团"不存在了。所谓"激情集团"，是指在公司早期参与开发CD技术时期，公司中那些不知疲倦、全身心投入开发的集体。在创业初期，这样的"激情集团"接连不断地开发出了具有独创性的产品。这位高层管理人员认为，索尼当初之所以能做到这一点，是因为有井深的领导。

井深最让人佩服的一点是，他能点燃技术开发人员心中之火，让他们变成为技术献身的"狂人"。在刚刚进入公司时，不少普通员工曾和井深进行激烈争论。井深对新人并不是采取高压态度，他尊重他们的意见。

从事技术开发的团队进入开发的忘我状态时，就成了"激情集团"。要进入这种状态，其中最重要的条件就是"基于自发动机"的行动。比如"想通过自己的努力开发机器人"，就是一种发自自身的冲动。

与此相反的就是"外部的动机"，比如想赚钱、升职或出名，即想得到来自外部回报的心理状态。如果没有发自内心的热情，而是出于"想赚钱或升职"的世俗动机，那是无法成为"开发狂人"的。

2."挑战精神"消失了

今天的索尼职工好像没有了自发的动机。为什么呢？因为实行了绩效主义。绩效主义就是："业务成果和金钱报酬直接挂钩，职工是为了拿到更多报酬而努力工作。"如果外在的动机增强，那么自发的动机就会受到抑制。

如果总是说"你努力干我就给你加工资"，那么以工作为乐趣这种内在的意识就会受到抑制。从1995年左右开始，索尼公司逐渐实行绩效主义，成立了专门机构，制定非常详细的评价标准，并根据对每个人的评价确定报酬。

但是井深的想法与绩效主义恰恰相反，他有一句口头禅："工作的报酬是工作。""就是说，如果你干了件受到好评的工作，下次你还可以再干更好、更有意思的工作。"在井深的时代，许多人都是为追求工作的乐趣而埋头苦干。

但是，因实行绩效主义，职工逐渐失去工作热情。在这种情况下是无法产生“激情集团”的。为衡量业绩，首先必须把各种工作要素量化，但是工作是无法简单量化的，公司为统计业绩，花费了大量的精力和时间，而在真正的工作上却敷衍了事，出现了本末倒置的倾向。因为要考核业绩，几乎所有人都提出容易实现的低目标，可以说索尼精神的核心即“挑战精神”消失了。因实行绩效主义，索尼公司内部追求眼前利益的风气蔓延。

索尼公司不仅对每个人进行考核，还对每个业务部门进行经济考核，由此决定整个业务部门的报酬。最后导致的结果是，业务部门相互拆台，都想方设法从公司的整体利益中为本部门多捞取好处。

3. 团队精神消失了

公司一位高层员工在美国见到了“涌流理论”的代表人物奇凯岑特米哈伊教授，并聆听了他的讲演。讲演一开始，大屏幕上放映的一段话是他自进入索尼公司以来多次读过的，只不过被译成了英文。

“建立公司的目的：建设理想的工厂，在这个工厂里，应该有自由、豁达、愉快的气氛，让每个认真工作的技术人员最大限度地发挥技能。”这正是索尼公司的创立宗旨。索尼公司失去活力，就是因为实行了绩效主义。

他万万没有想到在绩效主义的发源地美国，聆听用索尼的创建宗旨来否定绩效主义的“涌流理论”。绩效主义企图把人的能力量化，以此做出客观、公正的评价。但是它的最大弊端是搞坏了公司内的气氛。上司不把部下当有感情的人来看待，而是一切都看指标，用“评价的目光”审视部下。

过去在一些日本企业，即便部下做得有点出格，上司也不那么苛求，工作失败了也敢于为部下承担责任。另一方面，尽管部下在喝酒的时候说上司的坏话，但在实际工作中仍非常支持上司。后来强化了管理，实行了看上去很合理的评价制度，于是大家都竭力逃避责任，这样一来就不可能有团队精神了。

思考问题：

1. 是目标管理毁了索尼吗？

2. 目标管理与“挑战精神”、“激情集团”、“团队精神”是否格格不入？

3. “涌流理论”否定了绩效主义吗？

复习思考题

1. 绩效管理设计方面存在的误区有哪些？
2. 绩效管理实践中存在哪些问题？
3. 绩效管理体系设计的改善措施有哪些？

参考文献

[1] 罗振军.七步打造完备的绩效管理体系.哈尔滨:哈尔滨出版社,2006
[2] 武欣.绩效管理实务手册.北京:机械工业出版社,2007
[3] 袁庆宏.绩效管理.天津:南开大学出版社,2009
[4] 赫尔曼·阿吉斯.绩效管理.刘昕译.北京:中国人民大学出版社,2009
[5] 董克用,叶向峰.人力资源管理概论.哈尔滨:哈尔滨出版社,2006
[6] 王丽娟,何妍.绩效管理.北京:清华大学出版社,北京交通大学出版社,2009
[7] 付亚和,许玉林.绩效考核与绩效管理.北京:电子工业出版社,2007
[8] 朱金树.绩效管理实战真经.哈尔滨:哈尔滨出版社,2006
[9] 朱飞.绩效激励与薪酬激励.北京:企业管理出版社,2010
[10] 杨飞等.绩效管理案例与案例分析.北京:中国劳动社会保障出版社,2009
[11] 杜映梅.绩效管理.北京:中国发展出版社,2009
[12] 萧鸣政.现代绩效考评技术及应用.北京:北京大学出版社,2007
[13] 刘秀英等.人力资源管理理论与实务.石家庄:河北教育出版社,2006
[14] 尹隆森等.目标分解与绩效考核设计实务.北京:人民邮电出版社,2006
[15] 魏钧.绩效指标设计方法.北京:北京大学出版社,2006
[16] 付亚和,许玉林.绩效管理.上海:复旦大学出版社,2008
[17] 本书编写组.最新绩效考核与薪酬管理案例及操作要点分析.北京:企业管理出版社,2005
[18] 赵曙明.绩效管理与评估.北京:高等教育出版社,2004
[19] 徐斌.绩效管理.北京:中国人民大学出版社,2007
[20] 保罗·尼文.平衡计分卡——战略经营时代的管理系统.胡玉明等译.北京:中国财政经济出版社,2003